AF391133

COURS

D'INTRODUCTION

GÉNÉRALE

A L'ÉTUDE DU DROIT.

Corbeil, impr. de CRÉTÉ.

COURS

D'INTRODUCTION

GÉNÉRALE

A L'ÉTUDE DU DROIT,

OU

MANUEL D'ENCYCLOPÉDIE JURIDIQUE,

PAR

M. ESCHBACH,

Avocat, Professeur suppléant a la Faculté de Droit de Strasbourg.

Deuxième Édition,

REVUE ET CONSIDÉRABLEMENT AUGMENTÉE.

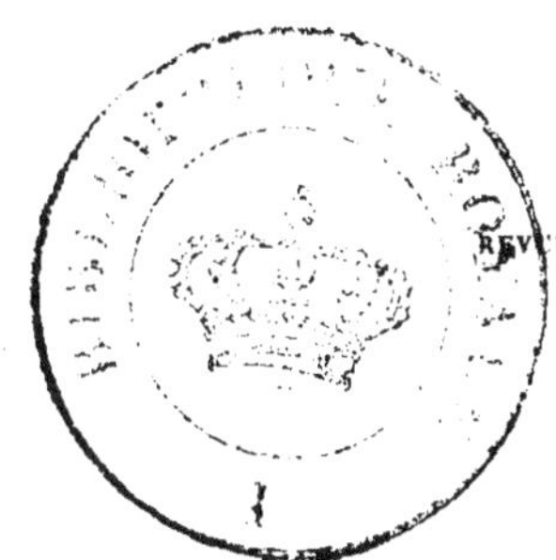

———

PARIS,

JOUBERT, LIBRAIRE DE LA COUR DE CASSATION,

Rue des Grès, 11, près de la Faculté de Droit.

———

1846

AVANT-PROPOS.

Si l'intelligence bornée de l'homme ne lui permet d'atteindre qu'à une science limitée, son esprit, en revanche, est doué d'une prodigieuse activité qui le porte à tout explorer. Chaque jour, en imprimant une direction nouvelle au magnifique travail de sa pensée, il agrandit le nombre de ses découvertes et l'échelle de ses connaissances. Mais pour peu qu'on y réfléchisse, on aperçoit que toutes ces découvertes sont enfantées les unes par les autres, et que toutes les connaissances humaines, se tenant pour ainsi dire par la main, s'appuient médiatement ou immédiatement l'une sur l'autre. Aussi les sciences, malgré la riche variété qu'elles nous présentent, sont unies par un lien de famille qui avait déjà frappé le génie des philosophes de l'antiquité. *Est etiam illa Platonis vera et tibi, Catule, certe non inaudita vox: omnem doctrinam harum ingenuarum et humanarum artium uno quodam societatis vinculo con-*

tineri (1). Après Platon, Cicéron répétait: *Etenim omnes artes quæ ad humanitatem pertinent, habent quoddam commune vinculum et quasi cognatione quadam inter se continentur* (2). Et parmi les modernes Bacon (3), Leibnitz (4), d'Alembert (5), M. Guizot (6) et d'autres, ont illuminé cet aperçu philosophique de toutes les clartés de leur haute intelligence.

C'est cet enchaînement de toutes les sciences, c'est cette réunion de toutes les connaissances humaines que l'on appelle ENCYCLOPÉDIE (7). Le domaine en est tellement étendu, qu'il est impossible au plus puissant génie de le parcourir tout entier; un pareil travail aboutirait à la science universelle, et nul homme n'est capable de savoir à lui seul tout ce que sait l'ensemble

(1) CICÉRON, *de Orat.*, lib. III, § 6.

(2) *Pro Archia poeta.*

(3) *De dignitate et augmentis scientiarum.* Lond. 1605. *Novum organum scientiarum.* Londres, 1620.

(4) *Nova methodus discendæ docendæque jurisprudentiæ.* Francf. 1668.

(5) *Discours préliminaire en tête de l'Encyclopédie,* ou *Dictionnaire raisonné des sciences, des arts et des métiers.* 35 vol. in-fol. Paris, 1750–1781.

(6) *Des Encyclopédies considérées comme moyens de civilisation.* Article servant d'introduction à l'ouvrage intitulé : *Encyclopédie progressive.*

(7) Les Grecs appelaient ἐγκύκλιος παιδεία une éducation complète, c'est-à-dire l'ensemble des connaissances qu'un Grec libre devait acquérir. Aujourd'hui le mot *Encyclopédie* en dit beaucoup plus que l'étymologie.

du genre humain. Il faut donc que celui qui est appelé à travailler dans le vaste champ de la science, y choisisse un terrain délimité pour le creuser et en faire l'objet de ses fouilles et de ses recherches. Mais il n'est pas moins indispensable, à cause de cette commune généalogie et de cette dépendance réciproque des connaissances humaines, que cet ouvrier intellectuel ne s'isole pas dans la spécialité de ses travaux, car ce n'est qu'en puisant aide et secours dans l'encyclopédie, vaste dépôt du savoir humain, qu'il obtiendra cette force vivifiante sans laquelle il n'y a pas de progrès scientifique. Il faut donc, pour étudier une science quelconque, commencer par rechercher avec précision ce qu'elle est, quels en sont les éléments constitutifs et les principes fondamentaux, quel lien la rattache aux autres sciences, et quelle est la place qu'elle occupe dans le cercle universel des connaissances humaines. Il convient ensuite de distinguer les diverses branches de cette science, d'examiner comment toutes ces branches, partant du tronc commun, se subdivisent et naissent les unes des autres, comment elles se sont développées, à quelles époques et dans quelles directions, qui les a le mieux cultivées, etc.

Procéder ainsi dans l'enseignement d'une

science, c'est en faire ce que les Allemands appellent l'*Encyclopédie* (¹). Elle consiste à indiquer l'assiette et le fondement de telle science
donnée, à en explorer à grands pas les différentes parties, à la délimiter et à bien la distinguer des sciences avec lesquelles elle a le
plus d'affinité ; en un mot, faire l'encyclopédie
d'une science, c'est en tracer le centre, la cir-

(¹) Ils la distinguent en *interne* ou *matérielle*, et *externe* ou *formelle*, et la font suivre de la *Méthodologie*. (Voyez la note suivante.) Nous citerons entre autres traités :

ABEGG :   *Encyclopædie und Methodologie der Rechtswis-
            senschaft im Grundrisse.* Kœnigsb. 1824.

HUFELAND : *Abriss der Wissenschaftskunde und Methodo-
            logie der Rechtsgelehrsamkeit.* Iena, 1797.

Le même :   *Instituten des gesammten positiven Rechtsstu-
            diums.* Iena, 1803

HUGO :   *Lehrbuch der juristischen Encyclopædie.* 8ᵉ é-
            dit. 1835.

GILDEMEISTER : *Juristische Encyclopædie und Methodologie.*
            Duisburg, 1783.

MUHLENBRUCH : *Lehrbuch der Encyclopædie und Methodologie.*
            Rostock, 1807.

SCHOTT :   *Entwurf einer juristischen Encyclopædie und
            Methodologie.* 6ᵉ édit. 1794.

SCHMALZ :   *Encyclopædia juris per Europam communis.*
            3ᵉ édit. Berlin, 1827.

THIBAUL :   *Juristische Encyclopædie und Methodologie.*
            Altona, 1797.

TITTMANN : *Handbuch für angehende Juristen,* etc. Halle,
            1828.

VOGEL :   *Lehrbuch der Encyclopædie und Methodologie
            der Rechtswissenschaft.* Leips. 1829.

WENCK :   *Lehrbuch der Juristischen Encyclopædie und
            Methodologie.* Leips. 1810.

Parmi les ouvrages sur l'Encyclopédie du Droit écrits ailleurs

conférence, les rayons et les tangentes. Ce genre d'enseignement auquel Putter a le premier, en 1767, donné le singulier nom d'*Encyclopédie,* existe en Allemagne depuis le dix-septième siècle : l'université vient de l'importer en France sous le titre plus convenable de : *Introduction générale à l'étude du Droit* (¹). Il a

qu'en Allemagne, nous ne mentionnerons que les quatre suivants :

En Danemarck : la *Juristische Encyclopædie* de M. Falck, traduite en français et annotée par M. Pellat sur la 4ᵉ édit. Paris, 1841.

En Hollande : l'*Encyclopædia Jurisprudentiæ* de M. Anne den Tex. Amsterdam, 1839.

En Belgique : l'*Encyclopédie du Droit* de M. Roussel. Bruxelles, 1843.

En Russie : la *Juristische Propædeutik,* etc., de M. Stoeckhardt, profess. à l'École impériale de Saint-Pétersbourg. Leipsic, 1843.

(¹) On lit dans une circulaire ministérielle aux recteurs (29 juin 1840) : « Vous n'ignorez point qu'en Allemagne, où la science est « si florissante, il n'y a pas une seule faculté qui ne possède un « pareil cours sous le nom de *méthodologie.* C'est un cours de ce « genre que j'ai proposé au roi d'établir à la faculté de Droit de « Paris, sous le titre d'*Introduction générale à l'étude du Droit.* » Il y a erreur de la part de l'écrivain de cette circulaire : la chaire créée à Paris est une chaire d'*Encyclopédie* et non de *méthodologie;* l'enseignement auquel M. le ministre a fait allusion et qu'il a eu l'heureuse idée d'importer en France, s'appelle en Allemagne *Encyclopédie* (*Juristische Encyclopædie, Encyclopædie der Rechtswissenschaft,* etc.). A la vérité, l'Encyclopédie est ordinairement suivie de la *méthodologie,* c'est-à-dire de l'indication raisonnée des classifications les plus scientifiques à adopter, de l'ordre le plus convenable à suivre et des méthodes les plus avantageuses à employer dans l'enseignement du Droit. Cela se conçoit en Allemagne, où le professeur est complétement libre dans son allure didactique : mais il ne peut être question de méthodologie en France, où les matières à enseigner, et l'ordre dans lequel elles

pour objet de donner à l'étudiant qui débute
une notion précise, générale et élémentaire de
la jurisprudence ; d'en indiquer les différentes
parties et la nécessité de connaître toutes ces
parties, bien qu'on ne puisse les scruter toutes
dans la profondeur des détails ; de lui présenter, sur les sources du Droit tant ancien que
moderne, de courts aperçus historiques ; d'énumérer les travaux dont il a été l'objet, soit de
la part du législateur, soit de la part des jurisconsultes ; de signaler les secours que la jurisprudence emprunte à des sciences accessoires,
telles que la philosophie, la philologie, l'histoire, la médecine, etc. ; enfin de donner à l'é-
tudiant quelques idées préliminaires sur la manière dont il aura à réaliser, dans la vie et dans
la pratique, toutes ces notions si abstraites que
la chaire va lui développer théoriquement ! La
science du Droit forme un tout homogène dont

doivent l'être, l'objet des épreuves académiques et la gradation de
celles-ci, tout est réglé par des lois et des statuts universitaires.

Cependant quelques professeurs modernes, d'un esprit plus
novateur, ont substitué à la méthode exégétique généralement
suivie en France, la méthode systématique. Ainsi, au lieu de suivre l'ordre numérique des articles de la loi pour l'expliquer mot
à mot, on ose aujourd'hui s'écarter du plan du législateur et adopter dans l'enseignement une classification plus scientifique. C'est,
à nos yeux, un progrès : non pas que, d'une manière absolue, la
méthode systématique vaille mieux que l'exégétique : mais celui
qui saurait les allier obtiendrait les plus heureux résultats.

les parties sont dans une logique et intime
cohésion. Rien ne démontre mieux cette vérité
que l'étude encyclopédique du Droit ; rien, par
conséquent, ne prouve mieux combien il est
faux de croire que l'on peut impunément ignorer certaines parties du Droit pour n'en étudier
que certaines autres. Se renfermer dans un coin
de la science et refuser d'en parcourir le domaine complet, sous ce prétexte banal qu'il y a
plusieurs parties dont on n'aura jamais besoin
dans la pratique, c'est faire comme celui qui,
en géographie, se bornerait à étudier la carte
de France par la raison qu'il n'aura jamais
besoin de voyager à l'extérieur. Il ne nous est
pas plus permis d'ignorer, par exemple, qu'il
y a eu un Droit féodal et ce que c'est que le
Droit canonique, bien que nous n'aurons jamais
à en appliquer immédiatement les principes,
qu'il ne nous est permis d'ignorer qu'il y a,
par delà les mers, une Nouvelle Hollande, bien
que nous n'aurons jamais à la visiter. Il faut
commencer l'étude du Droit par l'Encyclopédie, comme on commence celle de la géographie par la mappemonde. Il est aussi inconsé-
quent de faire descendre l'étudiant dans les détails de la jurisprudence avant de lui en avoir
donné une connaissance d'ensemble, qu'il le
serait d'enseigner de suite combien il y a de

communes ou de hameaux en France à celui qui ignorerait encore dans quelle partie du globe se trouve situé ce pays.

Et il y a plus d'un avantage à commencer l'étude du Droit par l'Encyclopédie.

L'un des plus éminents, c'est de ménager ce qu'il y a de trop brusque, pour les étudiants, dans leur transition actuelle de la faculté des Lettres à l'école de Droit. Il est contraire à l'hygiène de l'esprit de passer, sans gradation, des rêves brûlants d'une imagination juvénile aux froids calculs de la raison.

« On demeure surtout frappé de l'urgente né-
« cessité d'un tel enseignement, quand on a pu
« se convaincre, par l'expérience journalière,
« dans quel pénible désarroi intellectuel et
« presque moral tombent les jeunes gens qui
« ont la conscience de leurs devoirs, quand, la
« tête et le cœur pleins de leurs impressions
« classiques, ils passent, sans transition, dans
« quelque cours exégétique du Droit civil dont
« le langage est complétement inintelligible
« pour eux, parce qu'ils sont aussi étrangers
« aux intérêts civils qu'aux formes et aux lo-
« cutions de la loi positive. Les plus conscien-
« cieux se résignent à marcher à tâtons durant
« les six premiers mois, beaucoup moins par
« l'intérêt qu'il leur est encore impossible de

« prendre à des choses si étranges pour eux,
« que par une résignation raisonnée et vrai-
« ment méritoire. D'autres, et c'est peut-être
« le plus grand nombre, se rebutent, dès les
« premières leçons, par légèreté ou par viva-
« cité de caractère. Ils ne sont plus retenus
« aux cours qu'à coups d'appel, et le succès de
« leurs études reste nécessairement compro-
« mis par des lacunes d'autant plus irrépara-
« bles qu'elles en ont signalé le début (¹). »

L'enseignement encyclopédique du Droit peut seul remédier à ce mal, et adoucir ce qu'ont de repoussant pour une novice intelligence l'étude *ex abrupto* des textes et la mnémonique des articles numérotés de la loi. C'est injustement qu'on ferait à cet enseignement le reproche de ne donner que des notions incomplètes et superficielles, *de omnibus aliquid, de toto nihil.* Ce reproche tomberait devant cette considération que cet enseignement n'est que préparatoire, qu'il se trouve placé sur le seuil de l'école, et que l'étudiant ne fait que le traverser pour arriver à l'étude détaillée et approfondie des branches principales enseignées dans les facultés de Droit (²). L'Encyclopédie

(¹) Extrait d'un article de M. HEPP, inséré dans la *Revue de législation et de jurisprudence,* XIII, p. 421.

(²) Telle est l'utilité d'un cours d'Encyclopédie, qu'il produira de bons résultats, quelle que soit la place que l'université lui as-

n'est que l'introduction à la jurisprudence ; elle ne fait pas le jurisconsulte, mais elle indique à celui qui veut le devenir, le but de la science du Droit et les moyens d'y parvenir. Après avoir suivi un cours d'Encyclopédie, l'étudiant se présentera aux autres cours avec une connaissance générale de la jurisprudence ; il aura été à même d'en admirer le majestueux ensemble, et peut-être de se passionner pour cette science dont l'abord n'est pas toujours souriant. Il pourra maintenant descendre dans les détails sans craindre que son esprit contracte l'habitude des vues étroites et exclusives. Il saura les rudiments de cette langue juridique qu'il va entendre parler pour la première fois. Connaissant les différentes branches de la science, il pourra distinguer et choisir celle pour la culture de laquelle il se sent le plus d'aptitude ; en un mot, ayant mesuré d'avance l'étendue et consulté la carte du pays qu'il est appelé à parcourir, il n'y marchera pas en aveugle et à l'aventure. Il sera bientôt convaincu, et c'est

signera dans l'ordre des études. On peut très-raisonnablement être embarrassé sur la question posée par M. DE SALVANDY, ministre de l'instruction publique, en 1838, à la commission des hautes études de droit : « Faudrait-il, à l'exemple de la plupart des « universités étrangères, placer les cours encyclopédiques au com- « mencement des études comme introduction, ou bien les rejeter « à la fin comme résumés, ainsi que cela se pratique en quelques « lieux ? »

beaucoup, que, pour arriver au but, il ne suffit pas d'aller au bout de l'étroit sentier qui
mène à la licence ou au doctorat, et que, pour
mériter le nom de jurisconsulte, il faut en savoir plus que n'en exigent les examens académiques.

Enfin, l'étudiant y trouvera le moyen de
coordonner ses études, de classer ses connaissances à venir, et surtout de remplir certaines
lacunes importantes que laisse dans l'enseignement du Droit le programme des cours universitaires.

Dans les Facultés de province, il n'y a pas
de chaire spéciale pour l'histoire du Droit. Sans
doute les professeurs de Code civil ne manquent pas, quand il sent à expliquer, par exemple, la réserve ou la communauté conjugale,
d'en exposer l'origine et les phases successives,
en un mot, d'en faire l'histoire interne. Mais
ils ont tant de textes à commenter, qu'ils ne
peuvent pas s'arrêter à faire pour leurs élèves
de l'histoire externe et à passer en revue les
anciens monuments du Droit français, tels que
les lois salique et ripuaire, les Capitulaires, les
Assises de Jérusalem, les Coutumes, etc. —Le
professeur d'Institutes peut bien, dans ses premières leçons, paraphraser le fragment de
Pomponius *de origine juris* et raconter les tra-

vaux de Tribonien; mais il est obligé de passer très-rapidement sur cette esquisse, et il n'a pas de temps à donner, ni à l'histoire littéraire, ni à la bibliographie du Droit Romain. Aussi n'y a-t-il pas beaucoup d'étudiants qui sachent bien manier et feuilleter un *Corpus juris civilis*; il y en a peu qui aient ouvert un *Codex Theodosianus* ou un *Corpus glossatum*; il n'y en a guère qui aient vu les monuments et les textes du Droit Gréco-romain (¹).

C'est dans un cours d'Introduction générale à l'étude du Droit que toutes ces notions, indispensables comme moyens scientifiques, devront être communiquées aux étudiants. Et elles le seront avec un incontestable succès si le professeur a soin de faire apporter au cours et de placer successivement sous les yeux des élèves, un ou plusieurs exemplaires du recueil dans lequel il s'agira de les orienter, ou du vieux livre qu'il s'agira de leur faire connaître. Nous avons été à même de reconnaître combien ce procédé peut donner de l'attrait à des détails bibliographiques, toujours fatigants pour celui qui se borne à les lire ou à les entendre.

(¹) L'auteur d'une histoire du Droit Byzantin, M. MORTREUIL, avoue franchement, dans les premières lignes de sa préface (1843), qu'au moment où il reçut le diplome de licencié en Droit, il ne se doutait même pas de l'existence des Basiliques. Ses études universitaires ne lui avaient jamais signalé cet important recueil.

Le Droit canonique est une législation curieuse et importante sous plusieurs rapports ; et cependant nul professeur ne donne, dans aucun des cours officiels, les indications nécessaires pour apprendre, au moins historiquement, ce qu'était et ce qu'est devenu le Droit canonique. Combien de licenciés en Droit qui n'ont jamais tenu entre leurs mains un *Corpus juris canonici* et qui seraient bien en peine de mettre le doigt sur telle ou telle citation de l'*Extra* ou du *Sexte?*

Et le Droit des gens! chose singulière! on ne l'enseigne en France que dans deux facultés (Paris et Strasbourg), et encore cet enseignement ne s'adresse qu'aux aspirants au Doctorat. N'est-il pas à regretter qu'un jeune homme sorte de l'école de Droit et devienne avocat sans avoir aucune notion du Droit des gens, sans savoir même de quoi s'occupe cette branche de la science, et sans en connaître l'histoire littéraire et la bibliographie? N'est-il pas étrange qu'un juge, voire même un conseiller à la Cour de cassation, soient légalement excusables d'ignorer le Droit des gens, puisque l'on n'exige pas d'eux le diplome de docteur en Droit? Enfin quoi de plus important que l'étude du Droit naturel? D'une part, ce serait peut-être le meilleur remède à employer contre la maladie morale de quelques jeunes gens, et le plus efficace antidote pour réagir contre leurs idées erronées et exaltées en matière de liberté et de forme de gouvernement. D'autre part, cette étude est non-seulement avantageuse, mais encore indispensable au jurisconsulte, puisque le législateur français a fait du Droit naturel le complément du Droit positif, et a ordonné de l'appliquer dans le silence, l'opposition ou l'obscurité des lois. (Voy. le § 6, *in fine*).

Et cependant il n'en est pas question dans les facultés de Droit ! malgré le vœu formel de l'art. 2 de la loi du 22 ventôse an XII. Aussi, combien de licenciés en Droit quittent l'école sans même se douter de ce que c'est que le Droit naturel ! Arrivés aux affaires, ils manquent de boussole; en politique, ils vont droit à l'exagération, croyant faire de la liberté quand ils se jettent dans la licence; en jurisprudence, ils aboutissent à l'arbitraire, croyant appliquer le Droit naturel quand ils obéissent à l'équité cérébrine. Dans l'état actuel des choses et jusqu'à ce que cet état soit modifié par l'érection de chaires de Droit naturel, un cours d'Encyclopédie peut jusqu'à un certain point diminuer cette lacune, en présentant, sur le Droit naturel, des développements calculés, toutefois, de manière à ne pas intercaler un cours dans un autre cours. Nous ne pouvons mieux faire, en terminant les réflexions qui précèdent, que de transcrire le rapport fait au roi par le grand maître de l'Université, M. Cousin, sur la création d'une chaire d'Encyclopédie à la faculté de Droit de Paris (*Moniteur* du 30 juin 1840) :

« SIRE,

« Je viens proposer à Votre Majesté de combler une
« lacune qui a été laissée dans l'enseignement du Droit.
« Quand les jeunes étudiants se présentent dans nos
« écoles, la jurisprudence est pour eux un pays nou-
« veau dont ils ignorent complétement et la carte et la
« langue. Ils s'appliquent d'abord au Droit civil et au
« Droit Romain, sans bien connaître la place de cette
« partie du Droit dans l'ensemble de la science juri-
« dique, et il arrive ou qu'ils se dégoûtent de l'aridité
« de cette étude spéciale, ou qu'ils y contractent l'ha-
« bitude des détails et l'antipathie des vues générales.
« Une telle méthode d'enseignement est bien peu fa-
« vorable à de grandes et profondes études. Depuis
« longtemps tous les bons esprits réclament un cours
« préliminaire qui aurait pour objet d'orienter en quel-
« que sorte les jeunes étudiants dans le labyrinthe de
« la jurisprudence, qui donnât une vue générale de
« toutes les parties de la science juridique, marquât
« l'objet distinct et spécial de chacune d'elles, et en
« même temps leur dépendance réciproque et le lien
« intime qui les unit; un cours qui établirait la méthode

« générale à suivre dans l'étude du Droit, avec les
« modifications particulières que chaque branche ré-
« clame; un cours enfin qui ferait connaître les ou-
« vrages importants qui ont marqué les progrès de la
« science. Un tel cours relèverait la science du Droit
« aux yeux de la jeunesse par le caractère d'unité qu'il
« lui imprimerait, et exercerait une heureuse influ-
« ence sur le travail des élèves et sur leur développe-
« ment intellectuel et moral. »

Il n'y a rien à ajouter à un pareil *exposé des
motifs,* si ce n'est ce que le ministre lui-même
a ajouté dans la circulaire déjà citée :

« Il importe de présenter l'ensemble de toute la
« science et d'en faire bien saisir et l'esprit et l'unité.
« Cette image de la grande Encyclopédie juridique que
« forme une école de Droit, offerte d'abord aux jeunes
« étudiants, leur communiquera, dès l'entrée de la
« carrière, une impulsion généreuse, imprimera dans
« leur pensée et dans leur âme le sentiment et le res-
« pect du Droit, et les intéressera à toutes les parties
« de la science, quelle que soit celle qu'ils se propo-
« sent de cultiver un jour spécialement. »

Deux mots maintenant sur la forme de ce
petit livre. C'est le résumé du cours que, conformément à l'ordonnance royale du **22 mars
1840,** nous faisons annuellement à la Faculté
de Droit de Strasbourg. C'est un manuel qui a
besoin des développements de l'enseignement
oral. Néanmoins nous avons tâché de le rédi-

ger de telle sorte que les simples étudiants, auxquels il est destiné, trouvent, en le lisant, quelque chose à apprendre ; s'il en est ainsi, notre but sera complétement atteint.

Cet opuscule publié en novembre 1843 a été accueilli par les élèves des Facultés avec assez d'empressement pour que nous soyons déjà dans la nécessité d'en donner une deuxième édition. Le plus difficile et le meilleur, dans un travail de ce genre, c'est de savoir se restreindre et d'être bref ; nous avons eu soin de conserver à cette deuxième édition, tout en y comblant quelques lacunes, la concision et la brièveté qui nous paraissent indispensables à un livre élémentaire, surtout à un manuel.

Cent exemples pourraient appuyer mon discours,
    Mais les ouvrages les plus courts
Sont toujours les meilleurs. En cela j'ai pour guide
Tous les maîtres de l'art, et tiens qu'il faut laisser
Dans les plus beaux sujets quelque chose à penser.

(LAFONTAINE X. 15.)

COURS D'INTRODUCTION GÉNÉRALE
A L'ÉTUDE DU DROIT

PREMIÈRE PARTIE.

DU DROIT EN GÉNÉRAL [1].

— 1 —

L'homme, considéré sous le point de vue métaphysique, est *libre*, c'est-à-dire investi de ce pouvoir qui consiste à être la cause première de ses actions. Il est libre *intérieurement* et *extérieurement*, c'est-à-dire indépendant de ses propres passions et indépendant de la volonté d'autrui. Mais malgré cette double indépendance, il est soumis à des *devoirs*, en d'autres termes, il est dans la nécessité *morale* de faire ou d'omettre certaines choses [2]. Ces devoirs dont le

[1] Ce mot vient du latin *directum*, dont on a fait d'abord *drictum*, puis *droict*, puis enfin *droit*, et qui a probablement produit les mots anglais *Right*, hollandais *Regt*, allemand *Recht*, italien *Diritto*, etc.

[2] On appelle cette nécessité *morale* par opposition à une nécessité *physique*, et non pas, comme l'a dit Toullier, I, 98 : Parce « que, pour ne pas s'y soumettre, il faut avoir des mœurs contraires « à la nature de l'homme. » La nécessité morale est celle à la-

développement appartient à la métaphysique des mœurs, ont pour effet de circonscrire sa liberté soit intérieure, soit extérieure. Ceux de ces devoirs qui se rapportent à la liberté intérieure, ne sont que des devoirs de l'homme envers lui-même ; ils ne sont pas matériellement exigibles par autrui, n'ont de sanction que dans la conscience (dans le *for intérieur*), et l'homme ne saurait être contraint extérieurement à s'en acquitter. Ainsi, ne pas souhaiter du mal à autrui, c'est un devoir purement intérieur ; nul ne peut être, par une coërcition physique et extérieure, forcé de le remplir. C'est une affaire de conscience à régler avec Dieu.

— La théorie de ces devoirs intérieurs forme cette partie de la philosophie que l'on appelle la MORALE ou l'ÉTHIQUE.

Il en est autrement des devoirs qui se rapportent à la liberté extérieure et qui ont pour objet de restreindre les abus qui empêcheraient les autres de jouir de leur liberté extérieure. Ces devoirs peuvent avoir une sanction hors de la conscience (dans le *for extérieur*), et la raison autorise l'emploi de la force pour contraindre l'homme à les accomplir. L'accomplissement de ces devoirs extérieurs est physiquement exigible par cela même qu'ils sont le résultat nécessaire de la coexistence des hommes et que cette coexistence serait impossible sans l'accomplissement de ces de-

quelle on ne doit pas, mais à laquelle on peut se soustraire, par exemple pardonner une injure, obéir à la loi ; la nécessité physique est celle à laquelle il est impossible d'échapper, par exemple la mort, la chute des graves, etc.

voirs. Ainsi réparer le dommage que nous avons causé, même par inadvertance, c'est un devoir extérieur, et chacun de nous peut être forcé de le remplir.

La théorie de ces devoirs extérieurs forme le domaine de ce qu'on appelle le DROIT dans le sens le plus général du mot.

— 2 —

Dans un sens plus restreint, on appelle UN DROIT la faculté accordée à une personne d'en contraindre une autre à remplir un devoir. En règle générale, tout droit naît d'un devoir, mais tout devoir n'engendre pas un droit. Ainsi il est inexact de dire d'une manière absolue, que *droit* et *devoir* sont des corrélatifs. Il faut bien distinguer entre les devoirs *éthiques* et les devoirs *juridiques*. Le devoir *éthique* que l'on appelle aussi *moral, imparfait* ou *intérieur*, ne crée jamais pour autrui, comme nous venons de le dire, la faculté d'en exiger l'accomplissement. Ainsi, par exemple, mon devoir de faire l'aumône ne confère pas à l'indigent la faculté ou le droit de me forcer à lui donner mon obole. Au contraire, le devoir *juridique, parfait* ou *extérieur* engendre toujours au profit de celui envers qui il doit être accompli, la faculté ou le droit d'en exiger l'accomplissement. Ainsi, par exemple, celui qui m'a vendu sa chose, et envers qui j'ai par conséquent contracté le devoir de la payer, a le droit de m'y contraindre.

C'est l'accomplissement de ces devoirs juridiques qui constitue la JUSTICE. Un homme est juste *intérieurement* quand il les accomplit, mu par le sentiment de faire ce à quoi il est obligé; il est juste *extérieurement* pourvu qu'il accomplisse ses devoirs, quel que soit d'ailleurs le mobile qui l'y aura déterminé. Ainsi, par exemple, celui qui ne paye ses dettes que par la crainte d'être emprisonné, n'est un homme qu'extérieurement juste. La réunion de la justice *intérieure* à la justice *extérieure* forme la justice *parfaite* que les jurisconsultes romains ont très-bien définie: *constans et perpetua voluntas jus suum cuique tribuendi* (¹). En d'autres termes pour être parfaitement juste, il ne suffit pas d'attribuer réellement à chacun ce qui lui est dû, mais il faut encore le faire d'intention. Le Droit ne s'occupe que de la justice *extérieure;* la justice *intérieure* rentre dans le domaine de la morale (²).

— 3 —

Outre les deux acceptions qui viennent d'être indiquées, le mot DROIT, soit pénurie de la langue, soit négligence des jurisconsultes à se créer une bonne nomenclature, a reçu quelques autres significations. Ainsi, tantôt il est synonyme de Jurisprudence ; on dit : *un étudiant en droit* ; tantôt il est employé pour désigner la loi même, comme quand on dit *appliquer le Droit au fait* ; quelquefois il signifie la collection

______

(¹) *Fr.* 10, *de just. et jure.* — *Inst. pr. ibid.* — On peut retrancher de cette définition les épithètes *constans* et *perpetua,* qui ne sont qu'un reflet du stoïcisme dont les jurisconsultes romains étaient généralement sectateurs.

(²) GROTIUS appelait *explétire* la justice extérieure, et *attributire* la justice intérieure. — ARISTOTE divisait la justice en *universelle* et *particulière,* et subdivisait celle-ci en *commutative* et *distributive.*

des lois d'une certaine espèce ou d'un certain peuple :
le Droit criminel, *le Droit anglais*, d'autres fois enfin, il est synonyme d'impôts : *droits de timbre,
droits d'enregistrement.*

— **4** —

Le droit, avons-nous dit, ne s'occupe que des devoirs relatifs à la liberté extérieure. L'homme est né
pour vivre en société : ses besoins physiques comme
ses penchants moraux lui en font une nécessité. Mais
il n'y a de société possible qu'à la condition que chaque individu respectera la liberté extérieure des autres pour que la sienne propre puisse s'exercer dans
toute sa plénitude. Sinon, les atteintes respectives à
l'exercice de la liberté de chacun n'ayant d'autres limites que l'étendue même de la force corporelle,
amèneraient la guerre de tous contre tous et anéan-
tiraient infailliblement la vie sociale. La raison enseigne bien aux hommes réunis en société ce qu'il
faut faire pour atteindre ce résultat (et c'est l'ensemble de ces préceptes émanés de la raison qui
constitue le (DROIT NATUREL), mais comme ils ne font
pas toujours de leur propre mouvement ce que leur
commande la raison, il a fallu les y contraindre par
la force, et pour cela l'État s'est formé, c'est-à-dire
des individus plus ou moins nombreux, réunis volontairement ou fortuitement, se sont établis sur un
certain territoire limité, et ont confié à un seul ou à
plusieurs d'entre eux le pouvoir d'assurer l'existence
sociale de tous. L'engagement tacite des membres de
l'État d'obéir au souverain reconnu, confère à celui-ci,

sous quelque forme et dénomination qu'il existe, le pouvoir d'ordonner et de faire exécuter par la force tout ce qui est nécessaire au but de l'État et au maintien de la vie sociale. C'est en grande partie au moyen des LOIS que le souverain accomplit sa mission, et c'est l'ensemble de ces LOIS que l'on appelle DROIT POSITIF.

Il résulte de ce qui précède, que la division du droit en NATUREL et POSITIF n'est pas une invention scolastique et de doctrine, qu'au contraire, elle ressort nettement du point de vue philosophique et qu'elle est puisée dans l'essence même des choses.

Les devoirs dont s'occupe le Droit naturel sont tout aussi *parfaits* que ceux qu'impose le Droit positif. La différence gît en ce que les préceptes du Droit naturel peuvent n'avoir pas tous été sanctionnés par le souverain de l'État, tandis que l'observation des règles du Droit positif est toujours garantie par ce souverain et l'exécution en est assurée par la force. Mais le Droit positif, chez tous les peuples civilisés, n'est en grande partie que le Droit naturel déclaré exécutoire par le souverain. Et il en doit être ainsi : car si le Droit positif est aussi appelé *Droit arbitraire,* cela veut dire simplement qu'il est le résultat de la volonté du souverain et non pas que celui-ci peut imposer *arbitrairement* telle loi que bon lui semble. « Les lois, a dit Portalis, ne sont pas de « purs actes de puissance, ce sont des actes de sagesse, « de justice et de raison. Le législateur exerce moins « une autorité qu'un sacerdoce. » Une législation, doit, sous peine d'être éphémère, s'appuyer sur les bases immuables du Droit naturel, et les lois ne sont ou ne doivent être que ce Droit réduit en règles positives applicables à l'immense variété des intérêts sociaux. Le législateur ne doit s'en écarter que par les exigences d'un intérêt public bien constaté. Ce n'est pas à dire que jamais, dans nos tribunaux, un précepte de Droit naturel doive prévaloir contre le texte contraire d'une loi positive, et que les membres de l'État puissent s'abstenir d'obéir à une loi qui contrarierait les principes, même les plus sacrés du Droit naturel. Ce ne serait qu'une loi plus ou moins injuste, mais qui devrait être exécutée jusqu'à ce que, par tous les moyens légitimes, on en ait obtenu l'abrogation légale.

CHAPITRE PREMIER.

DU DROIT NATUREL.

— 5 —

Les systèmes les plus divergents se sont succédé, et les opinions ne sont pas encore d'accord sur les caractères constitutifs du Droit naturel. Il y a même des écrivains qui le regardent comme une rêverie métaphysique et aux yeux desquels il n'y a pas de Droit hors de l'État, c'est-à-dire en l'absence d'un pouvoir constitué qui puisse forcer à l'observation de la loi positive. Cette doctrine renouvelée des sophistes grecs, nous paraît fausse et dangereuse. Sans doute le Droit ne devient *exécutoire* que lorsque l'État vient lui prêter main-forte, mais même antérieurement, il est *obligatoire*, et l'idée du Droit est tout à fait indépendante de celle d'un pouvoir souverain qui en garantisse l'exécution par la force. Dire qu'il n'y a pas de Droit antérieur à la création des États, c'est confondre le Droit avec la garantie du Droit. Le Droit, comme la Justice, a existé avant l'État, de même que les rayons ont été égaux avant qu'on eût tracé le cercle. Celui-là eût évidemment violé le Droit qui eût renversé la cabane construite par Robinson-Crusoë, et quoique l'île de Lemnos fût complétement déserte, Ulysse viola le Droit en ravissant à Philoctète l'arc et les flèches avec lesquels ce malheureux pourvoyait à son existence. D'autre part, dire qu'il n'y a de Droit que celui que fait la loi positive, c'est légitimer tous les actes d'un législateur, fût-il Cromwell ou la Convention nationale; c'est reconnaître qu'il n'y a pas de loi injuste, c'est ouvrir la porte au plus monstrueux despotisme.

Il y a donc, Dieu merci! de quelque nom qu'on les appelle, un ensemble de préceptes, posés par Dieu même, révélés à l'homme par la conscience, démontrés par la raison et préexistants à toute société. Ce ne sont pas de simples préceptes de morale: ce sont des règles de Droit. La morale a pour objet le BON; le Droit a pour objet le JUSTE. La morale, nous l'avons déjà dit, ne règle que des devoirs *intérieurs* de l'homme; le Droit ne s'occupe que des devoirs *extérieurs*. Spécialement le Droit naturel règle les devoirs extérieurs de l'homme, tels qu'ils sont déterminés, non point par le souverain de l'État, mais par la raison et par la nature propre de l'humanité. On l'appelle *immuable* parce que n'étant point l'œuvre des hommes, il ne peut être ni modifié ni abrogé par eux. Le souverain d'un État peut bien, aux risques et périls de la société, violer ou méconnaître les principes du Droit naturel ; mais il ne saurait les anéantir. Cette vérité est plus vieille que le monde, et notre législateur a bien fait d'écrire au frontispice du Code civil : « Il existe un Droit universel et « immuable, source de toutes les lois positives; il « n'est que la raison universelle, en tant qu'elle gou- « verne tous les hommes. »(Art. 1 du titre I du livre préliminaire du projet de Code civil.)

— 6 —

Le Droit naturel, considéré comme science spéciale, est d'origine moderne. Ce qu'ont écrit les philosophes de l'antiquité sur la loi *naturelle,* notamment Cicéron, s'applique plutôt à la morale qu'au Droit naturel (¹). Les jurisconsultes romains, bien qu'ils eussent conscience de ce qu'ils appelaient *naturalis ratio, œquitas,* etc., n'avaient point fait un corps de préceptes et de doctrines (²). Ce n'est qu'au milieu du seizième siècle que les premiers essais furent ten-

(¹) Voy. PLATON, *de legibus,* VIII, 838 sqq. 841. — *De Republ.,* VIII, 563. — ARISTOTE, *Politic.,* VI, c. 3, § 1. — XÉNOPHON, *Memor.,* IV, c. 4, § 19. — CICÉRON, *de Legibus,* I, 28; II, 4 : *pro Milone,* cap. 4, *passim* dans ses œuvres, et surtout *de Repub.,* lib. III, cap. 22.

(²) Nous ne citons que pour mémoire la notion du *jus naturale,* donnée par ULPIEN et répétée par JUSTINIEN dans les Institutes : *Jus quod natura omnia animalia docuit.* Ceux qui ont crié à l'ineptie ont eu tort : il ne fallait pas traduire *jus* par *droit. Jus* vient de *jussum; jus naturale* veut dire *quod jussum est a natura,* c'est-à-dire une loi de la nature. Or, qu'a dit Ulpien? que depuis le haut des airs jusqu'au fond des mers, les sexes se réunissent en vertu d'une loi de la nature. Où donc est l'ineptie?

tés par Oldendorp († 1567) (¹), Hemming (²), et quelques autres pour exposer le Droit naturel sous une forme systématique. Mais aucun d'eux ne distingua avec précision, parmi les devoirs de l'homme, ceux dont l'accomplissement ne relève que de sa conscience, et ceux à l'accomplissement desquels il peut être extérieurement contraint. Et pourtant cette distinction était indispensable pour séparer le Droit naturel de la morale. C'est le Hollandais Hugo Grotius († 1645), qui le premier mit au jour cette théorie des devoirs parfaits et imparfaits (justice explétive et attributive). Il publia à Paris, en 1625, son grand ouvrage *de Jure belli et pacis* qui devint le point de départ d'une culture très-active du Droit naturel. Aussi Grotius passe-t-il généralement pour le fondateur de cette science. Après lui Selden († 1654) (³), Hobbes († 1679) (⁴), Thomasius († 1728) (⁵), Pufendorff († 1694) (⁶), Wolff († 1754) (⁷),

(¹) *Isagoge juris naturæ, gentium et civilis.* Cologne, 1539. in-8.

(²) *Apodictica methodus de lege naturæ.* Wittenb. 1562.

(³) *De jure nat. et gentium juxta disciplinam Hebræorum.* Lond. 1629.

(⁴) *Elementa philosophica de cive.* Amst. 1647. *Leviathan.* Lond. 1651. HOBBES a été maintes fois réfuté, notamment par l'évêque CUMBERLAND : *De legibus naturalibus commentatio in quâ simul refutantur elementa Hobbesii.* Lond. 1612. Traduit en français et annoté par BARBEYRAC. Amst. 1744.

(⁵) *Dissertationes Lipsienses.* Diss. VII, § 5, et *Fundamenta juris naturæ et gentium.* Halæ, 1705.

(⁶) Il a écrit : *Elementa juris naturæ methodo mathematica.* Leyde, 1660, in-8°. — *Jus naturæ et gentium.* 1672, in-4°. Traduit et annoté par BARBEYRAC.—*De officio hominis et civis.* 1673, in-8°.

(⁷) *Jus gentium methodo scientifica pertractatum.* Halle, 1749, in-4. — *Institutiones juris naturæ et gentium.* Halle, 1750, in-8.

Burlamaqui († 1750) (¹) et d'autres, se livrèrent à
cette étude et obtinrent des résultats plus ou moins
satisfaisants. De nombreux travaux se succédèrent,
en Allemagne surtout, avec une ardeur infatigable (²),
et une grande variété de systèmes et de doctrines (³),
Il était réservé à l'esprit philosophique de Kant
(† 1804), d'imprimer à l'étude du Droit naturel une
direction moins incertaine (⁴). Il distingua, comme
nous l'avons fait plus haut, les devoirs de l'homme
en intérieurs et extérieurs, faisant de la liberté extérieure le fondement et le théâtre du Droit, circon-
scrivant la sphère de la morale par la liberté intérieure. Cette voie fut suivie et rectifiée, en certains
points de détail, par un grand nombre d'écrivains,
parmi lesquels Feuerbach (⁵), Schmalz (⁶), Gros (⁷),

—Formey a donné des extraits de Wolff en français. Amst. 1757,
3 vol. in-8º.

(¹) *Principes du droit de la nature et des gens.* Yverdun, 1766,
in-8. L'édition par de Félice contient 8 vol. in-8º. — Celle de
1820, revue par M. Dupin aîné, en contient 5. — *Principes du
droit naturel.* Genève, 1764, 2 vol. in-8. Paris, 1821, 1 vol. in-12.

(²) Consultez, pour la bibliographie, le baron d'Ompteda : *Lit-
teratur des gesammten sowohl natürlichen als positiven Völ-
kerrechts.* Ratisb. 1785, 2 vol. in-8º. M. de Kamptz y a ajouté un
volume de supplément. Berl. 1817.

(³) On trouvera l'exposé historique de ces divers systèmes dans
l'ouvrage de Stahl et dans Gærtner : *De summo juris naturalis
problemate.* Bonne, 1838.

(⁴) *Metaphysische Anfangsgründe der Rechtslehre.* Kœnigsb.
1797.

(⁵) *Kritik des natürlichen Rechts.* Altona, 1796.

(⁶) *Recht der Natur.* Kœnigsb. 1795. Une édition a reparu
en 1831 à Leipsic sous le titre de : *Die Wissenschaft des natürlichen Rechts.*

(⁷) *Lehrbuch der philosophischen Rechtswissenschaft oder des
Naturrechts.* Tubing. 1805, 4e édit. 1822.

Bauer (1). Krug (2), Fichte (3), etc. La doctrine de Kant eut aussi, et cela devait être, des contradicteurs; mais elle paraît, sinon dans ses détails, du moins dans son principe, supérieure aux attaques dont elle a été l'objet, même de la part de Hegel (4) et de Stahl (5), ses plus redoutables adversaires.

D'autres, tels que MM. Hugo (6), Marezol (7), Warnkœnig (8), Baumbach (9), Falck (10), Lherminier (11), Schützenberger (12), etc., ont nié l'existence du Droit naturel tel que l'avaient conçu leurs devanciers, et ont essayé de le remplacer par ce qu'ils ont appelé, les uns la philosophie du Droit, les autres, *Naturlehre des Rechts*. Plus récemment encore, des points de vue nouveaux ont été présentés; en un mot, il n'est point de branche de la science philosophique qui ait exercé plus activement l'esprit d'outre-Rhin. La France avait produit peu de travaux originaux

(1) *Naturrecht*. 3e édit. Gœtt. 1825.

(2) *Aphorismen zur Philosophie des Rechts*. Leips. 1800.

(3) *Grundlage des Naturrechts nach Principien der Wissenschaftslehre*. Jena, 1796. Revu en 1812. Bonne, 1834.

(4) *Grudlinien der Philosophie des Rechts*. Heidelb. 1821.

(5) *Die Philosophie des Rechts nach gesetzlicher Ansicht*. 2 vol. Heidelb. 1830-37.

(6) *Lehrbuch des Naturrechts als einer Philosophie des positiven Rechts*. 4e édit. Berlin, 1819.

(7) *Lehrbuch des Naturrechts*. Giess. 1819.

(8) *Rechtsphilosophie als Naturlehre des Rechts*. Freiburg, 1839.

(9) *Einleitung in das Naturrecht als eine volksthümliche Rechtsphilosophie*. Leips. 1833.

(10) Dans son *Encyclopédie*. Voy. la traduction française par M. Pellat. Paris, 1841.

(11) *Philosophie du Droit*. 2 vol. in-8. Paris, 1831.

(12) *Études de Droit public*. Strasbourg, 1837.

sur cette matière ; tous ses écrivains, tels que Gérard de Rayneval[1], Perreau[2], Cotelle[3], Lepage[4], etc., n'ont fait que reproduire, d'une manière plus ou moins pâle, les théories de Pufendorff et de Wolff, également copiées par de Félice[5] et Vicat[6]. Depuis quelque temps, il est vrai, il se manifeste chez nous une certaine tendance vers l'étude du Droit naturel ou de la philosophie du Droit ; il est vivement à désirer que ce mouvement intellectuel se soutienne[7]. Le caractère positif des jurisconsultes français est une éminente qualité, mais elle dégénérerait en un défaut si elle était exclusive. Car, enfin, le législateur français n'a-t-il pas fait du Droit naturel le complément du Droit positif? N'est-ce pas un principe souvent proclamé lors des discussions du Code civil que dans le silence ou l'obscurité de la loi le

[1] *Institutions du Droit de la nature et des gens.* Paris, an XI, in-8. Nouv. édit. 1832, 2 vol. in-8°.

[2] *Éléments de législation naturelle.* Paris, 1807. Nouv. édit. 1834, in-8°.

[3] *Abrégé du cours élémentaire du Droit de la nature et des gens.* 1820, in-8°.

[4] *Éléments de la science du Droit, etc., contenant les premiers principes du Droit naturel et du Droit des gens.* 1819, 2 vol. in-8°.

[5] *Leçons du Droit de la nature et des gens.* Yverdun, 1768, 4 vol. in-8. Nouv. édit. Paris, 1830, 2 vol. in-8°.

[6] *Traité du Droit naturel et de l'application de ses principes au Droit civil et au Droit des gens.* Lausanne. 1777, 4 vol. in-8°.

[7] On pourra voir dans le *Kritische Zeitschrift* une série d'articles dans lesquels M. WARNKOENIG expose et apprécie, au fur et à mesure qu'elles paraissent, les productions de ceux qui s'occupent en France de philosophie du Droit.

juge doit se décider d'après les règles du Droit naturel ? L'art. 11 du tit. V du livre préliminaire du projet de Code civil était ainsi conçu : « Dans les ma« tières civiles, le juge, à défaut de loi précise, est « un ministre d'équité. L'équité est le retour à la loi « *naturelle* ou aux usages reçus dans le silence de « la loi positive. » « Si l'on manque de loi, disaient « les rédacteurs du Code dans le discours prélimi« naire, il faut consulter l'usage ou l'équité. L'é« quité est le retour à la *loi naturelle* dans le silence, « l'opposition ou l'obscurité des lois positives. » Ce principe n'a-t-il pas été formellement consacré par les art. 565, 1135 et 1854 de ce même Code ? Il est donc indispensable pour celui qui entreprend d'interpréter ou d'appliquer la loi positive française de connaître le Droit naturel qui en forme le complément. Il doit s'y rattacher quand le texte de la loi lui fait défaut ; c'est le seul moyen de ne pas se laisser égarer par les fausses lueurs de cette équité subordonnée au caprice et au tempérament de chacun. La connaissance du Droit naturel est même d'une utilité générale. Au législateur, elle sert de boussole dans la confection des lois ; au publiciste, elle indique les vrais moyens d'atteindre le but de l'État, et le préserve de ces spécieuses théories de *l'utilité publique, du bonheur général,* etc. ; à tout citoyen enfin, elle fait comprendre la nécessité de l'existence d'un État qui le garantisse contre l'anarchie, et elle le rattache d'autant mieux aux institutions qui lui assurent la sécurité.

— 7 —

On peut envisager et traiter le Droit naturel ·

1° Comme la science des devoirs et des droits, qui dérivent de la raison et de la nature propre de l'homme (c'est ce que les auteurs appellent *Droit naturel pur*);

2° Comme la théorie des applications que les principes du Droit naturel pur reçoivent dans les diverses relations de la vie pratique (*Droit naturel appliqué*).

C'est le même rapport qui se reproduit entre les mathématiques pures et les mathématiques appliquées. Nous ne pouvons pas entrer ici dans les développements de cette vaste matière : mais, dans un manuel d'Encyclopédie juridique (en France), il nous paraît opportun de l'esquisser rapidement. C'est à l'enseignement oral à compléter les notions et les déductions qui suivent. Nous supposons, pour l'intelligence de ces déductions, que l'étudiant possède les notions dont l'ensemble forme la *métaphysique des mœurs*,

SECTION PREMIÈRE.

DU DROIT NATUREL PUR.

— 8 —

Nous avons dit en commençant que l'homme avait des devoirs extérieurs à remplir. Par cela même il a des droits, puisque tout devoir extérieur ou juridique engendre un droit.

Ces droits sont *innés* ou *acquis*, ce qui veut dire qu'ils nous appartiennent par le seul fait de notre existence, ou bien qu'ils ne résultent pour nous que de certains faits subséquents. — Les auteurs appellent *Droit naturel absolu*, cette partie du Droit naturel pur qui a pour objet de déduire les Droits *innés* du principe suprême dont ils découlent ; et ils donnent le nom de *Droit naturel hypothétique* à l'autre partie du Droit naturel pur dans laquelle on recherche et l'on établit les causes et la possibilité des droits *acquis* (¹).

1. — Des droits innés.

— 9 —

Le premier droit inné, le seul, à vrai dire, que l'homme apporte en naissant (car les autres n'en sont qu'un corollaire), c'est celui de vivre et d'exister avec toutes les facultés dont le Créateur a doué son âme et son corps. Ce droit qui constitue l'*inviolabilité* de l'homme se confond avec sa liberté extérieure qui consiste précisément à ne pas être déterminé par autrui et contre son gré, dans ses actions extérieures et par conséquent à n'être ni empêché, ni troublé par qui que ce soit dans son existence ou dans son développement physique et moral.

De ce premier droit inné relatif à son existence découle immédiatement pour l'homme un second droit

---

(¹) Disons en passant qu'il y a erreur de la part de **M. Falck** (Encyclopédie, § 49) dans la manière dont il relate la division que les auteurs ont faite du Droit naturel. **M. Falck** confond le **Droit** naturel *hypothétique* avec le Droit naturel *appliqué*.

inné relatif à ses actions et qui consiste dans la faculté de faire ou d'omettre ce que bon lui semble. Nul ne peut en conséquence, soit m'empêcher d'agir, soit me déterminer à agir contre mon gré ; et une action ou une omission, fussent-elles immorales, personne n'a le droit d'empêcher d'agir celui qui la commet, ni de déterminer à la faire celui qui l'omet. Ce serait une violation de la liberté extérieure.

Ce second droit inné de l'homme en engendre un troisième qui est celui d'user et de se servir des choses extérieures pour satisfaire ses besoins. En effet, puisque l'homme a le droit d'agir comme bon lui semble, et qu'user des choses extérieures c'est agir, il en résulte nécessairement qu'il a le droit d'user de ces choses. Ainsi chaque homme a naturellement un droit égal d'user de toutes les choses et comme bon lui semble, puisque l'empêcher d'en user contre son gré, ce serait gêner sa liberté extérieure et par conséquent violer son droit inné (¹).

— 10 —

Le droit d'user se manifeste et s'exerce par la possession qui est l'occupation d'une chose pour s'en servir privativement. Permis à chacun de prendre possession d'une chose qu'aucun autre ne possède encore, puisque tous les hommes ayant un droit égal à l'usage des choses, ce droit comprend aussi pour chacun celui de prendre possession de ces choses si

(¹) C'est là l'objet de la fameuse logomachie de Pufendorff qui appelait *communio primæva negativa* et *res nullius*, ce que Grotius avait appelé *communio primæva affirmativa* et *res omnium*.

l'usage qu'il en veut faire ne peut avoir lieu qu'en en excluant tous les autres [1].

Tant qu'une personne reste en possession effective et réelle d'une chose, aucune autre ne peut ni troubler cette personne dans sa possession, ni l'en expulser. Mais la possession de cette personne n'anéantit point le droit général que les autres conservent d'user de cette chose quand elle ne sera plus possédée par le possesseur actuel : l'exercice seul de ce droit commun reste suspendu, tant que dure la possession [2].

L'homme n'a pas d'autres droits innés que ceux qui viennent d'être indiqués. Sous le rapport de ces droits, mais sous ce rapport seulement, les hommes sont entre eux dans une égalité parfaite et absolue. Ni la supériorité corporelle ni celle de l'esprit ne donnent à tel homme plus de droits innés qu'à tel autre. En effet, les droits innés appartiennent à l'homme par cela seul qu'il est un être doué de raison ; or la raison est une, et tout homme, même l'enfant et l'idiot, est à considérer, du point de vue métaphysique, comme un être raisonnable.

Ces droits sont inaliénables, c'est-à-dire que la renonciation absolue que l'homme y ferait ne saurait l'obliger. Ainsi, par exemple, seraient de nul effet

---

[1] Relativement à ce droit commun d'user des choses, on peut assimiler les hommes à des individus entrés au parterre d'un théâtre. Chacun d'eux a droit à une place, mais nul n'a droit à telle ou telle place déterminée, aussi chacun peut-il prendre celle qu'il trouve vacante et en exclure ainsi tous les autres.

[2] Il en est de même, dans l'exemple cité à la note précédente, de la place que cesserait d'occuper l'un ou l'autre des spectateurs.

le contrat par lequel une personne s'engagerait à sacrifier sa vie (¹), celui par lequel une personne se soumettrait à l'esclavage, etc.

Néanmoins comme la liberté extérieure d'une personne n'est blessée que de ce qui est fait contrairement à sa volonté, il n'y a pas d'injustice à agir contre le droit inné d'une personne qui y consent. Ainsi, par exemple, tuer un homme qui consent à perdre la vie, ce n'est point une action défendue par le Droit naturel, bien que ce soit un énorme attentat contre la morale.

II. — Des droits acquis.

— **II** —

L'acquisition est l'acte par lequel une chose en dehors d'une personne devient l'objet du droit de celle-ci, c'est-à-dire dont elle peut disposer privativement à toute autre. Nul ne peut acquérir un droit par une simple déclaration de sa volonté ; car notre liberté extérieure a pour limites la liberté extérieure des autres et non leur volonté ; ce n'est donc point commettre une injustice que d'agir contrairement à cette volonté. Au contraire, l'injustice serait du côté de celui qui prétendrait m'empêcher, par une simple déclaration de sa volonté, d'agir quand je puis le faire sans violer aucun de ses droits innés. L'acquisition ne peut donc consister que dans un acte en vertu duquel une chose est mise à l'égard de l'ac-

______

(¹) L'État n'impose pas au soldat l'obligation de mourir ; il ne lui impose et le soldat n'accepte que l'obligation de faire des actes qui mettent la vie en danger, ce qui est bien différent.

quéreur, dans un état tel qu'un autre n'en peut plus disposer sans violer un droit inné de cet acquéreur.

Les droits acquis sont aussi inviolables et aussi sacrés que les droits innés, puisqu'un droit acquis ne peut être violé sans qu'un droit inné le soit pareillement. Mais par cela même que les droits acquis résultent de faits qui peuvent être plus ou moins multiples, ces droits peuvent être plus ou moins nombreux, plus ou moins étendus les uns que les autres, et dès lors ils n'engendrent pas, comme les droits innés, même ils excluent une parfaite égalité entre les hommes.

On peut acquérir un droit sur deux espèces de choses : sur les choses corporelles et sur les actions ou omissions d'autrui.

I. — De l'acquisition d'un droit sur les choses corporelles.

— **12** —

La propriété d'une chose est le droit d'en user exclusivement. Elle ne consiste pas dans le simple droit d'user, lequel compète, comme droit inné, à tous les hommes et sur toutes choses, mais bien dans le droit d'interdire à tous les autres l'usage de cette chose d'une manière absolue, même après avoir cessé de la posséder physiquement. A la vérité celui qui a simplement pris possession d'une chose a déjà, par le seul fait de prise de possession, le droit d'exclure les autres de l'usage de cette chose. Mais ce droit doit finir et finit avec la possession elle-même, et alors un autre peut prendre la chose et s'en servir à son tour, puisque dans ce cas, il ne fait aucun tort à celui qui a cessé d'être possesseur. La déclaration de l'ancien possesseur qu'il veut conserver son droit sur la chose qu'il a cessé de posséder, serait impuissante pour le lui conserver, car personne ne peut, par une simple déclaration de volonté, imposer une loi aux autres ou les empêcher d'exercer les droits qui leur compètent (¹).

Ici donc se présente l'important problème en Droit naturel de savoir comment, malgré le droit appartenant à tous les hommes d'user de toutes les choses, on peut acquérir sur telle chose particulière un droit exclusif d'usage qui continue d'exister même après que l'on a cessé de posséder cette chose...., en d'autres termes, comment on devient propriétaire.

Il n'y a point d'autre solution possible de ce problème que la suivante : on acquiert un pareil droit sur une chose lorsqu'elle est mise dans un état tel qu'un autre ne pourrait pas, sans léser un droit inné de celui qui a cessé d'être possesseur de cette chose, en user contre la volonté de celui-ci (²).

(¹) Qui pourrait au parterre d'un théâtre, en quittant sa place pour n'y plus revenir défendre aux autres de s'y asseoir?

(²) On a donné des solutions nombreuses, mais en général peu satisfaisantes, à la question de savoir comment concilier le droit de propriété avec le droit inné des hommes à l'usage commun des choses. Grotius a imaginé un partage originaire. Mais où est la preuve de ce contrat invraisemblable? Pufendorff a cru tourner la difficulté en appelant *res nullius* les choses sans possesseur, et en accordant la propriété au premier occupant. Mais la question est précisément de savoir si la simple appréhension que le Droit romain appelle *occupatio* peut engendrer la propriété, c.-à-d. un droit qui survive au fait de la possession. Locke enseignait déjà que la simple appréhension était insuffisante. — Il y a des écrivains qui disent que la propriété est une création de l'État: c'est

La *formation*, l'*accession* et la *production* sont trois événements qui engendrent ce résultat.

— 13 —

1°. Former une chose, c'est la mettre dans un état tel qu'un autre ne peut plus s'en servir contre notre gré, sans détruire ou sans usurper à son profit l'effet de l'acte au moyen duquel nous avons imprimé à cette chose la forme qu'elle a. Par cet acte nous acquérons sur la chose par nous formée un droit de propriété, c'est-à-dire un droit d'usage exclusif qui dure même au delà de notre possession. Car d'une part, détruire contre notre volonté l'effet de nos actes, c'est nous empêcher d'avoir agi, ce qui est aussi contraire à notre liberté extérieure que de nous empêcher d'agir, attendu que le temps n'a d'effet que dans le monde sensible et physique, et nullement dans le monde intellectuel et moral. D'autre part, usurper le résultat de notre travail, c'est nous forcer d'avoir agi pour autrui, ce qui est également contraire à notre liberté extérieure. — Régulièrement la propriété doit être le prix du travail et non le butin de la force, et la simple appréhension d'une chose ne suffit pas pour nous en rendre propriétaires. Il faut l'avoir plus ou moins formée, plus ou moins façonnée ; il faut l'avoir en quelque sorte attachée à notre personne par ce lien invisible que l'on comprend mieux qu'on ne

une conséquence de cette dangereuse confusion signalée au § 5 entre le Droit et la garantie du Droit. Qui pourrait sérieusement soutenir que Robinson Crusoë ne fût pas légitime propriétaire des armes qu'il s'était fabriquées ou des chèvres qu'il avait élevées ?...

l'explique (¹) —Ce n'est donc qu'en façonnant et en travaillant la terre qu'on a pu en acquérir primitivement la propriété.

2° L'accession est un fait volontaire ou fortuit par lequel une seconde chose est mise avec une première déjà façonnée par quelqu'un, dans une connexité telle qu'un autre ne pourrait pas user de cette chose connexe, sans détruire ou sans usurper à son profit le résultat du travail de celui qui a façonné la première. Le propriétaire de la chose principale le devient aussi de celle qui y a été jointe.

3° Produire, c'est forcer la nature à créer ce que sans l'homme elle n'eût pas créé ou n'eût créé qu'en moindres proportions. *Produire* et *fabriquer,* ce sont deux actes bien différents(²).

(¹) Deux naufragés sont jetés sur une ile déserte : l'un d'eux passe la nuit sur un arbre, et le soir du lendemain, il trouve le même arbre occupé par son compagnon. Peut-il forcer celui-ci à déguerpir, sous prétexte qu'il a occupé l'arbre le premier ? Le peut-il sous prétexte qu'il aurait déclaré, la première fois, son intention d'y passer désormais toutes les nuits, et qu'en conséquence, il aurait défendu à l'autre de s'y abriter ? Évidemment non. — Mais si la première fois qu'il est monté sur cet arbre, il en a entrelacé les rameaux et les a tapissés de mousse ou de gazon pour s'en faire une retraite, il est évident que l'autre ne pourra, contre le gré du premier, profiter du fruit du travail de celui-ci. La forme donnée aux choses par notre travail est un lien qui les rattache à nous d'une manière aussi étroite et aussi sacrée que la main même à l'aide de laquelle nous avons créé cette forme.

(²) L'horloger ne produit pas plus une montre que le tailleur ne produit un habit; l'un et l'autre ne font que fabriquer, c'est-à-dire combiner d'une certaine manière ce qui existe déjà *in rerum natura.* Au contraire le travail de l'agriculteur force le champ à lui rendre, pour un grain de froment, plusieurs grains qui n'existaient pas. Sans doute, c'est la nature et non le travail de l'a-

Celui qui par son travail a forcé la terre ou les animaux à produire acquiert la propriété des produits, tant à titre de formation, qu'à titre d'accession.

— **14** —

La copropriété est le rapport de deux ou de plusieurs personnes qui ayant le droit d'exclure tous les autres de l'usage d'une certaine chose n'ont pas celui de s'en exclure réciproquement l'une l'autre. La copropriété a dû résulter originairement d'une production ou d'une formation faites en commun, ou de l'accession à une chose produite ou formée en commun.

— **15** —

Le droit de propriété s'éteint par la renonciation du propriétaire à son droit, laquelle peut résulter du délaissement de la chose ou de la cession faite à un tiers.

Ce droit cesse aussi par l'appréhension qu'un tiers de bonne foi fait de la chose qu'un propriétaire a cessé de posséder physiquement. Sans doute le propriétaire qui a perdu la possession de sa chose a le droit de la reprendre entre les mains de la personne qui s'en est emparée de mauvaise foi, c'est-à-dire qui s'en est mise en possession sachant qu'elle lésait le droit d'un autre. Mais si ce nouveau possesseur est de bonne foi, le propriétaire ne peut pas lui repren-

griculteur qui produit ces grains de froment, mais un travail qui force à produire est réellement producteur. — La pêche et la chasse ne sont pas des travaux de production.

dre la chose ; car en se mettant de bonne foi en possession d'une chose non possédée ou en la recevant
de bonne foi même d'un possesseur de mauvaise foi,
le possesseur actuel n'a violé le droit de personne et
n'a fait qu'user du sien (¹).

Le droit de propriété cesse aussi par la mort du
propriétaire. A ce moment, les choses qui avaient
été soumises à ce droit de propriété retombent sous
l'exercice du droit d'usage commun à tous les hommes, et le premier venu peut en prendre possession.
Car le défunt n'existant plus dans le monde sensible,
il ne peut plus être question de sa liberté extérieure ;
celle-ci ne peut donc plus être lésée par l'appréhension
qu'un autre ferait des choses qui lui avaient appartenu. En vain, pour éviter ce résultat, le propriétaire
défunt aurait déclaré vouloir que telle ou telle personne prenne ses choses après sa mort. Personne,
nous l'avons dit, ne peut, par une déclaration de sa
volonté, imposer une loi aux autres ou les empêcher
d'exercer un droit inné (²).

(¹) Voilà pourquoi la règle du Droit germanique : *hand muss
hand wahren*, et la règle du Droit français : *en fait de meubles la
possession (de bonne foi) vaut titre*, sont bien plus rapprochées du
Droit naturel que la théorie de la revendication mobilière en Droit
romain.

(²) Le droit d'instituer des héritiers est donc une pure création
de la loi positive. Si l'on admet qu'une personne peut ordonner
qu'après sa mort ses biens seront soustraits à l'usage commun des
hommes, excepté à celui de tel ou tel individu (et c'est là ce qu'on
appelle instituer un héritier), il faut admettre que cette personne
pour rapriver de cet usage même celui que nous supposons qu'elle
a excepté. Cette personne pourra donc déclarer qu'elle ne veut
pas avoir d'héritier et ordonner, que jusqu'à la fin du monde, ses
choses resteront *res nullius*.

Lorsque le défunt a eu un copropriétaire des choses par lui délaissées, la propriété du tout reste à ce copropriétaire. Tous deux, en effet, avaient un droit égal d'exclure tous les autres de l'usage de ces choses, et la mort de l'un ne peut pas faire perdre ce droit à l'autre (¹).

II. — De l'acquisition d'un droit sur les actions ou omissions d'autrui.

— 16 —

Puisque nul ne peut être forcé, contre sa volonté, d'agir ou de ne pas agir, comment est-il donc possible qu'une personne acquière le droit d'en déterminer une autre à agir ou à s'abstenir d'agir ? Cela arrive toutes les fois qu'une action ou une omission de celle-ci aurait pour effet de violer un droit inné ou un droit acquis de celle-là. Telle est l'unique solution que l'on puisse donner à ce problème de Droit naturel.

Ce résultat peut être produit de deux manières : par l'effet d'une *lésion* ou par l'effet d'un *contrat*.

I. — De l'acquisition d'un droit sur les actions ou omissions d'autrui par l'effet d'une lésion.

— 17 —

Toute action ou omission par laquelle le droit inné ou acquis d'une personne est violé, s'appelle lésion. Le résultat d'une lésion constitue un dommage.

Une lésion peut avoir été faite avec ou sans inten-

(¹) Ainsi la succession ab intestat est la seule qui soit fondée sur le Droit naturel, parce qu'elle découle de la copropriété.

tion ; mais, relativement au dommage et à la réparation, c'est absolument la même chose (¹).

La réparation du dommage s'appelle indemnité ou dommages-intérêts ; ils peuvent consister, au choix du lésé, dans la dation d'une chose ou dans toute autre prestation. La lésion cesse dès que le dommage a été réparé suivant l'estimation du lésé (²), car la lésion durait tant que la liberté du lésé était violée, or, après qu'il a consenti à recevoir l'indemnité, il n'y a plus rien de contraire à sa liberté.

Le lésé a donc le droit :

1° D'exiger une indemnité de celui qui a commis une lésion envers lui ;

2° De se défendre, c'est-à-dire d'empêcher l'action de celui qui va commettre une lésion. En effet la raison n'interdit de léser que les êtres raisonnables ; or celui qui m'attaque injustement cesse d'être raisonnable ; il perd son inviolabilité extérieure et s'expose à être lésé à son tour.

3° De punir l'offenseur, c'est-à-dire de le léser par représailles, puisqu'il a perdu son inviolabilité (³).

___

(¹) Ce principe de droit naturel est formellement consacré par l'art. 1382 du Code civil. Si le Droit positif admet des nuances sur ce point, ce n'est que pour apprécier la criminalité d'une action et en matière de fautes contractuelles.

(²) A vrai dire, le lésé seul est à même d'estimer les dommages-intérêts, car personne ne peut savoir le préjudice qu'il éprouve par suite de telle ou telle lésion. Cependant il s'établit, en pareil cas, comme une valeur d'échange au moyen de laquelle le juge peut apprécier le dommage éprouvé par le lésé.

(³) Le devoir chrétien de faire du bien à ceux qui nous ont fait du mal, s'oppose absolument à la vengeance ou à l'exercice du droit de punir. Mais en droit naturel, la peine ne peut être distin-

Nul n'a le droit d'en léser un autre pour échapper à un danger qui le menace lui-même, car il n'y a pas de droit sans devoir, et personne n'a le devoir de souffrir une lésion(¹). Néanmoins, si pour sauver un petit droit inné on se trouve dans la nécessité de causer un dommage réparable, on a le droit de causer ce dommage à charge de le réparer. Ainsi, par exemple, celui qui tombe dans la rivière a le droit de s'accrocher aux branches de votre arbre, dût-il l'endommager, sauf à vous indemniser.

II. — De l'acquisition d'un droit sur les actions ou omissions d'autrui par l'effet d'un contrat.

— 18 —

La promesse est une déclaration de volonté par laquelle une personne s'engage à quelque prestation envers une autre, et consent, par conséquent, à ce que celle-ci puisse la déterminer à agir ou à s'abstenir d'agir.

L'acceptation d'une promesse est la déclaration émanée de celui à qui elle a été faite, qu'il consent à

gée de la vengeance, puisque l'une ne diffère de l'autre que par le but, dont l'appréciation est tout interne et par conséquent impossible dans le for extérieur. — C'est avec raison que l'État s'est réservé le droit de punir, mais il est faux de prétendre, comme on l'a fait, que les individus n'aient pas ce droit. Puisque l'État n'est que la réunion des droits des individus, comment aurait-il le droit de punir si les individus ne l'avaient pas eu ?

(¹) Par exemple, deux hommes tombés au milieu de la mer saisissent une planche de salut trop étroite pour les soutenir tous deux. L'un a-t-il le droit de pousser l'autre à bas pour profiter seul de la planche? Non, parce que l'autre n'est pas obligé de se laisser pousser.

acquérir le droit de déterminer le promettant à agir ou à s'abstenir d'agir.

La promesse accompagnée de l'acceptation forme un *contrat*. Les contrats sont *unilatéraux,* lorsqu'une seule partie promet et que l'autre accepte ; ou *bilatéraux,* lorsque les deux parties promettent, et acceptent de telle sorte que la promesse de l'une est la cause et la condition de la promesse de l'autre.— Ils sont *exprès* ou *tacites*, selon que la volonté des parties se manifeste ou non par des signes positifs.

Lorsque, dans un contrat unilatéral, le promettant a effectué la prestation à laquelle il s'était engagé, le contrat est obligatoire. Car si cette prestation a consisté dans la dation d'une chose, l'acceptant qui l'a reçue en a été mis en possession et le promettant ne pourrait plus se dégager du contrat sans léser le droit acquis de l'acceptant. Si la prestation a consisté dans une action, celle-ci, une fois accomplie, on ne peut plus faire qu'elle ne le soit pas. Dans l'une et l'autre hypothèse, le contrat ne peut donc pas être réduit au néant.

Lorsque, dans un contrat bilatéral, une partie a effectué la prestation par elle promise, l'autre partie est juridiquement tenue d'effectuer sa contre-prestation. Car le promettant n'ayant consenti à faire sa prestation qu'à condition que l'acceptant ferait la sienne, celui-ci, en manquant de parole, aurait donc fait agir le promettant contre son gré et aurait ainsi violé le droit inné de ce dernier.

Lorsqu'il n'a été promis et accepté que des prestations futures dont aucune n'a encore été effectuée, chacune des parties contractantes conserve sa liberté naturelle de changer de volonté, et le simple échange des déclarations de volonté n'engendre pas d'obligation juridique. En effet, chacun est maître de changer de volonté, alors même qu'il l'a exprimée, et l'acceptant ne peut point, par son acceptation verbale, acquérir le droit de priver le promettant de sa liberté naturelle de changer de volonté, ni *vice versa*, attendu que nul ne peut, acquérir un droit par la seule déclaration de sa volonté. Ainsi, du moment que le changement de volonté de l'une des parties ne lèse aucun droit, soit inné, soit acquis, de l'autre partie, le contrat qui n'a pour objet que des prestations futures, n'est pas obligatoire (¹).

(¹) La fidélité à accomplir la parole donnée est, sans contredit, un des devoirs éthiques les plus sacrés, mais ce n'est point un devoir juridique. On a prétendu le contraire, mais sans le prouver. Les uns ont dit que les relations sociales seraient trop difficiles sans la sainteté des promesses : ce peut être là la raison pour laquelle le droit positif les a généralement sanctionnées, mais cette considération ne prouve que l'opportunité politique et non la nécessité juridique de pareilles lois. — D'autres ont dit que la promesse fait naître l'espoir de celui à qui elle est faite, et que la violer, c'est tromper cet espoir. C'est immoral, soit ; mais la question reste entière de savoir si cette violation blesse un droit inné ou acquis de l'acceptant. On a confondu à tort l'*acceptation d'une promesse* avec l'*occupation d'une chose*, et de là est venue l'erreur de croire que la première, comme la seconde, fait immédiatement et directement entrer quelque chose dans la sphère de nos droits. Au lieu d'établir, avant tout, comment en Droit naturel, l'acceptation d'une promesse crée un droit au profit de l'acceptant, on a admis, par une fautive analogie, que par l'acceptation une promesse devient *nôtre*, comme une chose par l'occupation ; et l'erreur a été d'autant plus facile que la morale et le droit positif l'ont favorisée.

— De tout temps le Droit positif français a fait résulter l'obliga-

Mais lorsque, en vue de la promesse d'une prestation future, l'acceptant a fait des dépenses ou pris des dispositions onéreuses pour lui, le promettant est juridiquement tenu de remplir sa promesse; car l'acceptant devait croire à la loyauté du promettant, et il n'a fait ces dépenses que dans cette confiance sans laquelle il ne les eût pas faites. En manquant de parole, le promettant a donc déterminé l'acceptant contre son gré à agir, et il a lésé la liberté extérieure de ce dernier. De là résulte pour celui-ci le droit de forcer l'autre à exécuter le contrat ou à l'indemniser de l'inexécution.

— 19 —

Les contrats extorqués par la violence ne sont pas obligatoires, parce que celui envers qui la violence est exercée aurait été déterminé contre sa volonté et par conséquent lésé dans sa liberté extérieure. Et comme tout lésé a le droit d'user de représailles envers l'auteur de la lésion, il pourrait violer le prétendu droit né de ce contrat, fruit de la violence.

La promesse d'une chose physiquement ou moralement impossible n'est pas obligatoire.

Une promesse obtenue par fraude n'oblige point

tion du seul échange de deux consentements; mais, sur ce point, le Droit romain primitif était plus rapproché du droit naturel. Il paraît que dans l'origine le Droit romain ne reconnut pour obligatoires que les contrats appelés *réels* par les docteurs modernes, c'est-à-dire, les contrats à raison desquels un acte quelconque avait été effectué par l'une des parties contractantes. Ce n'est que plus tard que les relations croissantes de la société firent sanctionner les simples contrats *consensuels*.

le promettant, pas même à rendre ce qu'il a reçu de l'acceptant. En effet, le promettant n'a voulu s'engager qu'autant que les allégations de l'acceptant seraient vraies, et celui-ci, en usant de fraude, a fait agir le promettant contre son gré. Au contraire, la prestation accomplie par l'acceptant a été faite par lui de plein gré et en pleine connaissance de sa propre fraude ; il savait par conséquent, que le promettant ne serait pas obligé par une promesse dont le dégageait la fraude employée envers lui, il ne peut donc pas redemander au promettant ce qu'il lui a volontairement donné. — Toutefois, si l'acceptant n'a induit le promettant en erreur que parce qu'il se trompait lui-même, la promesse n'en est pas moins nulle, mais le promettant doit restituer ce qu'il avait reçu ou l'estimation.

Les contrats ne sont pas obligatoires pour ceux qui sont incapables d'apprécier raisonnablement les circonstances dans lesquelles ils contractent, tels que les enfants, les imbécilles, les fous et les individus en état d'ivresse.

SECTION DEUXIÈME.

DU DROIT NATUREL APPLIQUÉ.

— **20** —

C'est, comme nous l'avons dit au § 7, la théorie des applications que les principes du Droit naturel pur reçoivent dans les diverses relations de la vie pratique. Pour épuiser le Droit naturel appliqué, des auteurs ont développé la nature propre de toutes les institutions dont s'occupe le Droit positif. Mais comme, même en suivant ce vaste plan, ils ne sont pas parvenus à épuiser la matière, d'autres en grand nombre (et nous les imiterons) se bornent à traiter le Droit naturel dans ses applications à de grandes institutions qui servent de fondement à l'humanité et à la civilisation. Pour donner aux étudiants une idée de ce genre d'études à peu près inconnu dans nos facultés de Droit en France, nous allons nous occuper très-brièvement des applications du Droit naturel à la famille et à l'État. — Nous avons déjà dit et nous répétons qu'il ne s'agit ici que d'un canevas pour des explications orales.

I. — Du droit naturel appliqué à la famille.

— 21 —

C'est un appétit purement animal qui porte l'homme à la copulation charnelle : or il est contraire à sa liberté intérieure, et à la dignité d'un être raisonnable, de se laisser dominer par la sensualité. Sans doute, boire, manger, dormir, c'est aussi satisfaire un penchant animal ; mais c'est en même temps obéir à la raison qui ordonne à l'homme de conserver la vie et par conséquent de prendre soin de son corps, tandis qu'aucun précepte de la raison ne lui impose la copulation considérée comme simple acte sensuel.

Néanmoins il existe entre personnes de sexe différent un amour que l'homme seul est susceptible de ressentir, que chacun éprouve, que le sage respecte, que le poëte chante et que la religion sanctifie. Cet amour *moral* dépouille le rapprochement sexuel du caractère d'un simple appétit charnel se satisfaisant sur une créature douée de raison ; — il ennoblit et purifie la cohabitation qui n'est plus alors que la manifestation suprême de cet amour *moral*. Celui-ci est essentiellement exclusif et emporte nécessairement de la part du couple qui l'éprouve renoncement à tout commerce sensuel avec autrui.

Le mariage est une société fondée sur cet amour *moral* et dans laquelle deux personnes de sexe différent s'unissent pour cohabiter exclusivement et privativement. Ainsi le mariage a pour but, non pas simplement de cohabiter, mais de cohabiter exclusivement, c'est-à-dire, avec l'obligation, de la part de chaque conjoint, de se garder fidélité et de s'abstenir de cohabiter avec d'autres. Dès lors le mariage n'a pas seulement pour but de propager l'espèce humaine, mais de rendre cette propagation moralement possible (¹).

— 22 —

La cohabitation hors mariage blesse la morale, mais ne blesse pas la justice, à moins qu'elle n'ait été consommée par fraude ou par violence et que par

(¹) Le but du mariage n'est pas, comme l'ont dit certains canonistes, *ad remedium concupiscentiæ*, car alors il serait le même que celui du concubinat. Le but du mariage n'est pas non plus de procréer des enfants : car alors il faudrait annuler toute union stérile. La notion que nous avons donnée du mariage se justifie par cela seul que, chez tous les peuples civilisés, l'adultère est un fait coupable et puni. Certes, il n'en serait point ainsi, si le mariage avait pour but l'une ou l'autre des fins que nous venons de repousser.

conséquent, la personne séduite ou forcée n'ait été déterminée contre sa volonté.

Le concubinat est une société entre l'homme et la femme dans le but de cohabiter, mais sans la condition de cohabiter exclusivement ensemble. Il n'est pas obligatoire parce qu'il est immoral, et chacune des parties peut y renoncer à son gré. Ce n'est pas la forme civile et purement accidentelle du mariage qui le différencie et le distingue du concubinat, mais bien son essence même. Ces deux sortes d'unions produisent des effets juridiques tout à fait différents [1].

La polygamie n'est qu'un concubinat, puisqu'elle ne contient pas, de la part de l'homme, engagement envers chacune de ses femmes, de s'abstenir de tout commerce avec les autres. La polygamie est même incompatible avec un pareil engagement.

La polyandrie et la promiscuité des femmes sont abominables et monstrueuses, car elles anéantissent le plus beau et le plus saint rapport qui existe entre les hommes, celui du père et de l'enfant.

— 23 —

Le mariage entre trop proches parents est contraire à la morale et comme tel n'est point obligatoire [2].

[1] Dans le concubinat, il peut y avoir, comme dans le mariage, procréation et éducation d'enfants, et cependant ce ne sera pas un mariage, témoin ce qui avait lieu chez les Romains.

[2] L'aversion universelle pour de pareilles unions, appelée par les Romains *horror naturalis*, a sa source dans le cœur même de l'homme, et non dans de simples conventions et habitudes. L'a-

Une promesse de mariage n'est obligatoire en Droit naturel que lorsqu'elle a été suivie de cohabitation ou, en général, lorsque le non-accomplissement de cette promesse porterait atteinte aux droits innés ou acquis de l'un des fiancés.

Le mariage fait naître entre les époux :

1° Un droit égal au profit de chacun d'eux d'exiger fidélité de son conjoint, c'est-à-dire abstinence de toute cohabitation avec autrui (¹) ;

2° L'obligation réciproque de vivre en commun et de ne point se soustraire, sans motifs légitimes, au devoir de la cohabitation ;

3° Le devoir, de la part du mari, de défendre et de protéger sa femme en tout temps, et de la nourrir pendant le temps de sa grossesse, de son accouchement et des premiers soins à donner à l'enfant ;

4° Le devoir, de la part de la femme, d'obéir au mari dans tout ce que celui-ci fait et ordonne pour atteindre le but de la famille dont il est le chef.

Le mariage doit durer pendant toute la vie des conjoints et ne peut pas être contracté pour un certain

mour conjugal est essentiellement différent de celui que nous éprouvons pour une mère ou pour une fille.

(¹) Le Droit positif a rendu l'obligation de fidélité plus rigoureuse pour la femme que pour le mari, par la raison que l'adultère de la femme peut avoir des suites plus graves puisqu'il introduit dans la famille des enfants étrangers. Mais, en Droit naturel, cette nuance n'existe pas. On ne doit pas apprécier la culpabilité d'un adultère par les suites qu'il peut avoir ; autrement, il faudrait innocenter la femme qui se donnerait à un tiers, étant enceinte des œuvres de son mari ou hors d'âge d'engendrer. L'adultère du mari est une lésion envers la femme au même titre que celui de la femme envers le mari : comment comprendre qu'un contrat soit plus ou moins sacré selon que l'on est femme ou homme ?

temps, parce que l'essence du mariage consistant dans l'exclusion absolue de la cohabitation avec autrui, toute restriction apportée à cette exclusion troublerait l'essence du mariage. Mais la mort de l'un des époux dissout le mariage et rend au survivant la liberté de se remarier, car alors il ne lèse plus le droit de son conjoint défunt, celui-ci n'existant plus dans le monde sensible et n'ayant plus, par conséquent, de liberté extérieure.

L'époux qui viole la foi conjugale dégage par cela même l'autre époux de l'obligation de fidélité ; non pas en morale, mais en droit naturel, car quiconque viole les droits d'autrui perd l'inviolabilité des siens.

S'il naît des enfants du mariage, les père et mère ont le devoir de pourvoir à leur entretien et de les élever intellectuellement et physiquement. Ce devoir n'est pas simplement *moral*, il est *juridique* ; car l'enfant, à sa naissance, se trouve dans un dénûment complet et menacé de mort si l'on ne vient à son secours. Les parents qui l'ont tiré du néant et qui l'ont placé dans cet état de détresse sont donc obligés par ce seul fait de lui venir en aide. — Et par cela même que les parents ont le devoir d'élever leurs enfants, ils ont le droit de faire tout ce qui est nécessaire dans ce but, notamment de les déterminer à agir et de leur infliger des punitions en cas de désobéissance.

Le devoir des parents de pourvoir aux besoins de leurs enfants cesse dès que ceux-ci sont en état d'y pourvoir eux-mêmes. A ce moment s'éteint aussi le droit de déterminer les enfants à agir, puisque les parents n'avaient ce droit que parce qu'ils étaient soumis à un devoir qui n'existe plus.

Celui qui, à la place des parents, remplit le devoir de nourrir et d'élever les enfants, a, pendant qu'il le remplit, les mêmes droits que les parents eux-mêmes.

II. — Du droit naturel appliqué à l'État.

— 24 —

L'État est une réunion d'hommes propriétaires d'un certain territoire et associés dans le but d'assurer à chacun l'exercice de sa liberté extérieure, par conséquent, la jouissance de tous ses droits innés et acquis (¹). Généralement on répète que l'homme, en entrant dans l'État, sacrifie une portion de sa liberté naturelle, pour s'assurer le paisible usage de l'autre. C'est une erreur fondée sur une fausse idée de la liberté. En acceptant volontairement des obligations, on ne sacrifie aucune portion de sa liberté qui consiste, non pas à faire tout ce qu'on veut, mais à ne pas être forcé d'agir contre son gré.

L'État se compose de deux classes d'associés : les propriétaires fonciers, maîtres du territoire, et les possesseurs de la propriété mobilière résidant sur le

______

(¹) Tel est le véritable but de l'État, et ceux qui lui supposent un but indéfini, comme le *bonheur du peuple*, le *développement de l'humanité*, etc., propagent, de bonne ou de mauvaise foi, une doctrine favorable au despotisme des sultans et des démagogues ; car ceux-ci, pour atteindre un but indéfini, exigent un pouvoir indéfini, et par cela même illimité.

territoire des propriétaires fonciers en vertu d'un contrat tacite avec chacun de ceux-ci.

Historiquement, il est impossible de savoir comment les États se sont primitivement formés. Mais le Droit naturel pose et résout le problème de savoir sur quoi se fondent les obligations juridiques de l'État envers ses membres et réciproquement ?

Ce rapport synallagmatique résulte en droit naturel du *contrat social* qui consiste dans la convention tacite, de la part de chaque membre, de prêter obéissance à l'État et de la part de l'État d'accorder protection à chaque membre. Mais ce contrat n'est pas un fait consommé jadis par nos ancêtres et qui nous obligerait à titre héréditaire ; c'est un contrat que chacun de nous individuellement a consenti, que nous renouvelons chaque jour et à chaque instant, parce que chaque jour et à chaque instant, par une multitude d'actes et d'offices réciproques, il y a entre l'État et chacun de nous, un échange incessant de protection et d'obéissance. Ces deux obligations sont réciproques, et l'État qui cesse de protéger un de ses membres ne peut pas plus exiger de lui obéissance que le sujet désobéissant ne pourrait réclamer protection (¹).

(¹) Le fait historique suivant expliquera mieux notre pensée : sous le règne d'Édouard Ier, le clergé anglais refusa de payer les impôts votés par le Parlement. Ces ecclésiastiques osèrent même déclarer au roi qu'ils n'étaient pas ses sujets, attendu qu'ils n'avaient passé avec lui aucun contrat de sujétion. Le roi les prit au mot et enjoignit à tous les magistrats de l'ordre judiciaire de ne rendre justice à aucun membre du clergé. L'archevêque de Londres ayant été insulté et pillé dans les rues de la capitale, le juge

— 25 —

Le contrat social peut se décomposer *en pacte de
réunion*, et en *pacte de soumission* ou de *sujétion*;
mais il ne faut jamais perdre de vue qu'ils sont
consentis simultanément, que l'un est la condition de
l'autre et que par cela même ils ne forment qu'un
seul et même contrat.

Le pacte de réunion gît dans le concours de toutes les volontés à l'effet de garantir en commun
l'exercice des droits de chaque individu. L'effet du
pacte de réunion est, relativement aux individus :

1° De conférer à chacun le droit de réclamer assistance de ses concitoyens lorsqu'un danger quelconque menace ses droits juridiques ;

2° D'imposer à chaque membre l'obligation de
prêter assistance à celui dont le droit est menacé;

Relativement à l'État :

1° De le constituer en personne morale ayant des
droits et des devoirs envers ses membres ;

2° De créer le *territoire national*, sur lequel l'État
acquiert immédiatement un droit de domaine éminent, en vertu duquel l'État peut empêcher tout propriétaire foncier de détacher son bien-fonds du territoire national pour le réunir à celui d'un autre État.

L'État ne peut être conçu sans territoire, et la réunion en corps d'État n'est autre chose que la réu-

refusa de recevoir sa plainte, disant qu'il ne siégeait que pour les
sujets du roi dont les ecclésiastiques avaient eux-mêmes déclaré
ne pas faire partie. Le clergé comprit tout de suite la théorie du
contrat social et paya les impôts.

nion des fonds de terre en territoire. C'est l'inaliéna-
bilité du territoire qui est le vrai principe de la perpétuité de l'État.

— 26 —

Le pacte de *sujétion* est la convention tacite qui
détermine la manière dont les moyens d'atteindre le
but de l'État devront être choisis et employés au nom
de tous les membres du corps social, en d'autres termes, c'est l'expression de la volonté générale délé-
guant à une certaine personne, soit physique, soit
morale, le choix des moyens qui mèneront au but
de l'État. La réunion en corps social rend cette sujétion indispensable; car il est certain qu'on ne peut
pas obtenir, sur le choix et l'emploi des moyens d'atteindre le but de l'État, un accord unanime entre ses
membres ; il faut donc absolument déléguer à une
personne quelconque le droit de choisir ces moyens
au nom de tous. La convention même que le choix
de ces moyens serait abandonné à la pluralité des
voix emporte déjà évidemment une pareille délégation de ce droit.

La personne physique ou morale à qui ce droit a
été délégué s'appelle le Souverain.

Le pacte de sujétion impose les obligations suivantes :

1° Au souverain, celle de veiller à la sûreté publique et individuelle. Dès lors la défense commune
des concitoyens, résultat du pacte de réunion, cesse
d'être un devoir direct et immédiat des individus, vu

que ce devoir est remplacé par celui de l'obéissance envers le souverain (¹);

2° A tout sujet, l'obligation d'obéir au souverain (²). Cette obligation n'est pas un devoir à remplir envers le souverain, uniquement à cause de sa personne et à titre de foi et hommage, mais bien parce que le souverain représente la majesté de toute la nation. D'où il suit que le sujet auquel la personne du souverain aurait fait un tort ou une injustice ne serait pas dégagé du devoir d'obéissance et ne pourrait pas user de représailles, parce que ce serait au détriment de ses concitoyens.

— 27 —

Le souverain est indépendant et irresponsable. Il est indépendant, car le pouvoir lui ayant été délégué à l'unanimité par les membres de l'État, sa volonté est devenue la volonté générale de la nation et, par suite, aussi indépendante que la nation elle-même. Il est irresponsable, car s'il était responsable, celui qui aurait à lui demander compte de ses actes serait le véritable souverain.

(¹) Accourir immédiatement au secours d'un concitoyen cesse donc d'être un devoir juridique et n'est plus qu'un devoir moral qui peut même être annulé, dans l'État, par d'autres devoirs d'un ordre supérieur.

(²) C'est une susceptibilité sans motifs qui nous fait repousser la qualité de *sujets*, pour n'accepter que celle de *citoyens*. Il est évident que les individus dans l'État ne peuvent être appelés *citoyens* que par rapport au pacte de réunion, et qu'ils sont *sujets* par rapport au pacte de soumission. Tout membre de l'État, devant obéir au souverain qui le protége, est *sujet* par suite de ce devoir d'obéissance.

Tout cela posé, il en résulte que la liberté de l'homme qui consiste, comme nous l'avons déjà dit, dans l'indépendance de toute détermination d'autrui, se concilie très-bien avec la soumission à la volonté du souverain. En effet, tout citoyen veut le but de l'État, il a délégué au souverain le pouvoir de faire ce qu'il faut pour atteindre ce but ; dès lors tant que le citoyen ne sera déterminé par le souverain que dans l'intérêt du but de l'État, il ne le sera que conformément à sa propre volonté et par conséquent en pleine liberté.

Le pouvoir délégué au souverain peut se décomposer en pouvoir *inspectif*, pouvoir *législatif* et pouvoir *exécutif*.

Le pouvoir *inspectif* est le droit du souverain de s'enquérir de tout ce qui concerne le but du corps social, spécialement de rechercher quels dangers menacent la sûreté publique ou individuelle et dans quel état se trouve tout ce qui peut servir médiatement ou immédiatement à la défense. A ce droit correspond l'obligation des sujets de révéler au souverain, lorsqu'ils en sont requis, ce qu'ils peuvent savoir touchant ce but de l'État (¹).

Le pouvoir *législatif* est le droit de prescrire d'une manière générale tout ce qui médiatement et immédiatement favorise ou facilite le but de l'État et sert à lever les obstacles qui empêcheraient de l'atteindre.

Le pouvoir *exécutif* est le droit d'appliquer et de

____

(¹) C'est en vertu de cette obligation que nous portons notre témoignage devant les tribunaux, quand nous y sommes appelés.

réaliser les mesures arrêtées par le pouvoir législatif. Ce qu'on appelle pouvoir *judiciaire* n'est qu'une branche de pouvoir exécutif, qu'un mode particulier sous lequel celui-ci se manifeste et s'exerce.

Les droits de la souveraineté sont *extérieurs,* c'est-à-dire, concernant les relations de l'État avec tous ceux qui se trouvent hors du territoire (droit de guerre et de traité), ou *intérieurs,* c'est-à-dire, se rapportant aux relations du souverain et des sujets. [Droit de justice, civile et criminelle]. Droit d'administration [Police et finances].

— 28 —

L'ensemble des conditions du pacte de sujétion s'appelle le *régime politique* de l'État, la *forme de gouvernement,* la *Constitution.*

Les formes de gouvernement sont *simples* ou *mixtes.* Sont *simples,* toutes celles où le pouvoir souverain est confié à *une* personne. Si cette personne est *physique,* le gouvernement est appelé *monarchique;* si elle est morale, le gouvernement est dit *républicain.* La monarchie est *héréditaire* ou *élective,* selon que la succession à la couronne est déterminée par droit d'hérédité ou par voie d'élection. — Les républiques peuvent déléguer la souveraineté soit à une personne morale inamovible, comme un sénat, et alors, c'est une *Aristocratie,* soit à une personne morale amovible, et alors c'est une démocratie. L'aristocratie est comme la monarchie, héréditaire ou élective (¹).

(¹) Il est de la nature des démocraties de ne pouvoir exister que

Les formes mixtes de gouvernement sont celles où le pouvoir souverain a été délégué à plusieurs personnes physiques ou morales. C'est ce qui a lieu dans les *monarchies représentatives.*

Le souverain n'a pas le droit de changer la forme du gouvernement. Même dans une démocratie, la majorité ne peut pas changer la constitution, si cela n'a été expressément réservé, car cette majorité n'a pas plus de droits que le souverain dans une monarchie. — Le peuple, de son côté, ne peut pas non plus changer à son gré la forme du gouvernement. Car le pacte de sujétion établit entre le souverain et les sujets des droits et des devoirs parfaitement égaux, et le devoir de l'obéissance imposé aux sujets serait paralysé et annulé, si on leur reconnaissait le droit de changer sans raison la forme du gouvernement.

La tyrannie des dépositaires du pouvoir souverain peut seule être une raison légitime de le leur retirer et par conséquent de changer la forme du gouvernement. Il y a tyrannie, quand les sujets sont déterminés par le souverain d'une manière contraire au but de l'État.

CHAPITRE DEUXIÈME.

DU DROIT POSITIF.

— ॐ —

On a déjà vu plus haut (§ 4) l'idée qu'il faut se faire du Droit positif. Ce mot n'est pas employé ici,

dans des États fort exigus, tels que Genève et les cantons de la Suisse. C'est là qu'il faut reléguer la *souveraineté du peuple,* telle qu'on l'entend dans la polémique des partis.

comme par exemple en mathématiques, pour l'opposé de *négatif*. *Jus positum* que l'on a traduit par Droit positif, est synonyme de *jus constitutum, quod populus ipse sibi posuit vel constituit.* Droit *positif* veut dire qui s'annonce par des témoignages sensibles, par des monuments extérieurs, à la différence du Droit *naturel*, dont les préceptes ne sont perceptibles qu'à la raison et ne se révèlent point par des signes matériels.

Le Droit positif est l'ensemble des lois résultant de la volonté expresse ou tacite du souverain d'un État.

Dans le sens le plus général, mais qui ne concerne pas la jurisprudence, les lois, selon la définition de Montesquieu (Esprit des lois, I. 1.) sont « *les rap-* « *ports nécessaires qui dérivent de la nature des* « *choses; et dans ce sens, tous les êtres ont leurs* « *lois : la Divinité a ses lois, le monde matériel a* « *ses lois, les intelligences supérieures à l'homme* « *ont leurs lois, les bêtes ont leurs lois, l'homme a* « *ses lois.* » On a souvent, mais à tort, critiqué la justesse de cette définition. Elle pourrait être un peu plus claire, mais quand on l'a comprise on la trouve parfaitement exacte.

Dans le sens juridique de ce mot, la loi positive est un précepte d'intérêt public, émané du souverain d'un État et en vertu duquel les membres de cet État sont tenus, sous peine d'y être forcés par une contrainte physique, de faire ou d'omettre certaines choses. — Cette notion s'applique aussi bien à la *coutume* qu'à la loi *écrite* (voy. § 32).

Rien n'est plus difficile que de faire de bonnes lois :

aussi ne saurait-on exiger trop de connaissances de la
part de celui qui recherche la glorieuse tâche de législateur. Une loi n'est jamais bonne absolument ; elle ne
l'est qu'autant qu'elle convient , le plus que possible,
au peuple à qui elle est donnée. Et, pour cela, il faut
qu'elle se rapporte au physique du pays ; au climat
glacé, brûlant ou tempéré, à la qualité du terrain, à
sa situation, à sa grandeur, au genre de vie du peuple laboureur, chasseur ou pasteur ; à la nature et au
principe du gouvernement établi ou à établir ; au degré de liberté que la constitution peut souffrir ; à la
religion des habitants, à leurs inclinations, à leurs
richesses, à leur nombre, à leur commerce, à leurs
mœurs, à leurs manières, etc. Voilà pour le fond.
Pour la forme, il y a aussi des règles à observer par
le législateur. Ainsi, son style doit être clair et con-
cis, son expression simple et digne. Il doit comman-
der et non raisonner, ordonner et ne jamais enseigner. *Artifex legum non disceptatione debet uti sed
jure* (¹). Il faut qu'il laisse les définitions aux grammairiens et la doctrine aux docteurs. « *Un livre di-
« dactique*, a dit le consul Bonaparte, *n'est pas un
« Code, comme un Code n'est pas un livre de
« Doctrine* » (²).

Le but des lois positives est d'ordonner ou de défendre : tout ce qu'elles n'ont pas ordonné ou défendu

(¹) Préambule de la loi des Wisigoths (Voy. § 99).

(²) C'est l'ensemble des connaissances spécialement nécessaires pour faire les meilleures lois possibles que l'on appelle l'*art
de la législation* ou *Esprit des lois*, ou, selon quelques modernes,
la *Philosophie du Droit positif*.

Les ouvrages les plus recommandables sur ce point nous pa-

reste abandonné au libre arbitre de chacun. « Tout ce
« qui n'est pas défendu par la loi ne peut être empê-
« ché, et nul ne peut être contraint à faire ce qu'elle
« n'ordonne pas (¹). » Ainsi les lois sont *impératives*
ou *prohibitives;* il n'y a pas, à proprement parler,
de lois *permissives*, à moins que l'on n'appelle ainsi
les lois qui révoqueraient pour un cas spécial une défense ou un commandement généraux (²).

Les lois positives sont *personnelles* ou *territoria-*
les (*réelles*) selon que leur force obligatoire et leur
application sont subordonnées à la nationalité des

raissent être : BACON, *Tractatus de fontibus juris universi.* (Édition de M. DUPIN. Paris, 1822.) — BENTHAM, *Traité de législation*
civile et pénale. 3ᵉ édit., 3 vol. in-8, 1831. — FILANGIERI, *La*
scienza della legislazione. (Traduit en français avec un commentaire de BENJAMIN CONSTANT.) Paris, 1841, 3 vol. in-8. — GERS-
TECKER, *Systematische Darstellung der Gesetzgebungskunst*, etc.
Francfort-sur-Mein, 1857. — LINGUET, *Théorie des lois civiles.*
Londres, 1767, 2 vol. in-12. — MABLY, *De la législation ou prin-*
cipes des lois. Amst. 1776, 1 vol. in-12. — MONTESQUIEU, *Esprit*
des lois (a paru en 1748 et a été maintes fois réédité), et PORTA-
LIS, *passim*, dans ses excellents discours sur le Code civil.

(¹) Art. 5 de la déclaration des droits de l'homme.

(²) Voy. un exemple dans les art. 144 et 145 du Code civil.
MODESTIN a dit : *Legis virtus hæc est : imperare, vetare, per-*
mittere, punire (fr. 7 de legibus, 1, 3). Les lois pénales ne forment pas, sous ce rapport, une classe particulière : elles rentrent
soit dans la classe des lois impératives, soit dans celle des lois
prohibitives. Toutefois *vetare* et *punire* ne font point double emploi, soit parce qu'il y a des lois prohibitives dépourvues de sanction, soit parce que les lois pénales ne contiennent pas, en général, une prohibition expresse des actes punissables. Il n'y a peut-
être que le Décalogue qui ait *expressément* défendu le vol, le
meurtre, etc. Les lois pénales présupposent cette prohibition, et
ne font que déterminer comment seront punis ceux qui la viole-
ront.

individus, ou déterminées par la circonscription géographique du territoire. La législation des Barbares était éminemment personnelle (voyez § 96); nos anciennes coutumes étaient surtout territoriales (voyez § 102), et cette distinction des lois en personnelles et territoriales existe encore avec de graves conséquences dans le Droit français actuel, bien qu'elle ait perdu de son importance depuis que nous jouissons d'une législation uniforme. C'est ce qui constitue la matière si épineuse des *statuts réels et personnels.*

— 30 —

Une loi positive n'existe comme telle, c'est-à-dire n'a de force obligatoire que lorsque l'existence de cette loi est arrivée ou du moins, a été portée à la connaissance des membres de l'État. *Lex non obligat nisi rite promulgata.* C'est un axiome qui n'a pas besoin de démonstration. — L'acte par lequel le Souverain fait connaître l'existence d'une loi peut varier dans sa forme accidentelle et suivant les diverses constitutions des États. Mais il faut toujours que cet acte ait pour résultat de mettre les membres de l'État dans la possibilité de savoir que la loi existe, afin d'y conformer leurs actions. Et dès que ceux-ci ont été mis à même de connaître l'existence d'une loi, l'obligation d'y obéir est parfaite ; en vain, pour se justifier d'une violation de cette loi, allégueraient-ils en avoir ignoré l'existence ; *nul n'est censé ignorer la loi* (¹).

______

(¹) Mais ce n'est là qu'une présomption, c'est-à-dire une supposition, et les effets peuvent varier suivant les législations posi-

Ces mêmes principes d'éternelle vérité font que régulièrement une loi ne doit point produire d'effet rétroactif. *Non placet Janus in legibus.* C'en serait fait de la liberté civile des citoyens s'ils pouvaient craindre d'être après coup inquiétés pour des actions faites quand elles étaient permises, ou troublés dans des droits légalement acquis. Le législateur français a fait de ce principe l'objet d'une disposition spéciale (art. 2 du Code civil) ; la loi romaine l'avait déjà consacré expressément (Const. 7, *de legibus,* I. 14.)

La loi doit être *générale,* c'est-à-dire obligatoire pour tous les membres de l'Etat, même pour la personne du prince. Elle ne cesse de l'être que pour ceux que le souverain a dispensés de l'observer. En France, le pouvoir d'accorder de pareilles dispenses n'appartient qu'au roi qui ne peut en user que dans les cas et dans les limites spécialement prévus par la loi (exemples : art. 145 et 164 du Code civil). *Jura non in singulas personas sed generaliter constituuntur*

tives. Ainsi, dans notre Droit français, il faut distinguer à cet égard entre les lois civiles et les lois pénales. Il est certain que l'infracteur d'une loi pénale ne pourrait jamais, pour éviter la peine qu'il a encourue, se retrancher derrière son ignorance de la loi qui défendait le fait par lui commis. Mais, en matière civile, l'erreur et l'ignorance de Droit sont généralement régies par les mêmes règles que l'erreur de fait. Le Droit français a rejeté le principe du Droit romain : *nocet ignorantia juris,* et celui qui a consommé un acte par erreur ou par ignorance de *droit,* peut, pour éviter le préjudice qui en résulte, revenir sur cet acte, de même que s'il s'était trompé par erreur ou ignorance de *fait.* Articles 1110 et 1377 combinés avec l'art. 1356 et 2052 du Code civil. *Exceptio firmat regulam.* Voy. sur l'erreur de Droit une dissertation de M. BRESSOLLES dans les tomes XVII et XVIII de la Revue de législation et de jurisprudence.

(*fr. 8 de legibus*). Et lors même qu'une loi crée une faveur spéciale à certains individus (par ex. une récompense nationale), elle n'en est pas moins générale en ce sens qu'elle existe comme loi pour tous les membres de l'État.

— 31 —

Dès qu'une loi positive a reçu force obligatoire, elle la co serve jusqu'à ce qu'elle soit *abrogée*, c'est-à-dire, réduite au néant.

L'abrogation peut être l'effet d'une nouvelle loi écrite ou d'une coutume contraires. *Illud receptum est ut leges non solum suffragio legislatoris sed etiam tacito consensu omnium per desuetudinem abrogentur: fr.* 32, § 1 *de legibus* (voy. cependant le § 129).

L'abrogation résultant d'une loi écrite est *expresse* ou *tacite : expresse,* quand cette nouvelle loi déclare formellement se substituer à une loi précédente et enlever à celle-ci sa force obligatoire : *tacite,* quand la nouvelle loi contient des dispositions inconciliables avec celles de la loi antérieure. Dans ce cas, la nouvelle loi emporte abrogation de l'ancienne, *Lex posterior derogat priori.* Mais il faut que leur incompatibilité soit absolue, car s'il était possible de les concilier, on devrait dans l'application les combiner l'une avec l'autre : *Posteriores leges ad priores pertinent, nisi contrariæ sint.* Remarquez aussi qu'une loi spéciale n'est point tacitement abrogée par une loi générale postérieure. Ainsi, par exemple, le Code de procédure, loi générale, n'a pas abrogé les lois spéciales qui avaient pour objet toute une procédure particulière et qui étaient en vigueur lors de la promulgation de ce Code (avis du conseil d'État, 12 mai, 1er juin 1807). Il ne faut pas croire non plus qu'une loi perde sa force obligatoire par la cessation des circonstances pour lesquelles elle avait été faite. Cette erreur, assez généralement répandue, découle d'une fausse interprétation de la maxime : *Cessante ratione legis, cessat ejus dispositio* (Voy. § 143).

SECTION PREMIÈRE.

DES SOURCES DU DROIT POSITIF.

— 32 —

Les préceptes obligatoires, dont se compose le Droit positif, ont deux sources distinctes. Ou bien c'est le souverain de l'État qui, en vertu de la puissance législative dont il est investi, les a posés et promulgués ; ou bien ces préceptes se sont insensiblement introduits et établis par l'usage populaire avec l'approbation tacite du souverain. C'est du point de vue de cette double origine que l'on subdivise ordinairement le Droit positif en *Droit écrit* et *Droit non écrit.*

Ulpien avait déjà dit : *Hoc igitur jus nostrum constat aut ex scripto aut sine scripto ut apud Græcos* τῶν νόμων οἱ μὲν ἔγγραφοι, οἱ δὲ ἄγραφοι [1]. Ici le mot *scriptum* doit être traduit et interprété grammaticalement, et les Romains entendaient par *jus scriptum*

[1] *Fr.* 6, § 1, *de just. et jure*, I, 1. — *Inst.* § 3, *de jure nat. gent. et civili.*

tous les préceptes juridiques rédigés par écrit, quelle que fût d'ailleurs l'origine de ces préceptes. C'est pourquoi les *edicta prætorum* et les *responsa prudentum* figurent dans le *jus scriptum* (§ 3 - 9 Inst. 1. 2). Ainsi une coutume rédigée par écrit devenait *jus scriptum*, et une loi conservée par la tradition orale était *jus non scriptum* (¹). Cette locution *Droit écrit* a été conservée dans le langage moderne, mais détournée du sens qu'elle avait autrefois; elle sert aujourd'hui à désigner les lois expressément émanées du souverain d'un État et officiellement promulguées, par opposition à ces coutumes juridiques qu'introduisent tacitement chez certains peuples les mœurs et les habitudes, et qui forment alors le *Droit non écrit*. *Sine scripto jus venit quod usus approbavit, nam diuturni mores, consensu utentium comprobati, legem imitantur* (²).

On peut considérer comme sources du Droit non écrit :

1° La jurisprudence des arrêts (voyez § 135).

2° La coutume (³). Lorsque les membres d'un

(¹) Les *Institutes*, titre cité § 10, le disent expressément. M. Du-CAURROY, sur ce paragraphe, accuse les rédacteurs des *Institutes* d'avoir émis une opinion *absolument fausse*. Nous croyons que l'habile professeur s'est laissé trop préoccuper par le sens que les modernes ont attaché aux mots *Droit écrit*. Voy. THIBAUT, *Versuche*, II, p. 234.

(²) § 9. *Inst. de jure nat. gent. et civ. Fr. 32, § 1. Fr. 35, fr. 36, de legibus, I, 3. — Inveterata consuetudo haud immerito pro lege custoditur*, etc.

(³) La doctrine des jurisconsultes est loin d'avoir aujourd'hui la valeur qu'elle avait chez les Romains et au moyen âge. Cependant elle est un des éléments de la coutume.

État se sont pendant longtemps soumis publiquement à une certaine règle d'action, et que le souverain, instruit de ce fait successif, ne l'a ni directement
ni indirectement improuvé, il en résulte une coutume juridique fondée d'une part, sur la volonté des
membres de l'État, et de l'autre, sur le consentement tacite du souverain. Cette coutume obtient la
même force que la loi proprement dite, et devient
aussi une source du Droit positif.

Il est à croire que dans l'enfance des sociétés, la
coutume fut la source la plus abondante des règles
ayant force de lois. Mais à la longue, le Droit écrit,
toujours plus clair et plus précis que le Droit coutumier, a pris la place de celui-ci, chez la plupart des
peuples, ou du'moins, en a de beaucoup rétréci le domaine. C'est un incontestable progrès. On dit que
l'un des grands avantages du Droit coutumier, c'est
de reposer sur la libre volonté du peuple, ou du
moins, des diverses fractions d'un même peuple.
C'est possible : mais par contre, combien il offre
d'inconvénients!.. Le moindre de ces inconvénients,
c'est l'impossibilité, pour une grande nation, de s'é-
lever jusqu'à l'uniformité dans sa législation; le pire
de ces inconvénients, c'est qu'il règne toujours une
déplorable incertitude sur l'existence même de la coutume. Eh quoi! les plaideurs trouvent moyen de discuter sur les règles les plus certaines du Droit écrit:
que serait-ce donc, s'ils pouvaient préalablement discuter sur le fait même de l'existence de ces règles!!!

Demandez à ceux qui proclament la supériorité
du Droit coutumier, à quels signes on reconnaît dans

leurs pays, que telle ou telle coutume y existe à l'état de règle obligatoire? Ils ne sont pas même d'accord entre eux sur ce point capital (¹). En France, grâces à Dieu! le système de Droit écrit dont nous jouissons a complétement abrogé les anciennes coutumes (voy. § 103). Cependant certains usages locaux ont encore force obligatoire. Ainsi le Code civil s'y réfère d'une manière formelle dans différents cas, et ordonne aux juges d'y conformer leur décision (Voy. les art. 590, 591, 593, 663, 671, 674, 1135, 1159, 1160, 1648, 1736, 1753, 1754, 1758, 1759, 1762). Ainsi le Code de commerce a laissé subsister les anciens usages commerciaux, et un avis du conseil d'État, du 13 décembre 1811, les a déclarés obligatoires dans les cas non réglés par le Droit écrit.

SECTION DEUXIÈME.

DES BRANCHES DU DROIT POSITIF.

— 33 —

Dans un État quelconque, tous les rapports desquels naissent des droits et des devoirs réciproques, existent, soit entre les membres individuels de l'État, soit entre l'État considéré comme unité collective et ses différents membres, soit enfin entre l'État et les

---

(¹) Nous n'hésitons pas, sur la question de codification, à nous ranger du côté de BENTHAM et de ses partisans contre M. de SA-VIGNY et l'École historique allemande. L'écrit tant vanté, *von dem Beruf unserer Zeit zur Gesetzgebung* (1814), n'est qu'un ingénieux paradoxe enté sur un pamphlet contre le Code civil français et contre les rédacteurs de ce chef-d'œuvre.

autres nations. C'est en se plaçant à ce point de vue que l'on peut subdiviser le Droit positif en trois branches principales qui elles-mêmes se séparent ensuite en divers rameaux. Ainsi l'ensemble des règles juridiques qui ont pour objet de déterminer les droits et les devoirs des particuliers entre eux, forme cette branche de Droit que généralement et par ce motif on appelle DROIT PRIVÉ, *jus privatum, jus inter privatos*. Toutes les règles qui s'appliquent aux droits et devoirs de l'État envers ses membres, composent le DROIT PUBLIC. Et enfin, celles qui doivent présider aux relations de l'État avec les autres nations, constituent le DROIT DES GENS OU DROIT INTERNATIONAL.

C'est la division que Montesquieu a posée lui-même en d'autres termes : « Considérés, dit-il I, 3,
« comme habitants d'une si grande planète qu'il est
« nécessaire qu'il y ait différents peuples, les hom-
« mes ont des lois dans les rapports que ces peuples
« ont entre eux, et c'est le *Droit des gens*. Considé-
« rés comme vivant dans une société qui doit être
« maintenue, ils ont des lois dans le rapport de ceux
« qui gouvernent avec ceux qui sont gouvernés, et
« c'est le *Droit politique*. Ils en ont encore dans le
« rapport que tous citoyens ont entre eux, et c'est
« le *Droit civil*. »

I. — Du droit privé.

— 34 —

C'est, comme on vient de le dire, l'ensemble des lois qui ont pour objet de régler les rapports d'individu à individu, en d'autres termes de déterminer le TIEN et le MIEN. *Privatum jus est quod ad singulo-rum utilitatem pertinet* (¹). Ces rapports sont si divers et si multipliés, que le Droit qui les régit présente nécessairement, à celui qui veut le connaître, un domaine très-étendu à parcourir. Le Droit privé forme sans contredit la partie la plus importante de la Jurisprudence, et c'est pour cela que nous le plaçons ici en première ligne, quoiqu'il serait peut-être plus logique de s'occuper d'abord du Droit public qui assure l'exécution du Droit privé. *Jus priva-tum latet sub tutelâ juris publici* (Bacon). Les règles dont il se compose sont, dans la vie civile, d'un usage journalier et de presque tous les instants : aussi, sans négliger l'étude des autres branches du Droit, faut-il surtout approfondir le Droit privé. Il renferme deux parties bien distinctes : l'une est la réunion des préceptes qui établissent ou déterminent les droits que les particuliers peuvent avoir à faire valoir les uns contre les autres, abstraction faite des moyens judiciaires à employer pour forcer à respecter ces droits, ceux qui les violent ou qui en entravent l'exercice ; l'autre partie est l'ensemble des règles traçant aux particuliers la marche à suivre et les moyens à employer pour faire valoir leurs droits en justice. La première partie forme ce que l'on appelle le Droit *théorique ;* la seconde, le Droit *pratique* ou *procédure civile.*

Le Droit privé théorique détermine quels sont les droits de chacun, et par conséquent quelles sont les *actions* qui lui compètent ; le Droit privé pratique

____

(¹) *Fr.* 1, § 2, *de just. et jure,* 1, 1. — § 1. *Inst. eod.*

indique et règle le mode de *procéder* en justice, c'est-à-dire de poursuivre devant les tribunaux la réalisation de ces droits. *Actions* et *procédure* sont par conséquent deux choses tout à fait différentes. Le Droit privé pratique est le complément indispensable du Droit privé théorique : à quoi servirait-il en effet d'avoir déterminé les droits de chacun si l'on n'avait en même temps garanti la jouissance de ces mêmes droits ? Après avoir constitué des autorités investies de la juridiction, c'est-à-dire du pouvoir de juger les luttes et les contestations que fait surgir à chaque instant le conflit des intérêts privés, l'État a dû nécessairement tracer la marche qu'auraient à suivre les plaideurs pour obtenir justice des magistrats chargés de la rendre. Ce qui concerne l'organisation et la compétence des tribunaux rentre dans le domaine du Droit public, mais la procédure fait partie du Droit privé. Car bien que l'administration de la Justice émane de l'État, l'intérêt de celui-ci, considéré comme souverain, n'est cependant pas directement en jeu, au milieu des règles de la procédure civile proprement dite, qui ne s'occupe que des intérêts privés et des moyens à employer pour faire respecter le *Tien* et le *Mien*.

Le Droit privé théorique se subdivise en Droit privé *commun* et en Droit privé *spécial*. Le Droit privé commun est ainsi appelé parce qu'il embrasse généralement toutes les relations civiles des individus entre eux, à l'exception de celles que le législateur, par telle ou telle considération, a soumises à un certain nombre de dispositions dérogatoires. L'ensemble de ces dispositions forme alors ce qu'on appelle un Droit *spécial* ou *exceptionnel*, qui est au Droit commun comme l'espèce est au genre. Mais cette subdivision est purement artificielle et arbitraire, et ne résulte pas de la nature même du Droit.

1. — Du Droit privé commun.

— 35 —

On l'appelle aussi et généralement *Droit civil.* Les Romains entendaient par *Jus civile* l'ensemble des lois que s'était données tel ou tel peuple : *quod quisque populus ipse sibi constituit, id ipsius proprium civitatis est, vocaturque jus civile, quasi jus proprium ipsius civitatis* (¹). Ainsi, d'après le système des Jurisconsultes romains, le *Jus civile* comprenait le Droit public, commercial, criminel, etc.; en un mot, *jus civile*, dans leurs idées, était synonyme de Droit positif, *jus positum, quod quisque populus sibi posuit* (²).

Dans l'acception moderne, ces mots *Droit civil* présentent un tout autre sens; ils ne désignent que l'ensemble des lois qui ont pour objet de régler les rapports privés de la nature de ceux dont il va être question. Suivant une division qui a servi de base à un grand nombre de traités systématiques des Juriscon-

---

(¹) *Inst.* §§ 1 et 2, *de jure nat. gent. et civ.*—*Fr.* 9, *de just. et jure*, I, 1. — Gaius, I, 1.

(²) *Jus civile* signifiaient encore : 1° Le Droit positif romain par excellence (§ 2. *Inst. de jure nat. gent. et civ.*). 2° L'opposé de *jus honorarium* (fr. 7, *de just. et jure*). 3° Spécialement, l'*auto-ritas prudentum* et la *disputatio fori* (fr. 2, §§ 5, 12, *de origine juris*, I, 2).

sultes romains (Institutes), et qui a été suivie en grande
partie par les rédacteurs de notre Code civil, le Droit
privé commun ou Droit civil se compose des règles
relatives aux personnes, aux choses et aux obligations
ou actions. *Omne autem jus quo utimur, vel ad personas pertinet, vel ad res, vel ad actiones* (¹). Il importe de se faire une idée exacte de ce que renferme
chaque partie de cette division trichotomique que depuis Leibnitz, des Juristes ont critiquée traditionnel-
lement, sans qu'ils soient parvenus à la remplacer
d'une manière tout à fait satisfaisante.

— 36 —

1º *Jus personarum.* C'est l'ensemble des règles
qui ont pour objet d'assigner à chaque individu le
rôle qu'il est capable de remplir dans la vie civile,
c'est-à-dire le plus ou moins d'aptitude qu'il peut
avoir à la jouissance ou à l'exercice des droits civils
(libres, esclaves, nationaux, étrangers, morts civile-
ment, absents, etc.). C'est là ce qu'on appelle l'*état
civil.* L'*état naturel* (qu'il ne faut pas confondre
avec la chimère appelée *État de nature*) est l'ensemble des qualités physiques qui exercent plus ou
moins d'influence sur la capacité juridique d'un individu, telles que la constitution anatomique (mons-
tres), l'existence comme simple embryon ou fœtus, la
couleur (blancs et nègres), le sexe, l'âge, la santé et

(¹) § ult. *Inst. de jure nat. gent. et cir.* — *Fr.* 1, *de statu ho-
minum,* I, 5. — GAIUS, I, 13. — Nous avons prévenu plus haut
qu'il ne faut pas confondre les actions ou le *droit de poursuivre*
avec la procédure ou *mode de poursuivre.*

la maladie, etc. Le *Jus personarum* traite principalement de la famille, de sa constitution légale, et des rapports juridiques qu'elle fait naître entre les différents membres qui la composent (mariage, paternité et filiation, adoption, puissance paternelle, etc.). A la théorie de la famille se rattache celle de la tutelle et de la curatelle, parce que celles-ci prennent ordinairement naissance, soit à cause de la dissolution prématurée du mariage (minorité), ou de la puissance paternelle (émancipation), soit à cause de l'incapacité plus ou moins absolue d'une personne d'être chef de famille (interdiction, conseil judiciaire).

2° *Jus rerum*. C'est la réunion des règles qui déterminent les rapports juridiques existant entre les personnes et les objets du monde extérieur. Comme il s'agit ici d'établir jusqu'à quel point la loi positive accorde aux personnes le droit d'user et de disposer de ces objets du monde extérieur, et comment celles-ci acquièrent ce droit, on peut envisager le *jus rerum* comme la théorie du droit de propriété et des différents modes d'acquérir ce droit. Le *jus rerum* s'occupe aussi des différentes modifications de la propriété, c'est-à-dire des démembrements de ce droit complexe (servitudes et hypothèques). Quant à la possession, elle a une certaine relation avec les matières qui rentrent dans le *jus rerum*, mais on peut, à la rigueur, douter qu'elle en fasse partie. Car elle n'est qu'un fait qui entraîne, il est vrai, une présomption de propriété, mais qui, par lui-même, n'engendre pas de droit réel. Aussi dans les traités systématiques de Droit civil, on place et on traite la

théorie de la possession hors du *jus rerum*. Il en est
de même de l'hérédité. Elle est, à la vérité, un mode
d'acquérir la propriété des choses qui ont appartenu
au défunt, et comme telle, elle peut réclamer une
place dans le *jus rerum*. Mais comme elle est un
moyen d'acquérir à titre universel, c'est-à-dire tout
le patrimoine du défunt, elle fait acquérir non–seulement les droits de propriété de celui-ci, mais encore tous ses autres droits, et notamment ses obligations actives et passives. C'est pourquoi, fidèles à la
méthode du connu à l'inconnu, grand nombre de
traités systématiques de Droit civil ne placent la théorie des successions qu'après celle des obligations (¹).

3° *Jus obligationum*. C'est l'ensemble des règles
qui régissent les rapports purement transitoires que
font naître, dans la vie civile, les diverses prestations
que les personnes ont à accomplir les unes envers
les autres. L'obligation est la nécessité juridique à
laquelle est soumise une personne de faire ou d'omettre quelque chose envers une autre personne. Cette
nécessité résulte des contrats et des délits, ou de certains faits qui, sans être des contrats ni des délits
(*variæ causarum figuræ*), leur sont cependant assimi-
lés par la loi quant aux conséquences obligatoires
qu'ils entraînent (quasi-contrats, quasi-délits).

Aujourd'hui, le contrat, en général, consiste en

(¹) *Sic* Domat dans son *Traité,* et MM. Zachariæ, Aubry et
Rau, dans leur *Cours de Droit civil français.* Sur l'opportunité
de substituer, dans l'enseignement du Droit, l'ordre systématique
à l'ordre légal, voy. nos observations dans le t. IX, p. 344, de la
Revue de législation et de jurisprudence.

une simple convention, et résulte de la seule déclaration des volontés. Certaines législations d'autrefois exigeaient des formalités solennelles et symboli-
ques, non-seulement pour servir de preuve ou pour
donner de la publicité à l'existence du contrat, mais
surtout parce qu'on attachait une force obligatoire
à la forme elle-même (¹). Ces allégories ont disparu
en très-grande partie, et les contrats du monde moderne sont, à de très-rares exceptions près, affranchis de toute forme sacramentelle.

Dans les principes du Droit romain pur, le contrat
n'eut jamais d'autre effet que d'engendrer une obligation proprement dite, c'est-à-dire de créer un droit
personnel ; mais aujourd'hui le contrat a des effets
plus étendus. Il joue un rôle dans la création des
droits réels ; aussi la ligne de démarcation entre le
jus rerum et le *jus obligationum* n'existe-t-elle plus
en Droit français avec la même netteté qu'en Droit
romain.

2. — Du Droit privé spécial ou exceptionnel.

— 37 —

On appelle ainsi un ensemble de dispositions dérogatoires au Droit privé commun, et qui régissent
certaines classes d'individus ou certaines espèces de
rapports entre individus. Cette division, nous l'a-

____

(¹) Voy. Grimm, *Deutsche Rechts-Alterthümer*. Gœtt. 1828.
—M. Michelet, *Les origines du Droit français cherchées dans les
symboles et formules du Droit universel.* Paris, 1837, in-8.
—M. Chassan nous promet un ouvrage sur *la Théorie de la sym-
bolique du Droit et particulièrement du Droit français.*

5.

vons déjà dit, n'est pas tirée du fond et de la nature
même du Droit ; aussi est-elle plus ou moins exacte,
plus ou moins étendue, selon la législation civile
et politique des différents peuples. En France, par
exemple, où règne l'égalité devant la loi, on ne
trouve pas cette diversité de législation, qui fait que
dans quelques pays de priviléges, il y a un Droit
privé spécial pour un grand nombre de classes et de
castes d'individus. Ainsi en Allemagne, il y a un Droit
privé spécial aux princes (*Privatfürstenrecht*), aux
nobles (*Adelsrecht*), aux artisans (*Handwerksrecht*),
aux paysans (*Bauernrecht*), aux bourgeois des villes
(*Stadt-und-Bürgerrecht*), aux Juifs (*Judenrecht*), etc.
Chez nous on ne peut considérer comme formant
un Droit privé spécial que le Droit commercial,
parce que les préceptes juridiques qui concernent
le commerce et les intérêts de nature tout exceptionnelle qui s'y rattachent, sont les seuls qui, par
leur spécialité et l'existence de sources propres, méritent d'être traités à part. Il n'y aurait pas de raison
pour s'arrêter, si l'on voulait former une branche distincte de Droit privé, chaque fois que l'on sera parvenu à grouper quelques dispositions spéciales ou
exceptionnelles concernant, soit certains individus à
cause de leur qualité, soit certains rapports à cause
de leur nature. Ainsi peut-il être question en France
d'un Droit privé spécial à la famille de la maison
régnante, parce que notre législation applique aux
personnes de cette famille quelques dispositions
exceptionnelles en matière de constatation de l'état
civil, de tutelle et de portion disponible ? Évidem-

ment non, à moins de reconnaître qu'il existe aussi un Droit privé spécial, par exemple, aux militaires, aux mineurs, aux enfants naturels, aux femmes, aux habitants de nos colonies, et ainsi de suite à tous ceux qui, pour tel ou tel motif, sont soumis à quelques dispositions exceptionnelles ou affranchis de certaines dispositions générales. Dès lors on pourrait morceler et diviser le Droit privé à l'infini.

II. — Du Droit public.

— 38 —

Nous avons dit que le Droit public était l'ensemble des lois qui déterminent les droits et les devoirs de l'État. *Publicum jus est quod ad statum rei romanæ spectat* (¹). Mais il ne suffit pas, pour qu'une loi soit rangée dans le Droit public, qu'elle intéresse l'Etat, envisagé comme simple personne morale ; il faut encore que l'Etat y soit intéressé comme représentant l'intérêt collectif de tous ses membres. Cet intérêt peut être mis en jeu, soit par rapport à la *constitution* de l'Etat, soit par rapport à son *administration*, soit enfin par rapport à sa *conservation*. Les règles qui ont l'un ou l'autre de ces trois buts forment autant de branches du Droit public, que l'on appelle alors Droit *constitutionnel*, Droit *administratif* et Droit *criminel*.

1. — Du Droit constitutionnel ou politique.

— 39 —

Nous sommes dans la nécessité de rappeler ici et

____

(¹) Fr. 1, § 2, *de just. et jure*, I, 1. — § 4, *Inst. eod.*

de résumer les notions que nous avons déjà exposées dans les §§ 24—28.

L'État (*civitas*) est une réunion d'hommes propriétaires d'un certain territoire et associés dans le but d'assurer à chacun l'exercice de sa liberté extérieure. L'État, étant une société, a nécessairement un chef auquel les membres qui le composent, et qui deviennent alors *sujets* (*subjecti*), ont librement confié, dans l'origine, le soin d'atteindre le but pour lequel ils se sont associés. Ce chef s'appelle le souverain : il peut être une personne physique ou une personne morale ; en d'autres termes, l'exercice de la puissance suprême peut avoir été confié à un ou à plusieurs membres de l'association politique. Dans tous les cas, le souverain est nécessairement investi d'un pouvoir qui est à la fois *inspectif*, *législatif* et *exécutif*. Ce pouvoir n'appartient au souverain qu'en vertu de la délégation qui lui en a été faite par l'universalité des membres de l'État, et cette délégation peut avoir eu lieu sous telles ou telles conditions, qui deviennent alors des clauses du contrat social. Ces clauses plus ou moins expresses, plus ou moins sanctionnées, fixent la nature et l'étendue des droits et des devoirs des dépositaires du pouvoir souverain, c'est-à-dire la forme du gouvernement. On appelle spécialement *constitutions* ou *lois politiques* (art. 2123 et 2128 du Code civil), les lois qui déterminent la manière dont un peuple doit être gouverné ; et c'est l'ensemble de ces lois fondamentales qui compose le *Droit constitutionnel* ou *Droit politique*.

2. — Du Droit administratif.

— 40 —

Quand un État est *constitué,* il faut, pour qu'il atteigne le but de l'association, qu'il soit *administré,* c'est-à-dire qu'il soit doué de toutes les institutions nécessaires au développement de la vie sociale. Les règles qui régissent la manière dont ces institutions sociales fonctionneront dans l'intérêt général, forment ce que, dans le sens le plus large du mot, on appelle *Droit administratif,* et qu'il ne faut pas confondre avec la *science administrative.* L'État est une personne morale à laquelle le Droit constitutionnel donne la vie, et qui reçoit du Droit administratif l'organisme nécessaire pour vivre. Ainsi, par exemple, l'État ne saurait subsister sans ressources d'argent : il lui faut des revenus. Où les prendra-t-il ? Se bornera-t-il à exploiter le domaine national, ou bien lèvera-t-il des impôts ? Et dans ce cas combien et comment ? etc. C'est le Droit administratif qui règle tout ce qui se rapporte à cette partie vitale. Quelle sera l'organisation de la police, de la force armée ? Comment assurera-t-on le progrès intellectuel et moral, ainsi que le développement des intérêts matériels ? Qui jugera les contestations qui pourront naître sur ces objets si importants ?...

Voilà une partie du domaine du Droit administratif, qui se subdivise en plus ou moins de branches, suivant l'organisation politique des peuples, et dont les préceptes peuvent être, sous le point de vue scientifique, digérés d'une manière plus ou moins systématique.

3. — Du Droit criminel.

— 41 —

Il ne suffit pas qu'un État soit *constitué* et *administré,* il faut encore qu'il veille à sa propre conservation, et que pour cela, il fasse exécuter les lois : c'est la condition de son existence. En conséquence, les membres de l'État doivent obéir à ces lois : chacun s'y soumet par cela même qu'il entre ou qu'il reste dans l'association politique. Le souverain a deux moyens d'obtenir obéissance : c'est de développer l'éducation morale et religieuse des membres de l'État, ou de les contraindre indirectement, par une coercition physique, soit à exécuter la loi, soit à réparer les dommages résultant de leur désobéissance.

Le premier moyen n'est pas et ne sera probablement jamais suffisant. Il est donc indispensable d'employer cette contrainte physique que l'on appelle *peine,* et qui consiste dans un châtiment infligé à celui qui a commis un attentat plus ou moins grave contre la société. Sans doute, la peine n'a pas pour effet immédiat de forcer à l'exécution de telle ou telle loi : obéir aux lois, ce n'est qu'une nécessité *morale,* en d'autres termes, on peut s'y soustraire quoiqu'on doive s'y soumettre (voy. note 2, § 1). Mais, du moins, la peine sanctionne la loi et maintient à celle-ci le caractère de règle efficace quoique violée. Le *Droit criminel,* et mieux encore le *Droit pénal,* est cette partie de la jurisprudence dont l'objet est de déterminer dans quels cas et de quelles peines le souverain a voulu que la violation de sa loi fût punie.

Le Droit pénal fait-il partie du Droit public ou du Droit privé? Il règle des rapports entre l'État agissant dans l'intérêt social, et les individus qui en ont transgressé la loi; il rentre donc évidemment dans le Droit public. L'action civile ou privée, accordée à celui qui a été lésé par une infraction à la loi pénale, n'est jamais que secondaire, bien qu'indépendante de l'action publique. En pareille matière, le débat existe surtout entre le coupable et la société; aussi la victime d'un crime ou d'un délit ne peut pas, en se tenant pour satisfaite, paralyser les poursuites du ministère public, chargé par le souverain de poursuivre les infractions des lois pénales, non point dans l'intérêt des particuliers qui ont souffert, mais dans celui de la société dont la paix a été troublée.

On peut subdiviser le Droit pénal, comme le Droit privé, en *théorique* et *pratique*, selon qu'il a pour objet de déterminer les infractions aux lois et les peines qui en sont la conséquence, ou de fixer la marche à suivre pour convaincre et juger les coupables. Le Droit pénal théorique pose les différents principes qui président à l'application des peines. Et, d'abord, quel est le fondement du droit de punir? Ce point est une des thèses modernes sur lesquelles les criminalistes ont le plus discuté. On les a vus préconiser tour à tour le système de la *justice absolue,* celui de la *prévention particulière,* celui de la *défense indirecte,* celui de la *correction des malfaiteurs,* etc. (¹).

(¹) Voy. l'*Introduction du Traité,* de M. RAUTER, et le *Traité* de M. ROSSI, cités *infrà.* — *Adde :* GILARDIN, *Étude philosophique sur le droit de punir.* Lyon, 1841, in-4.

Le Droit pénal théorique détermine ensuite quelles sont les conditions sous lesquelles telle ou telle action est punissable, et quelles sont les différentes peines prononcées par la législation écrite. C'est là le côté positif de la science du Droit pénal. Mais cette science remue des questions dans lesquelles s'agitent les intérêts les plus chers de l'humanité, c'est-à-dire la vie, la liberté et l'honneur. Le criminaliste doit donc s'élever dans les hautes régions de la philosophie et du Droit naturel, pour en faire descendre ces principes d'éternelle justice qui doivent dominer l'application des lois pénales (1).

Le Droit pénal pratique a sa raison d'existence en ce que la peine ne pouvant être appliquée qu'à celui qui a enfreint la loi, il faut préalablement s'assurer que cette infraction existe et qu'elle a été commise par celui auquel on l'impute. Ordinairement le soin d'opérer cette double constatation est confié par le souverain à des magistrats, tenus de suivre, pour l'accomplir, une procédure spécialement appelée *instruction criminelle*.

(1) Considéré sous ce point de vue élevé, le Droit pénal a été l'objet d'ouvrages nombreux et recommandables, tels que : Beccaria : *Dei delitti e delle pene*. Monaco, 1764. Traduit en français par Dufey, de l'Yonne. Paris, 1821, in-8. — Brissot de Warwille, *Théorie des lois criminelles*. Paris, 1781. Nouvelle édition, 1836, 2 vol. in-8. — M. Guizot, *De la peine de mort en matière politique*. Paris, 1822, in-8.—M. Ortolan, *Cours de législation pénale comparée. Introduction philosophique et historique*. Paris, 1841, in-8.— Pastoret, *Des lois pénales*. Paris, 1790, 2 vol. in-8.

III. — Du Droit international.

— 42 —

Les États civilisés sont des unités collectives, des personnes morales vivant dans des relations réciproques plus ou moins fréquentes, mais nécessaires. Ils ont le droit d'assurer leur existence, leur indépendance et leur égalité ; de défendre leurs propriétés, de protéger leur commerce ; ils contractent entre eux, s'obligent les uns envers les autres, etc. Il résulte de là qu'ils ont, comme les hommes entre eux, des droits et des devoirs nombreux à exercer et à remplir réciproquement. C'est l'ensemble de ces droits et de ces devoirs qui fait l'objet du Droit international (*jus inter gentes*). On l'appelle plus généralement Droit des gens, mais l'expression est impropre : notre mot français *gens* est une traduction infidèle du mot latin *gentes*. On le nomme aussi *européen*, bien que la Porte Ottomane ne l'admette pas toujours, et que, hors de l'Europe, il ait été reconnu par une déclaration expresse des États-Unis d'Amérique et par le régent du Brésil.

Les règles dont se compose ce Droit international prennent leur source :

1° Dans la raison universelle dont les préceptes viennent tous aboutir à ce principe « que les diver- « ses nations doivent se faire dans la paix le plus de « bien, et dans la guerre le moins de mal qu'il est possi- « ble, sans nuire à leurs véritables intérêts (1). » Les règles qui découlent de cette source forment cette par-

---

(1) Montesquieu, *Esprit des lois*, I, 3.

tie du Droit international que les auteurs appellent ndistinctement Droit des gens *naturel, primitif, absolu, nécessaire, universel, interne* ou *philosophique*.

2° Dans les conventions intervenues entre les nations. C'est ce que les auteurs appellent Droit des gens *volontaire, conventionnel, positif, pratique, externe, secondaire, hypothétique* ou *arbitraire*.

Ces conventions sont expresses (*Droit écrit*) ou tacites (*Droit coutumier*) (¹).

On peut donc envisager cette seconde partie du Droit international comme le système raisonné des principes le plus généralement suivis par les États européens, et fondés soit sur les traités, soit sur les mœurs, usages et coutumes. En effet, voyez tous les

---

(¹) En envisageant le Droit international sous ce point de vue, on peut dire que chaque nation a le sien. Il n'est pas en effet de pays civilisé dont le souverain n'ait fait, avec les souverains des autres États, un nombre plus ou moins grand de traités de paix, d'alliance, de commerce, de limites, de garantie, d'extradition, etc. La connaissance des traités faits par le souverain français est aussi nécessaire à nos jurisconsultes qu'indispensable aux hommes d'État chargés de gouverner notre pays. Car les traités diplomatiques publiés en France, ayant force de loi, peuvent influer gravement sur le Droit civil (par exemple, art. 11, 2123, 2128 du Code civil), et les juges doivent, sous peine de cassation, en appliquer d'office les dispositions. On peut consulter, sur le Droit international spécial à la France : DE FLASSAN, *Histoire générale et raisonnée de la diplomatie française depuis la fondation de la monarchie jusqu'à la fin du règne de Louis XVI, avec des tables chronologiques de tous les traités conclus par la France.* 2ᵉ édit., Paris, 1811, 7 vol. in-8. — KOCH, *Table des traités de paix, etc., entre la France et les puissances étrangères, depuis la paix de Westphalie jusqu'à nos jours.* Paris, 1802, 2 vol. in-8. On trouvera les traités postérieurs dans la collection de DE MARTENS, indiquée au § 46, p. 99, note 5.

traités diplomatiques ; ils sont copiés les uns sur les autres, et ils se ressemblent tellement dans un grand nombre de points essentiels, qu'on peut en abstraire une certaine quantité de règles admises par tous ceux qui ont traité de cette manière uniforme. Voyez aussi ce qui se passe au sujet des usages particuliers établis entre des Etats qui ont des relations ensemble. Ces usages sont généralement observés, et une fois établis, entre les grandes puissances surtout, les autres s'empressent de les imiter. Enfin les puissances de l'Europe en appellent très-souvent au Droit des gens coutumier des nations civilisées, preuve qu'elles en reconnaissent l'existence et la force obligatoire.

Le développement du Droit international pratique ne date que de la fin du quinzième siècle. Quelques peuples de l'antiquité, tels que les Grecs et les Romains, ont eu un droit international, tant écrit que coutumier (*jus feciale*), mais il n'a pas survécu à la chute de l'empire romain et au bouleversement de l'Europe qui en a été la suite [1]. Les causes qui ont contribué à former successivement le Droit international moderne, sont très-nombreuses. Parmi les plus actives, il faut placer les progrès du christianisme, l'affaiblissement des résistances féodales, la renaissance des lettres, la découverte du nouveau monde, la réforme religieuse, l'invention de l'impri-

____

[1] HEFFTER, *De antiquo jure gentium.* Bonne, 1823. — OSENBRÜGGEN, *De jure belli et pacis Romanorum.* Kiliæ, 1836. — WACHSMUTH, *Jus gentium quale obtinuerit apud Græcos ante bellorum cum Persis gestorum initium.* Kiliæ, 1822. — WEISKE, *Considérations historiques et diplomatiques sur les ambassades des Romains comparées aux modernes.* Zwickau, 1834.

merie qui propagea les lumières, celle de la poudre à canon qui bouleversa l'art de la guerre, l'établissement des armées régulières et des missions diplomatiques perpétuelles, les alliances entre les familles régnantes, l'action des publicistes, etc. Les règnes de Charles-Quint et de Henri IV font époque pour certaines parties du Droit international; mais le point de départ le plus saillant, c'est la paix de Westphalie (¹), et si la révolution française a brusquement interrompu l'œuvre de la Diplomatie, elle a du moins enfanté des idées et propagé des leçons dont profitent les publicistes et les hommes d'État modernes.

— 13 —

Le plan à suivre dans l'exposition des matières du Droit international peut varier au gré des auteurs; le plus simple nous paraît d'adopter ici la division du Droit privé. Car les nations étant des personnes morales, ayant des droits à exercer sur les choses et des obligations réciproques à accomplir, on peut aussi appliquer le Droit international aux personnes, aux choses et aux obligations.

1° *Jus personarum*. Il détermine en quoi consistent la souveraineté et la mi-souveraineté des États, comment s'acquiert cette souveraineté, comment elle est reconnue et garantie, comment elle cesse et s'anéantit. Il examine aussi les États sous les différentes

____

(¹) WHEATON, *Histoire des progrès du Droit des gens en Europe depuis la paix de Westphalie jusqu'au congrès de Vienne, avec un précis historique du Droit des gens européen avant la paix de Westphalie.* Leipz. 1841, in-8.

formes d'existence politique qu'ils peuvent revêtir (par exemple unis sous un même souverain, ou confédérés entre eux, etc.); les différentes dénominations et constitutions qui les caractérisent (monarchies ou républiques, États héréditaires ou électifs, empires, royaumes, grands-duchés, électorats, duchés, etc.). Le *Jus personarum* a enfin pour objet, en Droit international, l'égalité dont jouissent entre eux les États, et qui se manifeste ordinairement dans le cérémonial. Mais comme il y a des États qui, par convention, ont renoncé en faveur d'un ou de plusieurs autres États, aux droits résultant de leur égalité primitive, il en résulte des honneurs à rendre à certains États, la préséance dont les uns jouissent à l'égard des autres, les titres, le cérémonial maritime, etc.

2° *Jus rerum*. Toute nation est capable de devenir propriétaire et l'est nécessairement. Ce droit de propriété consiste dans la faculté d'exclure tous les États ou individus étrangers de l'usage du territoire et de toutes les choses qui y sont situées. Le territoire d'un État est terrestre ou maritime. Un État ne peut se prétendre propriétaire que des parages susceptibles d'une possession exclusive, mais jamais de la pleine mer ou Océan (¹). Tout État indépendant est maître de grever son territoire de servitudes en faveur d'autres États, telles que servitude de passage, de garnison, etc. Le Droit international détermine à quelles conditions pareille constitution peut être faite; il admet également le droit de gage ou d'hypothèque et en règle les effets.

______

(¹) GÉRARD DE RAYNEVAL, *De la liberté des mers.* Paris, 1811, in-8.

3° *Jus obligationum*. Les nations sont soumises à des obligations résultant soit de lésions, soit de conventions. Ces dernières reçoivent spécialement le nom de *traités*. Ils sont ordinairement conclus par des plénipotentiaires, et à ce sujet le Droit international développe tout ce qui est relatif aux fonctions et prérogatives de l'ambassadeur [1].

— 44 —

Pour ceux qui nient l'existence du Droit là où ils ne voient pas de pouvoir constitué capable d'en garantir l'observation, le Droit international ne doit être qu'une chimère, qu'un non-sens. Car il n'y a point de tribunaux pour condamner les gouvernements puniques; il n'y a point au-dessus d'eux d'autorité commune capable de les contraindre à l'accomplissement de leurs devoirs réciproques. Un jour, peut-être, tous les États de l'Europe se fédéraliseront pour se garantir mutuellement leurs droits. En attendant, le Droit international, qui n'existe pas moins aux yeux de quiconque sait distinguer deux choses essentiellement distinctes, le Droit et la garantie du Droit, le Droit international, dis-je, n'a pas d'autre sanction que la guerre. Malheureusement la guerre, c'est la force brutale, et l'issue, comme celle du duel, peut souvent favoriser le champion qui était dans son tort. Mais telle est la puissance du Droit qu'il domine les peuples lors même qu'il s'agit de s'entre-déchirer. En effet, le Droit internatio-

---

[1] DE WICQUEFORT, *L'ambassadeur et ses fonctions*. Lahaye, 1724, 2 vol. in-4.

nal pose des règles pour tout ce qui est relatif à la rétorsion, aux représailles et à la guerre. A ce sujet, il s'occupe des moyens licites de nuire à l'ennemi, de la conduite à tenir, soit envers le souverain et les ambassadeurs faits prisonniers, soit envers ceux qui ne portent pas les armes et les prisonniers de guerre en général. Il examine aussi ce qui a rapport à la manière de faire la guerre, au butin, aux conquêtes, au pillage, aux ruses de guerre, espions, transfuges, déserteurs, capitulations, traités d'armistice, etc. Enfin, à propos de la guerre, le Droit international pose des principes en matière de neutralité, sujet extrèmement important, et en matière de négociations relatives à la conclusion de la paix et de l'amnistie.

— 45 —

De même qu'il y a des formes consacrées pour mettre en pratique les règles du Droit privé, de même il y a un ensemble de procédés convenus et de moyens usités entre les gouvernements pour traiter des intérêts des États et pour mettre à exécution les règles du Droit international. C'est cette gestion des affaires internationales que l'on appelle *Diplomatie*, ou bien encore *Art des négociations* ([1]), et qu'il faut se garder de confondre avec la *Diplomatique* (voy. le § 141). La Diplomatie est au Droit international ce que la procédure est au Droit privé ; le Diplomate est l'avoué de sa nation. En France cette éminente postulation est confiée au ministre des af-

______

([1]) MABLY, *Principes des négociations*. Amsterd. 1757. — PECQUET, *De l'art de négocier avec les souverains*. Paris, 1737.

faires étrangères et aux nombreux agents qui relèvent de lui à l'extérieur.

La justice et la bonne foi doivent être la base de la Diplomatie, et ceux qui l'accusent de n'être qu'une science de duplicité et d'imposture, confondent la Diplomatie avec certains diplomates. On a dit plaisamment que la Diplomatie est *l'art de coudre la peau du Renard à celle du Lion, quand celle-ci est trop courte* : mais ce n'est qu'une plaisanterie. Le but légitime de cette branche de la politique est de pourvoir à la sûreté et à l'harmonie des États, de prévenir les ruptures par des explications satisfaisantes, et de terminer promptement les guerres par des interventions amicales; enfin, de faciliter les rapports des peuples et d'entretenir parmi eux des sentiments de fraternité. L'adresse n'est permise que pour écarter les occasions de rupture entre les nations que la jalousie, l'ambition et l'intérêt tendent sans cesse à diviser (1).

La Diplomatie est tout à la fois un art et une science. Comme art, elle exige de la part de ceux qui

(1) En France, l'université n'enseigne pas la diplomatie : on n'en peut acquérir la connaissance que par la lecture des livres qui en traitent (voy. DE MARTENS, *Cours diplomatique*, etc. Berlin, 1801, 3 vol. in-8. — Idem, *Manuel diplomatique*. Paris, 1822. — *Traité complet de diplomatie*, etc., par un ancien ministre. Paris, 1833, 3 vol. in-8), ou par un stage diplomatique, comme en font les *attachés aux ambassades et légations* et les *élèves-consuls*. M. de Polignac avait, au mois d'avril 1830, établi, au département des affaires étrangères, un enseignement spécial pour les jeunes gens qui se destinaient à la carrière diplomatique. Outre le Droit international, on y étudiait la *diplomatie* et la *diplomatique* (voy. le règlement en date du 25 avril-25 mai 1830). La révolution de juillet n'a pas donné suite à cette utile institution.

l'exercent, expérience des hommes et usage du monde, souplesse et présence d'esprit, réserve et prudence, manières graves et polies, et surtout cet ascendant de probité qui rend la signature sacrée [1]. Comme science, elle exige, outre la connaissance des principes du Droit international, celle du *style diplomatique*, c'est-à-dire de l'ensemble des formes sanctionnées par l'usage des chancelleries et suivant lesquelles doivent être rédigés et échangés les actes ou écrits diplomatiques [2]. Autrefois on n'employait, dans le protocole de la Diplomatie, que la langue latine [3], mais elle a été remplacée par le français qui, surtout depuis Louis XIV, est devenu la langue presque universelle des Cours [4].

Comme il est quelquefois d'usage, pour plus de sûreté et de secret dans les négociations, de correspondre par chiffres, le diplomate devra aussi se familiariser avec la *cryptographie* ou *stéganographie*,

[1] Voy. *l'Art de négocier*, par DE HALLER, et les instructions d'un ambassadeur à son fils dans le troisième volume du *Traité complet de diplomatie*. — Voy. aussi, sur la réunion des qualités nécessaires à un diplomate, l'éloge du comte de Reinhardt, prononcé par le prince de Talleyrand à l'Académie des sciences morales et politiques (*Moniteur*, 6 mars 1838).

[2] DE MARTENS, *Guide diplomatique*. Leips. 1831, 2 vol. Nouvelle édition avec des additions de M. DE HOFFMANNS. Paris, 1837, 3 vol. in-8.—MEISEL, *Cours de style diplomatique*. Dresde, 1823, 2 vol. — ROUSSET, *Cérémonial diplomatique des cours de l'Europe*, dans les t. IV et V de DUMONT cité *infrà*.

[3] BERRIAT SAINT-PRIX, *Coup d'œil sur l'emploi de la langue latine dans les actes anciens et sur sa prohibition au seizième siècle*. Paris, 1824.

[4] Le comte DE RIVAROL, *Dissertation sur l'universalité de la langue française*. Berlin, 1784.

6

c'est-à-dire l'art d'écrire d'une manière déguisée, soit
à l'aide de caractères conventionnels, soit à l'aide de
nombres convenus qui désignent des lettres alpha-
bétiques, des mots ou des phrases entières [1]. Enfin
le diplomate ne devra pas rester étranger à la connaissance du *blason*, ni à celle des *généalogies* [2].

— 46 —

Le Droit international, considéré comme science,
ne remonte guère au delà du dix-septième siècle. Il
n'en est pas question chez les Jurisconsultes romains,
car il ne faut pas prendre pour une théorie de Droit
international ce que la compilation de Justinien renferme sur le *jus gentium* (voy. § 69). Le moyen âge,
avec son abominable droit de bris et de naufrage, ne
reconnaissait aucun principe de Droit international ;
on y chercherait donc en vain des traces de travaux
scientifiques sur ce sujet. Ce n'est qu'au seizième
siècle qu'on aperçoit quelques lueurs incertaines dans
les écrits d'Oldendorp, de Hemming, de Vasquez [3]
et d'Alberico Gentili [4]. Au commencement du dix-
septième siècle, Suarez [5] et Winckler [6] émirent,

(1) Voy. les *Cryptographies* de CONRAD, Liège, 1739, et de KLÜ-
BER, Tubing. 1809, in-8, avec figures.

(2) Voy. l'*Opus Heraldicum* de SPENERUS, 1690, 2 vol. in-f., et les
tables généalogiques de HÜBNER, BIEDERMANN, PÜTTER, KOCH, etc.

(3) *Controversiæ illustres*. Lib. II, cap. 54, §§ 2-6.

(4) Il a publié : 1° *De legationibus*. Oxf. 1585 ; 2° *De jure belli
commentationes*. Oxf. 1588 ; 3° *De justitia bellica*. Oxf. 1590 ;
4° *Regales disputationes tres*. Lond. 1605 ; 5° *Advocatiæ hispa-
nicæ libri II*. Hanov. 1613.

(5) *De legibus et Deo legislatore*.

(6) *Principiorum juris libri V*. 1615.

le premier surtout, des idées beaucoup plus justes sur le Droit international. Mais il était réservé à la vaste intelligence de Grotius d'élever le Droit international à la hauteur d'une véritable science. Son ouvrage *De jure belli et pacis* obtint une immense popularité (¹). Les Anglais s'occupèrent aussi de Droit international, Hobbes, pour en nier à peu près l'existence, et Zouch, pour en présenter un système presque complet (²). Vint ensuite Pufendorff qui, ne considérant le Droit international que comme l'application des principes du Droit naturel aux relations des peuples, nia expressément l'existence et la force obligatoire d'un Droit résultant des conventions expresses ou tacites. Combattu par plusieurs écrivains et entre autres par le professeur Rachel (³), il fut soutenu par Thomasius, à partir duquel les expressions *Jus naturæ* et *Jus gentium* devinrent complétement synonymes. Mais dans l'intervalle Leibnitz, en publiant une collection de traités et d'actes publics (⁴), entra dans la véritable voie indiquée par Grotius et frayée par Zouch. D'autres compilations de traités se succédèrent (⁵), et dès lors on vit les publicistes se

(¹) Cet ouvrage a en plus de quarante éditions. La meilleure est celle d'Amsterdam de 1720, *cum notis Gronovii et Barbeyracii.* Il a été traduit dans presque toutes les langues de l'Europe. La meilleure traduction est celle de Barbeyrac. 5ᵉ édit. Leyde, 1759.

(²) *Juris et judicii fecialis sive juris inter gentes et quæstionum de eodem explicatio.* Oxf. 1650.

(³) *De jure naturæ et gentium dissertationes duæ.* Kiel, 1766.

(⁴) *Codex juris gentium diplomaticus.* Hanov. 1693, in-fol.; suivi de : *Mantissa codicis juris gentium diplomatici.* 1700.

(⁵) La collection de Leibnitz fut suivie de celle que l'on connaît

séparer en deux écoles bien tranchées, dont l'une, l'école philosophique, déduisait le Droit international exclusivement des préceptes du Droit naturel, et dont l'autre, l'école historique, puisait dans l'usage et dans les traités le système des règles qui doivent diriger les nations dans leurs relations mutuelles. A la tête de l'école philosophique, parut le vaste penseur Chrétien de Wolff, qui exerça une très-grande influence sur son époque. Le Suisse Vattel (¹) ne fit que propager, mais avec critique et discernement, la doctrine de Wolff à laquelle se rattachèrent, comme nous l'avons déjà dit au § 6, à propos du Droit naturel, Burlamaqui, Formey, Luzac, de Félice, Vicat, et, dans ces derniers temps, Gérard de Rayneval, Courvoisier, Perreau, Cotelle, etc. L'école his-

sous le nom de *Recueil de Bernard* ou de *Moëtjens*. Elle contient les traités depuis 536 jusqu'à 1700, et forme 4 vol. in-fol. — Vint ensuite la célèbre collection de JEAN DUMONT, qui parut sous le titre de : *Corps universel diplomatique du Droit des gens,* contenant les traités depuis 800 jusqu'à 1731. 8 vol. in-fol. BARBEYRAC y ajouta un volume de supplément contenant l'histoire des anciens traités depuis 1496 ans avant Jésus-Christ jusqu'à 813 de l'ère chrétienne. ROUSSET ajouta 4 volumes, dont les deux premiers contiennent les traités omis par DUMONT, plus ceux qui furent conclus de 1731 à 1738 ; le troisième et le quatrième comprennent le cérémonial diplomatique des cours de l'Europe. — M. DE MARTENS a publié un recueil des principaux traités depuis 1761 jusqu'en 1801, en 7 vol. in-8. Il y a ajouté en 1820 un supplément en 8 vol., contenant les traités omis par DUMONT et ROUSSET, et les traités faits de 1808 à 1820. Ce supplément a été continué par MURHARD.

(¹) *Le Droit des gens, ou Principes de la loi naturelle appliqués à la conduite et aux affaires des nations et des souverains.* Leyde, 1758, 2 vol. Cet ouvrage a eu beaucoup d'éditions postérieures. Celle de 1835 a été revue par M. ROYER COLLARD ; celle de 1838, en 3 vol., a été soignée par M. PINHEIRO-FERREIRA.

torique dont les tendances avaient été vivement approuvées et soutenues par Kant, eut pour chefs, en Allemagne, l'infatigable écrivain Moser, et en France, l'abbé de Mably († 1785) (¹). Notre célèbre recteur Koch († 1813) (²) fut un des disciples les plus influents de cette école historique qui a définitivement triomphé par les travaux de de Martens († 1823) (³). Aujourd'hui l'école philosophique a pour ainsi dire disparu ; vous ne la rencontrez plus, ni aux affaires, ni dans les traités modernes de Droit international. Tous les publicistes suivent l'impulsion de l'école historique qui compte au nombre de ses disciples MM. Schlœtzer (⁴), Schmalz (⁵), Schmelzing (⁶), Klüber (⁷), Rosenwinge (⁸), Saalfeld (⁹), Wheaton (¹⁰), Manning (¹¹), Heffter (¹²), etc.

(¹) *Droit public de l'Europe fondé sur les traités*. Paris, 1747. (Souvent réédité.)

(²) *Histoire abrégée des traités de paix entre les puissances de l'Europe depuis la paix de Westphalie*. SCHOELL a refondu cet ouvrage et l'a continué jusqu'en 1815. 15 vol. in-8.

(³) Ce publiciste a beaucoup écrit. Son principal ouvrage est intitulé : *Précis du Droit des gens moderne de l'Europe fondé sur les traités et l'usage*. Gœtt. 1789. 3ᵉ édit., 1821, in-8.

(⁴) *Table des matières contenues dans la science du Droit des gens moderne de l'Europe*. Dorpat, 1804, in-8.

(⁵) *Europæisches Vœlkerrecht*. Berlin, 1817. Traduit en français par le comte LÉOPOLD DE BOHM. Paris, 1823, in-8.

(⁶) *Systematischer Grundriss des Europæischen Vœlkerrechts*. Rudolstadt, 1818, 3 vol. in-8.

(⁷) *Droit des gens moderne de l'Europe*. Stuttg. 1819, 2 vol. in-8.

(⁸) *Grundriss des positiven Vœlkerrechts*. Copenh. 1829.

(⁹) *Handbuch des positiven Vœlkerrechts*. Tub. 1833, in-8.

(¹⁰) *Elements of international Law*. Philadelphie, 1836.

(¹¹) *Commentaries on the Law of nations*. Lond. 1839.

(¹²) *Das Europæisches Vœlkerrecht der Gegenwart*. Berlin, 1844, in-8.

6.

DEUXIEME PARTIE.

DU DROIT FRANÇAIS EN PARTICULIER.

— 47 —

Le Droit français est l'ensemble des lois et coutumes, en un mot, des règles juridiques qui ont été successivement en vigueur en France depuis l'origine de la monarchie, sans distinction des époques auxquelles elles ont pris naissance, à l'exception de celles qui ont été abrogées expressément ou tacitement. Les sources et les monuments du Droit français remontent, par conséquent, à une très-haute antiquité : nous les rechercherons et nous en dresserons l'inventaire quand nous aurons vu quelles sont les différentes branches de ce Droit.

CHAPITRE PREMIER.

DES PRINCIPALES BRANCHES DU DROIT FRANÇAIS.

SECTION PREMIÈRE.

DU DROIT PRIVÉ.

I. — Du Droit civil ([1]).

— 48 —

Notre Droit civil moderne est une grande création nationale. Bien qu'il ait beaucoup emprunté aux lois romaines, il n'en est pas moins original dans un grand nombre de ses parties, et plusieurs de ses

[1] Bibliographie choisie de traités sur l'ensemble de ce Droit : Droit ancien : ARGOU, *L'institution au Droit français,* augmen-

principes fondamentaux sont particuliers à la France.

Ainsi, comme conséquence de la liberté des cultes et des consciences, le Droit civil a été complétement sécularisé : on a organisé, selon les expressions de Portalis, cette grande idée qu'il faut souffrir tout ce que la Providence souffre et que la loi, sans s'enquérir des opinions religieuses des citoyens, ne doit voir que des Français, comme la nature ne voit que des hommes. Et c'est pour cela que la célébration du mariage a été réduite à un simple fait laïque et

tée par BOUCHER D'ARGIS, 2 vol. in-12. — COQUILLE, *L'institution au Droit français*. 1642, in-8. — POCQUET DE LIVONIÈRE, *Règles du Droit français*. Paris, 1730, in-12. (Plusieurs éditions.) — POTHIER, *OEuvres complètes*. Édition de M. DUPIN. Paris, 1825, 11 vol. in-8. — Édition annotée de M. BUGNET. Paris, 1845. — PRÉVÔT DE LA JANNÈS, *Principes de la jurisprudence française*. Paris, 1759, 2 vol. in-12. (Plusieurs éditions.)

Droit moderne : BOILEUX, *Commentaire sur le Code civil*, 3ᵉ édit., 1843, 3 vol. in-8°. — DELVINCOURT, *Cours de Code civil*, 5ᵉ édit. 1834, 3 vol. in-4. — M. DEMANTE, *Programme du cours de Droit civil français*, fait à la Faculté de Droit de Paris, 3ᵉ édit. 1840, 3 vol in-8°. — M. DURANTON, *Cours de Droit français suivant le Code civil*. 4ᵉ édit. 1844, 22 vol. in-8. — PROUDHON, *Cours de Droit français*. Dijon, 1809, 2 vol. in-8°. Cet ouvrage est malheureusement resté inachevé. M. VALETTE en a donné une édition annotée en 1844.—M. RICHELOT, *Principes du Droit civil français*. Rennes, 1842. — M. TAULIER, *Théorie raisonnée du Code civil*. Grenoble, 1841. —TOULLIER, *Droit civil français suivant l'ordre du Code*. 5ᵉ édit. 1837, 15 vol. in-8°. Ce traité a été continué par M. DUVERGIER, qui a publié jusqu'à présent 6 vol. in-8°, et par M. TROPLONG, qui a écrit 15 vol. in-8° sous le titre suivant : *Le Droit civil expliqué selon l'ordre des articles du Code ;* ouvrage qui fait suite à celui de TOULLIER, mais dans lequel on a adopté la forme plus commode du *Commentaire*. — ZACHARIÆ, *Cours de Droit civil français*. Traduit de l'allemand, revu et augmenté, avec l'agrément de l'auteur, par MM. AUBRY et RAU. Strasbourg, 1839-1845, 5 vol. in-8°.

civil indépendant du dogme et du rite catholiques; c'est pour cela que la constatation de l'état civil a été retirée des sacristies pour être exclusivement confiée à des agents de l'autorité civile, au ministère desquels tous les citoyens pussent indistinctement recourir sans répugnance religieuse [1].

Comme conséquence du principe démocratique qui domine dans notre constitution politique, l'égalité civile de tous les Français a été proclamée et avec l'abolition des distinctions de castes est tombé le mode privilégié suivant lequel le clergé et la noblesse se conduisaient jadis dans la vie civile. Ainsi, par exemple, plus d'exemption, en faveur des ecclésiastiques, de la juridiction et de la contrainte par corps pour dettes civiles, plus de prescriptions privilégiées, plus de garde-noble, etc. Des distinctions de races étaient nées des distinctions entre les biens mêmes qui étaient féodaux et non féodaux, nobles et roturiers, servants et libres, etc. Toutes ces bizarreries, nées de l'orgueil féodal, étaient nuisibles à l'agriculture et formaient une source de procès. Notre Droit les a supprimées.

La révolution française a aussi introduit l'égalité dans la famille, et notre Droit civil moderne a consolidé ce grand acte d'équité. Rien de plus injuste que la distinction établie par l'ancien Droit entre les mâles et les filles, entre les aînés et les puînés : c'était un foyer de haine dans les familles et de discorde

---

[1] Partant de là, on a reproché au Code civil français d'être *athée* : c'est, de la part de ceux qui l'ont dit, une erreur, à moins que ce ne soit une calomnie.

parmi les enfants. Aujourd'hui plus de distinctions ni de sexe, ni de primogéniture, ni même de lit. Filles ou mâles, aînés ou cadets, enfant d'un premier ou d'un second mariage, la loi les voit tous d'un œil égal, et leur donne à tous les mêmes droits. Les parents peuvent bien, à titre de récompense et par l'effet d'une juste prédilection, introduire parmi leurs enfants une préférence raisonnable et modérée ; mais l'égalité est le vœu et la règle générale de notre Droit civil, et elle est invariablement limitée par la réserve.

Comme conséquence du principe de la liberté individuelle et du prix inestimable qu'il y attache, le Droit civil français a défendu à tous juges de prononcer la contrainte par corps hors des cas déterminés par la loi, et à tout Français de consentir, même en pays étranger, des actes par lesquels il pourrait aliéner ou gêner sa liberté (art. 2063 C. c.). C'est la même idée qui a dicté la prohibition d'engager ses services à vie (art. 1780 C. c.) et de créer des servitudes en faveur ou à la charge des personnes (art. 686 C. c.).

— 49 —

Après avoir aboli les emphytéoses et locatairies perpétuelles, les champarts, les baux à domaine congéable, etc.; après avoir effacé jusqu'au moindre vestige de ce domaine de supériorité jadis connu sous les noms de *seigneurie féodale et censuelle*; après avoir déclaré rachetables les rentes foncières perpétuelles ; en un mot, après avoir supprimé toutes les entraves qui pesaient autrefois sur la propriété foncière et les charges qui gênaient la circulation des immeubles, le Droit civil moderne a encore proscrit ou traité avec une défaveur marquée toutes conventions qui mettraient des entraves à cette liberté de circulation. Ainsi, par exemple, il n'a permis que jusqu'au deuxième degré, et seulement au profit de certaines personnes, les substitutions fidéicommissaires qui, par leur perpétuité et leur généralité, retenaient autrefois une si grande masse de propriétés hors du commerce. Il a supprimé ce grand nombre de retraits qui laissaient la propriété indécise et flottante, et il a élevé, à la hauteur d'un principe d'ordre public, la faculté de sortir d'indivision.

Notre système de succession *ab intestat* laisse, il est vrai, quelque chose à désirer: néanmoins, s'il n'est pas le plus heureusement combiné, du moins est-il le plus conforme à nos mœurs et à notre état social. Il vaut un peu mieux que le système romain et beaucoup plus que le système coutumier dans lequel la distinction des biens en nobles et roturiers, propres et acquêts, paternels et maternels, etc., avait jeté d'inextricables embarras. Notamment le droit héréditaire des enfants naturels a été réglé conformément aux plus saines idées, et le Code civil a su prendre un juste milieu entre la dureté de l'ancien Droit et l'immoralité du Droit intermédiaire.

Une singularité du Droit civil français, c'est d'avoir fondé sa théorie des moyens de preuve sur la présomption générale que les mœurs étaient corrompues. De là son antipathie pour la preuve par témoins qu'il suspecte toujours et dont il a restreint l'emploi le plus possible.

Plusieurs dispositions du Droit civil se ressentent des habitudes particulières à la nation française. C'est peut-être ce qui explique pourquoi, entre autres, l'obligation de fidélité conjugale est moins rigoureuse à l'égard du mari qu'à l'égard de la femme (art. 229 et 230 C. c.).

Tout en conservant la majeure partie des règles du Droit romain sur les obligations conventionnelles, le Droit civil français a redressé plusieurs de ces règles, rejeté certaines subtilités et amélioré la théorie des contrats et des quasi-contrats. — On peut regarder comme entièrement neuves les dispositions de notre Droit civil sur l'absence, l'adoption et la tutelle officieuse.

— 50 —

Si notre Droit civil a beaucoup emprunté au Droit romain, il en a aussi repoussé un grand nombre de dispositions. Ainsi, par exemple, plus de fiançailles, de dot forcée, de légitimation par rescrit du prince, oblation à la curie et testament; plus de caution et serment du tuteur, ni d'action subsidiaire de tutelle contre le magistrat ; plus de fidéicommis, de fiducie, de substitutions pupillaire et exemplaire ; plus de nécessité d'institutions d'héritier, ni d'incompatibilité entre les successions légitime et testamentaire ; plus de testaments nuncupatifs, réciproques, etc., de donation à cause de mort, de différence entre l'institution d'héritier et le legs ; plus de *sacitas,* d'exhérédation, de quartes trébellianique, antonine, falcidie, etc.; plus de règle catonienne, de distinction des conventions en pactes et contrats, de sénatus-consultes velléien et macédonien, de bénéfice de compétence, etc.

Notre Droit civil moderne a beaucoup emprunté aussi au Droit coutumier, mais il a repoussé tout ce qui tient à la féodalité pour laquelle il a manifesté une aversion bien prononcée. Les emprunts faits au Droit coutumier et la préférence accordée à celui-ci sur le Droit romain se font surtout remarquer dans la tutelle, la puissance paternelle, les servitudes urbaines, la propriété mobilière, le contrat de mariage, etc.

Le Droit civil français se distingue par un grand nombre de qualités qui lui ont valu, dans plus d'un pays, les honneurs de l'adoption (v. § 119). Il se rapproche plus qu'aucune autre législation, plus que le Droit romain lui-même, du bon sens, de la raison et de l'équité. Il laisse peut-être à désirer en ce qu'il n'a pas donné à la puissance paternelle tout le ressort qu'elle devrait avoir, dans l'intérêt de la famille et de la société. On peut regretter aussi qu'il n'ait pas encore mis ses dispositions au niveau, ni des besoins de l'industrie moderne, ni de l'importance et du développement qu'a pris de nos jours la propriété mobilière (¹). Enfin il serait à désirer que la transmission de la propriété immobilière fût soumise à des formalités externes de nature à garantir les intérêts des tiers acquéreurs. Il y aurait aussi

(¹) Voy. les observations de M. Rossi, sur le *Droit civil français, considéré dans ses rapports avec l'état économique de la société*, Revue de législation, XI, p. 1.

quelques améliorations à introduire dans le régime hypothécaire (1).

II. — Du Droit commercial (2).

— 51 —

Les lois civiles n'exerçant leur influence que sur le peuple qui se les est données, il suffit qu'elles soient en harmonie avec les mœurs nationales. Les

(1) Voy. les *Documents relatifs au régime hypothécaire et aux améliorations proposées*, publiés par ordre de M. MARTIN (du Nord), garde des sceaux, Paris, 1844, 3 vol. in-8 ; et le *Traité des Priviléges et Hypothèques*, par M. VALETTE, 1 fort vol. in-8, 1846.

(2) Bibliographie choisie :

Droit ancien : BORNIER, *Commentaire sur l'Ordonnance de 1673*. Paris, 1749, in-12. — BOUTARIC, *Explication de l'Ordonnance de Louis XIV sur le commerce*. Toulouse, 1743, in-4. — JOUSSE, *Commentaire sur l'Ordonnance de commerce du mois de mars 1673*. Paris, 1761, in-12. Édité à la suite des *Questions sur le Droit commercial*, par M. BÉGANS. Paris, 1833, in-4.—SAVARY, *Le parfait négociant*. Paris, 1763, 2 vol in-4.

Droit moderne : M. BRAVARD, *Manuel de Droit commercial*. 3e édit. 1846, 1 vol. in-8.—DELVINCOURT, *Institutes de Droit commercial français*. 2e édit. 1834, 2 vol. in-8. — M. FRÉMERY, *Études de Droit commercial*. 1833, in-8. — MM. GOUJET et MERGER, *Dictionnaire de Droit commercial*, 4 vol. in-8, 1845 et 1846. — M. HOUSON, *Questions sur le Code de commerce*. Paris, 1829, 2 vol. in-8. — LOCRÉ, *Esprit du Code de commerce*. Nouv. édit. Paris, 1834, 5 vol. in-8. — MM. MONGALVY et GERMAIN, *Analyse raisonnée du Code de commerce*. Paris, 1824, 2 vol. in-4. — M. PARDESSUS, *Éléments de jurisprudence commerciale*. 1811, in-8. et principalement : *Cours de Droit commercial*. 5e édit. 1841, 6 vol. in-8. — M. VINCENS, *Exposition raisonnée de la législation commerciale*, ou *Examen critique du Code de commerce*. 1834, 3 vol. in-8. On trouve une bibliographie de jurisprudence commerciale, comprenant 2,726 ouvrages, en tête de la troisième édition du *Cours* de M. PARDESSUS.

lois commerciales au contraire, destinées à régler,
non-seulement le commerce intérieur, mais encore
celui qui se fait dans le monde entier, doivent abais-
ser autant que possible les barrières que le Droit
civil place ordinairement entre les nationaux et les
étrangers. D'un autre côté, toute la puissance du
commerce considéré comme le principal moteur de
l'industrie et comme le ressort le plus actif de la
prospérité publique, réside dans la facilité des
transactions, dans la rapidité de la circulation et dans
la sûreté du crédit. Il est donc indispensable de sim-
plifier la forme des transactions, de dégager la circulation des entraves qui peuvent en ralentir la marche,
et de donner au crédit de fortes garanties. C'est cette
nature exceptionnelle des affaires commerciales qui
a déterminé le législateur à modifier, dans un assez
grand nombre de points, les dispositions du Droit
commun, et à en introduire qui sont tout à fait in-
connues en matière civile. Ainsi, par exemple, on a
prescrit sévèrement aux commerçants de tenir d'une
manière authentique certains livres pour y consigner
jour par jour leurs opérations, afin que leur conscience fût, en quelque sorte, écrite dans ces livres,
et que ceux-ci pussent servir, soit comme preuve
devant les tribunaux, soit comme justification du
commerçant que des revers réduisent à implorer la
clémence de ses créanciers. L'association de l'industrie et des capitaux est le nerf des grandes entreprises
commerciales : la loi a tracé des règles spéciales pour
les sociétés de commerce (¹). L'utilité et quelquefois

______

(¹) **M. Merson**, *Traité de l'arbitrage forcé en matière de so-*

la nécessité d'agents intermédiaires pour les transactions a fait établir les agents de change, les courtiers de commerce et les commissionnaires (¹). On a senti le besoin de créer, dans les grands centres de commerce, des réunions qui offrissent aux commerçants le moyen de se rapprocher et de se mieux connaître : c'est dans ce but que l'on a établi les bourses de commerce (²). La rapidité et la fréquence des opérations commerciales ont dû faire fléchir les répugnances que la loi civile a manifestées contre la preuve testimoniale. Le contrat de change et la lettre qui en est comme l'instrument, ont nécessité un ensemble de règles pour déterminer la forme et les effets de cet agent si important des opérations commerciales (³). Il fallait aussi des dispositions pour régler le commerce maritime (⁴). Le législateur a dû s'occuper

---

ciété commerciale. Paris, 1823, in-8.—MM. MALEPEYRE et JOURDAIN, *Traité des sociétés commerciales, accompagné d'un précis de l'arbitrage forcé*, etc. Paris, 1833, in-8. — M. PERSIL, *Des sociétés commerciales*. 1833, in-8. — M. DELANGLE, *Des sociétés commerciales*. Paris, 1843, 2 vol. in-8.

(¹) MM. DELAMARRE et LEPOITVIN, *Traité du contrat de commission*, 3 vol. in-8.— M. MOLLOT, *Bourses de commerce, agents de change et courtiers*. Paris, 1831, in-8. — MM. PERSIL et CROISSANT, *Commentaire sur les commissionnaires et sur les achats et ventes*. 1836, in-8.

(²) M. FRÉMERY, *Des opérations de bourse*. Paris, 1833, in-8.

(³) DUPUY DE LA SERRA, *L'art des lettres de change*. Lyon, 1768, in-12. Édition de M. BÉCANE à la suite de ses *Questions sur le Droit commercial*. — M. NOUGUIER, *Des lettres de change et des effets de commerce*. Paris, 1839, 2 vol. in-8. — M. PARDESSUS, *Traité du contrat et des lettres de change*. 1809, 2 vol. in-8. — M. PERSIL, *De la lettre de change et du billet à ordre*. Paris, 1837, in-8.

(⁴) VALIN, *Nouveau commentaire sur l'ordonnance de la ma-*

spécialement des navires et autres véhicules de la navigation, soit pour en régler la propriété, le mode spécial d'expropriation et la responsabilité des propriétaires, soit pour déterminer les droits et devoirs du capitaine, c'est-à-dire du préposé à qui la conduite des bâtiments de mer est confiée. Ce capitaine, ainsi que les matelots et autres gens d'équipage, contractent des engagements au sujet desquels le **Droit** commercial modifie gravement les principes généraux sur le louage des services. A cet ordre d'idées se rattache tout ce qui concerne les chartes-parties, affrétements ou nolissements, connaissements, etc. Ce genre de commerce étant soumis à de nombreux périls, a donné lieu aux assurances, contrats de moderne origine, et les exigences de cet important négoce ont introduit le contrat à la grosse, au moyen duquel le prêteur s'associe aux risques de la navigation, moyennant la compensation d'un intérêt supérieur au taux ordinaire et légal (¹). Et comme les propriétaires de navires ne les emploient pas

---

rine du mois d'août 1681. La Rochelle, 1760. Édition de **M. Bé-CANE**. Paris, 1829, in-4, avec des notes coordonnant l'ordonnance, le commentaire et le Code de commerce. — **M. Boulay-Paty**, *Cours de Droit commercial maritime, d'après les principes et suivant l'ordre du Code de commerce*. Paris, 1834, 4 vol. in-8.— **M. Pardessus**, *Collection des lois maritimes*. Paris, 1828-45, 6 vol. in-4. Nous invitons les étudiants à lire l'introduction historique qui précède cette savante compilation.

(¹) **Émérigon**, *Traité des assurances et des contrats à la grosse*. Marseille, 1782, 2 vol. in-4. Nouvelle édition mise en rapport avec le Code de commerce par **Boulay-Paty**. 1827, 2 vol. in-4.— **Pothier**, *Du prêt à la grosse et du contrat d'assurance* (dans ses œuvres).

toujours à leur usage personnel ou exclusif, mais concèdent à d'autres la faculté d'y placer des marchandises ou s'obligent à effectuer des transports pour autrui, il a fallu régler les effets de ces conventions et les rapports obligés des divers cochargeurs. De là les dispositions concernant les avaries, le jet et la contribution. Des règles spéciales et dignes de remarque ont été posées pour les différents cas dans lesquels un négociant, innocemment ou par sa faute, tombe au-dessous de ses affaires, en d'autres termes, fait faillite ou banqueroute (1). Enfin la nature exceptionnelle des transactions commerciales a fait écarter dans la procédure devant les tribunaux spéciaux appelés à en connaître, la lenteur des formes et la postulation consacrées par la procédure en matière civile.

En présence des graves et nombreux intérêts que remue le commerce et du conflit journalier qui en résulte, on ne saurait trop recommander aux jeunes gens d'étudier le Droit commercial d'une manière approfondie. Toutefois, qu'ils ne perdent pas de vue que ce n'est qu'une branche du Droit privé; que pour bien le connaître, il faut être versé dans le Droit civil ou commun qui reste applicable, même entre commerçants et pour fait de commerce, dans toutes

(1) M. Bédarride, *Traité des faillites et banqueroutes*, ou *Commentaire de la loi du 28 mai 1838.* 1844, 2 vol. in-8. — M. Esnault, *idem.* 1843, 3 vol. in-8. — M. Lainné, *Commentaire analytique de la loi du 28 mai 1838 sur les faillites et banqueroutes.* Paris, 1838, in-8. — M. Longchampt, *Explication de la même loi.* Paris, 1838. — M. de Saint-Nexent, *Traité des faillites et banqueroutes.* Paris, 1843, 3 vol. in-8.— M. Renouard *Traité des faillites et banqueroutes.* Paris, 1842, 2 vol. in-8.

les questions que la loi commerciale n'a décidées, ni implicitement, ni explicitement (¹).

Les dispositions dont l'ensemble forme le Droit commercial français, sont contenues dans le Code de commerce (voy. § 121) et dans quelques monuments législatifs antérieurs et postérieurs à ce Code (²). En général ce droit porte l'empreinte de l'austérité déployée par le législateur dans le but de raffermir les anciennes mœurs commerciales fortement ébranlées par la secousse de 1789. De là ces mesures rigoureuses et quelquefois sévères sur la tenue des livres de commerce, sur la fidélité des engagements dont la liberté personnelle du négociant devient le gage et la garantie, sur certaines conventions matrimoniales, sur les faillites et banqueroutes, etc.

III. — De la procédure civile (³).

— 52 —

Quoique nos formes judiciaires soient réduites à ce qui est strictement nécessaire pour assurer l'exercice

---

(¹) Du caractère du Droit commercial. *Revue de législ.*, XXI, p. 323.

(²) Voy. le *Corps de Droit commercial français*, etc., par M. THIERIET. Paris, 1841, in-8.

(³) Bibliographie choisie :

Droit ancien : BOUTARIC, *Explication des ordonnances de Louis XIV*. Toulouse, 1743, 3 vol. in-4. — IMBERT, *Pratique judiciaire*, publiée par GUÉNOIS, 1602, in-4, et par AUTOMNE, 1627, in-4. — JOUSSE, *Nouveau commentaire sur l'ordonnance civile de 1667*. Paris, 1667, 2 vol. in-12. — MASUER, *Practica forensis*. Paris, 1534, in-8. Traduit en français par FONTANON. 1577, in-4. (Plusieurs fois rééditée.) — RODIER, *Questions sur l'ordonnance de 1667*. Paris, 1773, in-4.

des droits de chacun, l'ensemble de ces formes n'en est pas moins fort compliqué. Et cependant il semble, au premier coup d'œil, que rien ne doive être plus simple : le demandeur appelle son adversaire devant les juges, les deux parties discutent leurs droits, le tribunal prononce : et voilà un procès terminé. Mais presque toujours de nombreux épisodes surgissent et surchargent une instance toute simple dans le principe ; et quand le tribunal a prononcé, il faut encore que la loi règle le mode d'exécution de la sentence. Ainsi, quelles seront les formes de la demande ; dans quel délai et devant quel tribunal sera-t-elle portée ; comment seront présentées l'attaque et la défense?... L'une des parties ne s'est pas présentée : on la condamne par défaut ; mais elle peut faire opposition. Dans quels délais et dans quelle forme?... Souvent le défendeur, avant d'engager au fond le combat judiciaire, oppose une *exception*, c'est-à-dire un genre de défense que lui fournit sa position particu-

Droit moderne : M. BERRIAT SAINT-PRIX , *Cours de procédure civile.* 1836, 6ᵉ édit. 2 vol. in-8. — BOITARD, *Leçons sur le Code de procédure civile.* 3ᵉ édit. 1844, 2 vol. in-8.—BONCENNE, *Théorie de la procédure ,* précédée *d'une introduction.* 5 vol. seulement ont paru. M. BOURBEAU, successeur de Boncenne, continue cet ouvrage.— CARRÉ, *Les lois de la procédure civile ,* etc. 3ᵉ édit. par M. CHAUVEAU. Paris, 1841, 6 vol. in-8. — PIGEAU, *Commentaire sur le Code de procédure civile.* (Ouvrage posthume.) 1827, 2 vol. in-4. — Idem, *Introduction à la procédure civile.* 6ᵉ édit. revue par M. PONCELET. 1842, in-18. — Idem, *La procédure civile des tribunaux de France.* 5 édit. revue par CRIVELLI. 1828 , 2 vol. in-4. — M. RAUTER , *Cours de procédure civile française fait à la faculté de Strasbourg.* 1834, in-8. — M. RODIÈRE, *Exposition raisonnée des lois de compétence et de la procédure en matière civile.* 3 vol. in-8.

lière ou la nature de la demande intentée contre lui.
Quand et comment peut-on le faire? Suivant les circonstances, le juge peut recourir à telle ou telle voie
d'instruction pour éclaircir tel ou tel fait douteux et
contesté. Ainsi, il ordonnera une vérification d'écritures suivant qu'un écrit sera méconnu ou formellement dénié ou argué de faux; il décidera que des
lieux sur l'état desquels les parties sont en discord,
seront par lui visités; il consultera des experts, en-
tendra des témoins, interrogera les parties, etc. —
Une instance peut être aussi compliquée, soit par de
nouvelles demandes qui sont formées, soit par l'intervention d'un tiers, soit par le décès de l'une des
parties, soit par d'autres causes. Ainsi, par exemple,
un plaideur voit avec inquiétude les parents de son
adversaire parmi ses juges, ou bien des faits graves
lui rendent suspecte l'impartialité d'un magistrat, il
y aura lieu à récusation. La même demande a été portée dans plusieurs tribunaux par différentes parties:
un règlement de juges devient nécessaire. Un
avoué a outre-passé ses pouvoirs: il faut bien qu'on
puisse le désavouer. L'instance une fois engagée,
comment prendra-t-elle fin?... Elle cessera soit par
discontinuation des poursuites pendant un certain
temps (péremption), soit par le désistement du demandeur, soit par l'acquiescement du défendeur,
soit enfin par jugement. Ce jugement peut être attaqué par voie d'appel. Dans quels cas, dans quels délais, dans quelle forme?... Si un jugement préjudi-
cie à mes droits sans que j'aie été appelé ou représenté
dans l'instance, j'y puis faire tierce-opposition. Les

juges ont-ils été induits en erreur? on poursuivra la rétractation au moyen de la requête civile. Ont-ils forfait? on les prendra à partie. Ont-ils méconnu ou mal interprété la loi? on se pourvoira en cassation. —Enfin, quand tous les moyens d'attaquer un jugement ont été épuisés, il s'agit de l'exécuter. Dans bien des cas il est nécessaire pour cela de donner des cautions, de rendre des comptes, de liquider des fruits, des dommages-intérêts et des frais, etc. Si celui qui a succombé ne satisfait pas aux condamnations prononcées contre lui, on l'y force au moyen des saisies mobilières, immobilières, et quelquefois de la contrainte par corps.

Voilà un aperçu succinct des causes qui compliquent la procédure *contentieuse*. Il y a aussi une procédure *non contentieuse* : c'est l'ensemble des règles à suivre dans les cas où l'intervention du juge est nécessaire, sans néanmoins qu'il y ait lieu à un débat judiciaire, par exemple, en cas d'adoption, d'émancipation, d'ouverture de succession, etc.

— 53 —

En remontant aux commencements de la procédure française, on la voit, dans ces nombreux tribunaux de la féodalité, connus sous le nom de *bailliages, vicomtés, sénéchaussées, prévôtés, vigueries, châtellenies,* etc., réduite à peu près aux règles du combat judiciaire et des ordalies. Bientôt les tribunaux ecclésiastiques (officialités) introduisent, à l'aide du Droit canonique, une procédure plus régulière et moins brutale. Saint Louis ordonne, dans ses do-

7.

maines, qu'au lieu de se battre avec le juge qui l'a condamné, le plaideur devra se pourvoir par appel au parlement du roi. Son exemple est successivement imité par les seigneurs, et les barons, n'ayant plus à répondre de leurs jugements l'épée au poing, se retirent peu à peu des tribunaux, laissant à des baillis et sénéchaux le soin de rendre la justice. Une révolution s'opère dans la procédure par la substitution des légistes aux hommes d'armes. Du treizième au quatorzième siècle, le parlement du roi, jusqu'alors ambulatoire, est rendu sédentaire à Paris, et au fur et à mesure que les grands fiefs sont réunis à la couronne, les rois y établissent de nouveaux parlements. Ceux-ci, en général, adoptent la procédure usitée dans les officialités, mais ils la laissent se surcharger de misérables subtilités qui étouffent la justice et ruinent les plaideurs. Les nombreuses ordonnances dites de Villers-Coterets, d'Orléans, de Roussillon, de Moulins, de Blois, etc., tâchent, mais en vain, de remédier aux abus. Louis XIV est plus heureux dans ses tentatives pour améliorer l'administration de la justice : son ordonnance de 1667, en établissant un style uniforme dans les tribunaux du royaume, a corrigé un grand nombre d'abus, sans cependant les supprimer tous. Les lois de la révolution, en changeant de fond en comble l'organisation judiciaire, ont fait à peu près disparaître le reste de ces abus, et notre loi générale sur la procédure civile (voy. § 120), meilleure que celles qui l'ont précédée, mérite une des premières places dans l'histoire des législations comparées.

Rapidité dans la marche et économie dans les frais autant que cela est compatible avec une instruction suffisante, tel est le principe qui domine dans la procédure moderne. Une autre idée fondamentale de la procédure française, c'est celle de la liberté absolue qu'ont les plaideurs de faire ou de ne pas faire valoir leurs droits en justice. Le juge n'apparaît pas dans les procès comme tuteur des parties et chargé du soin de leurs intérêts : il n'a pas, en général, mission de suppléer d'office les moyens de défense que l'une ou l'autre d'elles viendrait à négliger ou à omettre. D'un autre côté, notre procédure n'est ni fiscale, comme le fut la procédure féodale, ni religieuse, comme l'était la procédure canonique. Sans doute, elle n'est pas non plus parfaite : c'est une œuvre humaine. Mais elle est loin de mériter les injustes et ignorantes déclamations dont elle a été l'objet. On s'est vivement récrié contre les formalités qu'elle sanctionne, comme si les formes n'étaient pas indispensables à l'administration de la justice. Il faut dans les procès une marche fixe qui ne permette pas l'arbitraire dans l'instruction, parce qu'il serait bientôt suivi de l'arbitraire dans le jugement. Montesquieu a dit avec sa haute raison : « Si vous « examinez les formalités de la justice par rapport à « la peine qu'a un citoyen à se faire rendre son bien « ou à obtenir satisfaction de quelque outrage, vous « en trouverez sans doute trop ; si vous les regardez « dans le rapport qu'elles ont avec la liberté et la « sûreté des citoyens, vous en trouverez souvent « trop peu et vous verrez que les peines, les dépenses,

« les longueurs, les dangers même de la justice sont
« le prix que chaque citoyen donne pour sa liberté. »

« Les formes, selon d'Aguesseau, sont la vie de la
« loi. Comment sans elles la mettrait-on à exécution?
« Elles sont la sauvegarde de la fortune, de l'hon-
« neur, de la vie des citoyens; elles sont le flambeau
« qui éclaire et garde la marche des magistrats. Le
« juge sans les formes est un pilote sans boussole. »

— 53 (bis) —

Assez généralement la procédure apparaît aux
étudiants comme un épouvantail. C'est le résultat
d'un vieux préjugé qui confond l'ancienne procédure
avec la moderne. Autrefois, il est vrai, la procédure
était un tortueux dédale dans lequel les esprits
élevés hésitaient à s'engager : le jurisconsulte laissait
le secret de le traverser aux procureurs, dont la rou-
tine se réduisait à combiner un formulaire avec le
calendrier. Mais cet état de choses a changé; la procédure moderne n'est plus réellement un *art*, elle
s'est élevée à la hauteur d'une *science*.

Comme art, elle consiste bien encore à formuler
et à instrumenter; choses qui s'apprennent en les
pratiquant, de même qu'un chemin en le parcourant. Comme science, elle se prête aux plus hautes
théories, et la plupart des principes fondamentaux
qui la constituent ont, de nos jours, passé au creuset
de la philosophie et supporté cette analyse. Il y a
bien encore, dans la procédure, un mécanisme avec
lequel on ne peut réellement se familiariser que dans
une étude d'avoué, en faisant et en feuilletant les dos-

siers (¹). Mais il faut étudier la procédure, non plus seulement dans le but de devenir un praticien, mais parce que c'est un moyen extrêmement puissant pour arriver à une connaissance approfondie du Droit théorique, auquel le Droit pratique se rattache de la manière la plus intime.

La procédure, considérée comme art, comprend ce qu'on appelle *style* ou *dresse*, c'est-à-dire la manière de rédiger par écrit les différents actes qui précèdent, accompagnent ou suivent un procès ². Sous l'empire de l'ordonnance de 1667, un édit de 1673, non exécuté, il est vrai, par suite du refus d'enregistrement de la part des parlements, avait enjoint aux praticiens de se conformer strictement à un formulaire rédigé pour tout le royaume. Non-seulement la loi

(¹) Il nous semble que, sous ce point de vue, il existe une lacune dans l'enseignement de nos facultés de Droit. Au sortir de l'école un jeune homme entre au barreau, se met à plaider sans même savoir s'orienter dans un dossier; il n'en a jamais vu. Dans chaque université d'Allemagne il y a un cours appelé *practicum*, dans lequel on met entre les mains des jeunes gens de véritables dossiers, et dans lequel on les habitue à rédiger les différents actes de la procédure. Sous ce rapport c'est plus complet, comme on voit, que ces conférences ou basoches que l'on organise en France en dehors de l'Université. Le *practicum* est, si l'on peut dire, la clinique du Droit, et les résultats d'un pareil cours pourraient être très-utiles aux étudiants, ainsi que nous en avons fait l'expérience par le *practicum* civil et criminel, qu'avec l'autorisation du grand-maître de l'Université, nous avons ouvert à la faculté de Strasbourg pendant l'année scolaire 1840-1841.

(²) Le praticien ne peut guère séparer de la connaissance de la procédure celle du *tarif des frais*, c'est-à-dire de la fixation des droits alloués par le règlement de 1807, modifié par l'ordon. royale du 23 septembre 1814, pour le coût des actes de procédure. Voy. M. CHAUVEAU, *Commentaire du tarif en matière civile*. Pa-

actuelle ne prescrit aucune formule, mais elle n'impose pas la moindre expression sacramentelle. Les recueils de formules ne peuvent donc avoir d'autre but que d'abréger le travail à ceux qui sont dans le cas de rédiger des actes de procédure (¹). Toutefois il y a un style technique généralement employé au palais, et qu'il est bon de respecter dans de certaines limites. Il y a telles locutions que le langage vulgaire ne parviendrait pas à remplacer ; mais il faut s'empresser de reconnaître qu'il y en a d'autres dont l'étrangeté frise le ridicule. Espérons que le bon sens public finira par faire justice de ce style renaissance à l'usage du papier timbré, et que les avoués, greffiers et notaires modernes sauront dégager leur protocole de ces cautèles et redondances qui se pressent encore sous la plume de certains praticiens, et qui semblent exhumées des quatorzième et quinzième siècles (²).

SECTION DEUXIÈME.

DU DROIT PUBLIC FRANÇAIS.

I. — Du Droit constitutionnel (³).

— 54 —

Avant la révolution de 1789, les conditions de la Constitution française n'étaient pas fixées d'une ma-

ris, 1832, 2 vol. in-8.— CLARET et RIVOIRE, *Table du tarif en matière civile.* Lyon, 1819, in-8.

(¹) CARDON et PÉCHART, *Formulaire général ou modèles d'actes rédigés sur chaque article du Code de procédure.* 4e édition, 1832, 2 vol. in-8. — CRÉVY, *Le procédurier, recueil général de formules.* 1836, in-12.

(²) Voy., sur le style du palais, une spirituelle critique insérée dans la *Thémis,* VII, p. 159.

(³) Bibliographie choisie : BENJAMIN CONSTANT, *Cours de politique constitutionnelle.* Nouv. édit. 1836, 2 vol. in-8. — M. Co-

nière bien claire et bien précise. Le rôle des états généraux n'était pas nettement déterminé : les limites du pouvoir des parlements ne l'étaient pas davantage, et nul n'avait osé discuter officiellement la nature, l'étendue et les limites du pouvoir royal, qui n'était cependant pas absolu. C'était, comme on disait alors, le mystère de l'État ; les jurisconsultes n'avaient pas cru pouvoir en soulever le voile ; la révolution vint le déchirer [1].

Le 3 septembre 1791, l'assemblée nationale constituante décréta une constitution, acceptée par Louis XVI le 14 du même mois, et précédée d'une déclaration des droits de l'homme et du citoyen. Après l'assassinat judiciaire de ce lamentable monarque, la royauté fut remplacée par la république, et la constitution de 1791 par celle du 24 juin 1793, œuvre du délire démocratique. Vint ensuite le régime de la terreur pendant lequel la Convention, s'étant déclarée révolutionnaire jusqu'à la paix, suspen-

LOMBEL, *Des institutions de la France*, 1 vol. in-8, 1846. — M. FOUCART, *Éléments de Droit public et administratif.* 1837, 3 vol. in-8, 2ᵉ édit. (Le premier volume contient le Droit constitutionnel.)—M. HELLO, *Du régime constitutionnel.* Paris, 1830, in-8. —MAHUL, *Tableau de la constitution politique de la monarchie française selon la Charte.* Paris, 1830, in-8.— M. MACAREL, *Éléments de Droit politique.* Paris, 1833, in-12. — M. ORTOLAN, *Cours public d'histoire du Droit politique et constitutionnel fait à la Sorbonne.* Paris, 1831. — PAILLIET, *Droit public français,* ou *Histoire des institutions politiques des Gaulois et des Français.* Paris, 1822, 1 vol. in-8, de 1500 pages. — M. SERRIGNY, *Traité du Droit public des Français,* 2 vol. in-8, 1845.

[1] Voy. cependant les *Maximes du Droit public français,* par AUBRY, MEY et MAULTROT. 1772, 2 vol. in-12. Réédité à Amsterdam. 1775, 6 vol. in-12, ou 2 vol. in-4.

dit l'effet des lois et même celui de la constitution de 1793. Après ces jours de sanglante mémoire, la constitution un peu moins démocratique du 5 fructidor an III (22 août 1795) fut substituée à celle de 1793. Après cette constitution de l'an III, appelée *directoriale*, vint la constitution consulaire du 19 brumaire an VIII (10 novembre 1799); puis celle du 22 frimaire (13 décembre) de la même année, laquelle resta loi constitutionnelle de l'empire, moyennant les importantes modifications introduites par les sénatus-consultes organiques de 1802 et 1804 [1]. Ce même sénat ayant en 1814 proclamé la déchéance de l'empereur, décréta, le 6 avril de cette année, une constitution que Louis XVIII remplaça par la charte qu'il octroya aux Français le 4 juin suivant [2]. Quelque temps après, Napoléon revint de l'île d'Elbe, et fit ajouter, aux constitutions de l'empire, un acte additionnel en date du 22 avril 1815. L'empereur exilé, Louis XVIII rapporta sa charte qui devint la loi fondamentale du royaume jusqu'à la révolution de 1830. Elle fut alors modifiée par la déclaration du 7 août, appelée Charte de 1830 [3]. Les sources de notre Droit constitutionnel sont actuellement : quelques disposi-

[1] On trouve le texte de toutes ces constitutions dans l'ouvrage de M. THIESSÉ : *Constitutions françaises depuis l'origine de la révolution jusques et y compris la Charte constitutionnelle et les lois organiques*. Paris, 1821, 2 vol. in-18.

[2] GRÉGOIRE, *De la constitution française de l'an* 1814, 4e éd. Paris, 1819, in-8. — M. ISAMBERT, *Notes sur la Charte*. Paris, 1819, in-8. — LANJUINAIS, *Constitutions de la nation française avec un essai de traité historique et politique sur la Charte*. Paris, 1819, 2 vol. in-8.

[3] M. BERRIAT SAINT-PRIX fils, *Commentaire sur la Charte*

tions de la constitution du 22 frimaire an VIII, la Charte de 1814 revisée en 1830, et les différentes lois organiques promulguées pour régler l'exécution de cette Charte.

Les principaux objets du Droit constitutionnel français sont : l'égalité des Français devant la loi et l'admission de tout citoyen aux emplois civils et militaires ; la liberté individuelle [1], de culte, d'enseignement et la liberté de la presse ; l'inviolabilité de la propriété, sauf l'expropriation pour cause d'intérêt public légalement constaté et moyennant préalable indemnité [2], le recrutement de l'armée de terre et de mer et la garantie de l'état des officiers de tout grade [3], l'inviolabilité de la personne du roi et l'étendue de ses devoirs et pouvoirs, l'ordre de successibilité au trône, le mode d'exercer la puissance législative et la puissance exécutive, l'organisation et les prérogatives de la chambre des pairs et de la chambre des députés ; les lois d'impôt, la responsabilité des ministres et autres agents du pouvoir, l'organisation judiciaire et notamment l'abolition des commissions et tribunaux extraordinaires, à quelque titre que ce soit et sous quelque dénomination que ce puisse être ; le jugement par jurés, surtout pour les délits

constitutionnelle. Paris, 1836, in-8. — M. Pinheiro-Ferreira, Observations sur la Charte. Paris, 1843.

[1] M. Coffinières, Traité de la liberté individuelle. Paris, 1828, 2 vol. in-8.

[2] M. Delalleau, Traité de l'expropriation pour cause d'utilité publique. 2 vol. in-8, 4e édit. 1845.

[3] M. Durat-Lasalle, Droits et Législation militaires des armées de terre et de mer. Paris, 1841, 8 vol. in-8.

de presse et les délits politiques ; la suppression de la confiscation, le caractère purement honorifique des titres de noblesse, les couleurs nationales, la fixation des conditions électorales et d'éligibilité, l'application du système électif aux institutions départementales et municipales, les droits et les devoirs des différentes Églises envers l'État, et notamment les libertés de l'Église gallicane (¹), etc.

II. — Du Droit administratif (²).

— 55 —

Cette branche du Droit public français est d'une

(¹) Dès 1639, Pierre Pithou avait rassemblé en quatre-vingt-trois articles les maximes, usages et priviléges de l'Église gallicane. Ce recueil, commenté par Dupuis (2 vol. in-4, Paris, 1652), fut observé comme loi dans les tribunaux jusqu'à la déclaration de 1682. De nombreux écrits ont été publiés sur les libertés de l'Église gallicane. On peut consulter notamment : Boutaric, *Explication des libertés de l'Église gallicane*. Toulouse, 1747, in-4.— Durand de Maillane, *Les libertés de l'Église gallicane prouvées et commentées*, etc. Lyon, 1771, 5 vol. in-4. Frayssinous, *Les vrais principes de l'Église gallicane*. Paris, 1818, in-8. — Grégoire, *Essai historique sur les libertés de l'Église gallicane*. Paris, 1818, in-8.— Tabaraud, *Histoire critique de l'assemblée générale du clergé de France de* 1682. Paris, 1826, in -8. — Cette matière vient de prendre un intérêt tout nouveau par la condamnation que l'Épiscopat français a prononcée contre un opuscule publié par M. Dupin, sous le titre de : *Manuel du Droit public ecclésiastique français*. 1 vol. in-18. Le conseil d'État a déclaré, par ordonnance du 9 mars 1845, qu'il y avait abus de la part des évêques. Voy., à ce sujet, la polémique des journaux (1er semestre de 1845) et les pamphlets de Timon : *Oui et Non.—Feu! feu!* — M. Giraud, Des libertés de l'Église gallicane, *Revue de Législation et de Jurisprudence*. 1845, II, p. 341, et III, p. 57. Voy. encore: Portalis, *Discours, travaux inédits sur le Concordat de* 1801, avec une introduction par M. le vicomte Portalis. 1 vol. in-8, 1845.

(²) Bibliographie choisie : M. Bouchené-Lefer, *Droit public et*

étendue et d'une dénomination spéciales à la France. Elle se compose des préceptes autres que ceux du Droit constitutionnel, qui règlent les droits respectifs et les obligations mutuelles des fonctionnaires publics chargés de gérer les intérêts de la société. C'est cette gestion qui s'appelle *administration*.

Le Droit administratif pose, comme prolégomènes, tout ce qui est relatif à l'organisation et à la hiérarchie des agents de l'administration. Il détermine quelles sont les attributions légales de ces agents, quelles en sont l'étendue et les limites, quels liens de subordination et d'assistance les unissent entre eux, et de quelle manière ils sont choisis, institués, suspendus, révoqués, salariés, pensionnés et garantis contre des poursuites judiciaires, à raison de l'exercice de leurs fonctions. Le Droit administratif règle aussi les attributions de ces nombreux conseils, placés auprès des administrateurs, soit pour les éclairer simplement de leurs avis, soit pour prendre une part quelconque dans les actes administratifs.

L'action administrative a un double objet : ou bien

administratif français, etc. 1830-35, 5 vol. in-8. Cet ouvrage doit former 12 vol. — M. CHEVALIER, *Jurisprudence administrative*. Paris, 1836, 2 vol. in-8. — M. CORMENIN, *Questions de Droit administratif*. 5ᵉ édit. Paris, 1840, 2 vol. in-8. — M. DUFOUR, *Traité général de Droit administratif appliqué*. 4 vol. in-8, Paris, 1845. — DE GÉRANDO, *Institutes de Droit administratif français*, etc. Paris, 2ᵉ édit. 1842, 4 vol. in-8. — M. LAFERRIÈRE, *Cours de Droit administratif*. 2ᵉ édit. Paris, 1841. — M. MACAREL, *Éléments de jurisprudence administrative*. Paris, 1818, 2 vol. in-8, et *Cours de Droit administratif*. 2 vol. in-8, 1845. — MM. MACNITOT et DELAMARRE, *Dictionnaire de Droit administratif*. 2 vol. grand in-8, 1841.

elle pourvoit directement aux différents services publics, et elle conserve alors le nom d'*administration* proprement dite ; ou bien elle décide les litiges nés des opérations administratives, et alors on l'appelle *administration contentieuse.*

Le Droit administratif est, comme le Droit privé, *théorique* ou *pratique.*

Le Droit administratif pratique (procédure administrative) peut aussi être considéré sous deux points de vue correspondant à la division de la procédure civile en *contentieuse* et *non contentieuse.* Il s'agit, en effet, ou de simples opérations administratives, ou de décisions à rendre en matière contentieuse. Dans le premier cas, les rapports entre l'administré et l'administrateur dépendent beaucoup de la nature des opérations elles-mêmes. En général, ces rapports sont régis par des règles de prudence et d'équité dont le but est de prévenir les litiges avec les particuliers, tout en garantissant les intérêts publics. La procédure administrative en matière contentieuse a été fixée en partie par la jurisprudence des arrêts, en partie par la législation. Les règles qui la composent ont pour objets : la nature, l'étendue et les limites de la compétence administrative (¹), le règlement de la juridiction entre l'autorité judiciaire et l'autorité administrative, c'est-à-dire les conflits (²), le mode suivant

____

(¹) M. Chauveau, *Principes de compétence et de juridiction administrative.* — M. Serrigny, *Traité de l'organisation, de la compétence et de la procédure, en matière contentieuse administrative,* etc. Paris, 1842, 2 vol. in-8.

(¹) Bavoux, *Les conflits ou empiétements de l'autorité administrative sur l'autorité judiciaire.* Paris, 1829, 2 vol. in-4. —

lequel les particuliers doivent former, introduire, justifier et suivre leurs réclamations, la marche de l'instruction ou information, les incidents, la forme, la
notification, les effets de la décision, et enfin les recours qui peuvent être ouverts contre celle-ci.

— 56 —

L'ensemble de notre législation administrative était
autrefois bien plus étendu et plus incertain qu'il ne
l'est aujourd'hui. La révolution de 1789 a innové
surtout en cette matière : l'abolition des nombreuses
juridictions administratives, exceptionnelles et privilégiées, la substitution d'un mécanisme simple et uniforme aux rouages compliqués de l'ancienne machine, enfin le système énergique de la centralisation
ont de beaucoup simplifié le Droit administratif [1].
Cependant il n'en est pas moins une des plus vastes
portions de la jurisprudence. Les textes nombreux
qui le composent sont disséminés dans le *Bulletin des
lois* et n'ont pas encore été officiellement codifiés [2],
de même que les jurisconsultes sont encore à tâtonner pour arriver à une exposition systématique des
principes qui forment l'ensemble de cette branche du
Droit public. Ces règles, que l'on peut grouper de

M. TAILLANDIER, *Commentaire sur l'ordonnance des conflits.*
Paris, 1839, in-8.

[1] Voy. le remarquable travail de M. DE CORMENIN, servant d'introduction à la 5ᵉ édit. de son *Droit administratif.*

[2] Voy. cependant BLANCHET, *Code administratif.* Paris, 1844,
in-8. — FLEURIGNON, *Code administratif.* 6 vol. in-8. — LÉPI-
NOIS, *Code administratif.* 1825, in-8. — RONDONNEAU, *Lois administratives et municipales de la France.* 1825-1832, 6 vol. in-8.

plusieurs manières différentes, sont très-nombreuses et se rapportent notamment (¹) :

1° Aux moyens d'assurer la sûreté de l'État, et entre autres à la police administrative, aux subsistances, à la répression des troubles publics et des séditions intérieures, aux établissements de répression, à la force armée, à la défense du territoire, etc. ;

2° Au domaine national, et notamment aux éléments dont il se compose, au mode de gestion, d'aliénation, etc. ;

3° Aux impôts et contributions, à leur assiette, répartition, perception et recouvrement ;

4° Aux établissements d'utilité publique, tels que les établissements d'instruction, de philanthropie, de prévoyance, de crédit financier, etc. ;

5° Aux voies de communication par terre et par eau, aux travaux publics, à l'exploitation des mines et au desséchement des marais ;

6° Aux moyens d'assurer la santé publique, et entre autres la surveillance des ateliers dangereux, insalubres ou incommodes, la quarantaine, les cordons sanitaires, la propagation de la vaccine, l'exercice des professions relatives à l'art de guérir, la police des marchés, les sépultures, etc. ;

7° A la protection spéciale due à l'agriculture, au commerce et à l'industrie, notamment à la police rurale, aux brevets d'invention, aux apprentissages et livrets d'ouvriers, aux consulats, aux douanes, aux colportage, étalage, jaugeage, pesage et mesurage

____

(¹) En Allemagne, le Droit administratif se divise en deux branches appelées : *Polizeirecht* et *Cameral und Finanzrecht.*

publics, à l'application du système légal des poids et mesures, à la négociation des effets publics et à la circulation des monnaies, etc. ;

8° Au maintien de l'ordre public, et notamment à la police des auberges, cafés, brasseries et autres réunions publiques ; aux fêtes et cérémonies, aux maisons de tolérance, au vagabondage, aux passeports, au port d'armes, à la mendicité, etc. ;

9° A l'administration communale, c'est-à-dire à la gestion du patrimoine de ces familles politiques appelées *communes ;* au mode d'exercer leurs actions, de plaider, de transiger, de jouir des biens communaux, de répartir les charges, etc.

III. — Du Droit criminel ([1]).

— 57 —

Le Droit pénal est, comme le Droit privé, *commun* ou *spécial,* selon qu'il s'applique à tous les membres de l'Etat ou seulement à une certaine classe

[1] Bibliographie choisie :
Droit ancien : AYRAULT, *L'ordre, formalité et instruction judiciaires dont les anciens Grecs et Romains ont usé es accusations publiques, conféré au style et usage de France, etc.* Angers, 1591, (5e édit. Lyon, 1642.)— GUY DU ROUSSEAU DE LACOMBE, *Traité des matières criminelles.* Paris, 1732, in-4. — JOUSSE, *Traité de la justice criminelle de France, etc.* Paris, 1771, 4 vol. in-4. — MUYART DE VOUGLANS, *Les lois criminelles de France dans leur ordre naturel.* Paris, 1780, in-fol.
Droit moderne : ALBERT DUBOYS, *Histoire du Droit criminel des peuples anciens.* 1 vol. in-8°, 1845. — BÉRENGER, *De la justice criminelle en France, etc.* Paris, 1818, in-8. — BOITARD, *Leçons de Droit criminel.* (Ouvrage posthume.) 3e édit. 1844. 1 vol. in-8°. — BOURGUIGNON, *Dictionnaire raisonné des lois pénales de*

d'individus. Ainsi l'on peut considérer comme formant un Droit pénal spécial, les dispositions relatives aux crimes et délits commis par les militaires. Non-seulement les peines ne sont pas les mêmes, mais la manière de les infliger, c'est-à-dire la compétence et la juridiction criminelles, sont, à leur égard, essentiellement différentes (¹) :

Le Droit pénal français a posé une division très-simple et très-commode en pratique, des infractions à la loi pénale. « L'infraction que les lois punissent des peines de police est une contravention. — L'infraction que les lois punissent de peines correctionnelles est un délit. — L'infraction que les lois punissent d'une peine afflictive ou infamante est un crime » (art. 1 du Cod. pénal). Cette classification est fondamentale dans tout le Droit pénal français,

France. 1811, 3 vol. in-8°. — Idem, *Jurisprudence des Codes criminels.* 1825, 3 vol. in-8°. — CARNOT, *Commentaire sur les Codes.* 2° édit. 1836, 2 vol. in-4°. — MM. CHAUVEAU et FAUSTIN HÉLIE, *Théorie du Code pénal.* 1843, 2° édition, 6 vol. in-8°. — LEGRAVEREND, *Traité de la législation criminelle en France.* 3° édit., revue par M. DUVERGIER. 1830, 2 vol. in-4°. — M. LESELLYER, *Traité du Droit criminel français en tout ce qui se rapporte aux actions publiques et privées qui naissent des contraventions, des délits et des crimes.* 1844, 6 vol. in-8°. — M. MORIN, *Dictionnaire du Droit criminel.* Paris, 1841. — M. RAUTER, *Traité théorique et pratique du Droit criminel français.* Paris, 1837, 2 vol. in-8°. — M. ROSSI, *Traité du Droit pénal.* Paris, 1829, 3 vol. in-8°. — M. RODIÈRE, *Éléments de Procédure criminelle.* 1845, 1 vol.

(¹) FOUCHER, *De l'administration de la justice militaire en France et en Angleterre.* Paris, 1825, in-8°. — LEGRAVEREND, *Traité de la procédure criminelle devant les tribunaux militaires et maritimes.* Paris, 1808, 2 vol. in-8°. — PERRIER, *Le guide des juges militaires, etc.* Paris, 1831, in-8°, 4° édition.

et le législateur a été fidèle à cette terminologie non-seulement dans le Code pénal et dans le Code d'Instruction criminelle, mais encore dans toutes les lois pénales postérieures. C'est à tort que l'on a reproché à notre législateur, comme une absurdité, d'avoir apprécié la valeur d'une action, d'après le tarif de la pénalité et non d'après la moralité même de l'action. S'il est vrai que les infractions à la loi pénale ont été graduées suivant la quotité et la nature des peines, les peines ont elles-mêmes été déterminées d'après le plus ou moins de criminalité que les contraventions ont présenté au législateur.

Notre Droit pénal commun a pour objets principaux :

1° Les crimes et délits contre la chose publique, et notamment les crimes et délits contre la sûreté, soit intérieure, soit extérieure, de l'Etat, tels que les violations de la charte constitutionnelle, les attentats à la liberté individuelle, la coalition des fonctionnaires, les empiétements des différentes autorités administrative et judiciaire; les crimes et délits contre la paix publique, tels que la fabrication de la fausse monnaie, la contrefaçon des sceaux de l'Etat, des billets de banque, effets publics, poinçons, timbres et marques, les différents faux en écriture publique ou privée, la forfaiture des fonctionnaires publics, les troubles apportés à l'ordre public par les ministres des cultes et dans l'exercice de leur ministère, les manquements envers l'autorité publique, tels que la rébellion et les outrages ou violences envers les dépositaires de l'autorité, le refus d'un service dû lé-

galement, l'évasion de détenus, le recèlement de
criminels, le bris de scellés et enlèvement de pièces
dans les dépôts publics, la dégradation de monuments, l'usurpation de titres ou fonctions, les entraves
apportées au libre exercice des cultes ; les associations de malfaiteurs, le vagabondage et la mendicité, les délits commis par la voie d'écrits et autres
moyens de publication, les associations ou réunions
illicites, la détention d'armes ou de munitions de
guerre, les attroupements, l'usure, etc.

2° Les crimes et délits contre la personne ou contre
la propriété des particuliers, tels que le meurtre,
l'assassinat, le parricide, l'infanticide, l'empoisonne-
ment et les menaces d'attentats contre les personnes,
les coups et blessures, attentats aux mœurs, arres-
tations et séquestrations illégales ; crimes et délits
tendant à empêcher ou détruire la preuve de l'état
civil d'un enfant ou à compromettre son existence ;
enlèvement de mineurs, infraction aux lois sur les
inhumations ; faux témoignage, dénonciation ca-
lomnieuse, révélation de secrets, etc. ; vols, banqueroutes, escroqueries, larcins et filouteries, l'incendie,
les destructions et dégradations de toute espèce, etc.

3° Les contraventions de simple police, dont la
variété est grande.

Il ne faut pas croire que tout le Droit pénal français soit renfermé dans le Code pénal de 1810
(voy. § 122) ; un très-grand nombre de dispositions
pénales se trouvent disséminées dans le *Bulletin des
Lois.* Elles sont notamment relatives à la police rurale, aux taxes, contributions directes ou indirectes,

droits réunis, de douane et d'octrois; aux tarifs pour le prix de certaines denrées ou de certains salaires; aux calamités publiques, comme épidémies, épizooties, contagions, disettes, inondations; aux entreprises de services publics, comme coches, messageries, voitures publiques, etc.; à la formation, entretien et conservation des rues, chemins, voies publiques, chemins de fer, ponts et canaux; à la mer, à ses rades, rivages et ports et aux pêcheries maritimes; à la navigation intérieure, à la police des eaux et aux pêcheries; à la chasse, aux bois et aux forêts; aux matières générales de commerce, affaires et expéditions maritimes, bourses ou rassemblements commerciaux, police des foires et marchés; aux commerces particuliers d'orfévrerie, bijouterie, joaillerie, de serrurerie et des gens de marteau; de pharmacie et d'apothicairerie; de poudres et salpêtres; des arquebusiers et artificiers; des cafetiers, restaurateurs, marchands et débitants de boisson; de cabaretiers et aubergistes; à la garantie des matières d'or et d'argent; à la police des maisons de débauche, des fêtes, cérémonies et spectacles; à la construction, entretien, solidité, alignement des édifices et aux matières de voirie; aux lieux d'inhumation et sépulture; à l'administration, police et discipline des hospices, maisons sanitaires et lazarets; aux écoles, aux maisons de dépôt, d'arrêt, de justice et de peine; aux maisons ou lieux de fabrique, manufacture ou ateliers; à l'exploitation des mines et des usines, au port d'armes; au service des gardes nationales; à l'état civil, etc.

Quant aux règles d'instruction criminelle relatives

à la recherche et à la constatation des infractions aux lois pénales (¹), elles ont pour objets principaux les droits et les devoirs des officiers de police judiciaire, tels que les maires et leurs adjoints, les commissaires de police, gardes champêtres et forestiers, procureurs du roi et leurs substituts préfets et juges d'instruction, et tout ce qui concerne les dénonciations et plaintes, le mode de procéder en flagrant délit, les visites domiciliaires, le corps de délit, l'audition des témoins, l'interrogatoire de l'inculpé, les différents mandats de comparution, de dépôt, d'amener et d'arrêt, la liberté provisoire sous cautionnement, les rapports du juge d'instruction à la chambre du conseil quand la procédure est complète, et les ordonnances de cette chambre.

Quant à la procédure en justice criminelle, elle règle ce qui concerne le ministère public, l'accusé et son défenseur, la partie civile, les débats, le jugement et l'exécution qui en est la suite. La forme de procéder varie selon qu'il s'agit du tribunal de police simple, du tribunal de police correctionnelle ou de la Cour d'assises. Cette matière est réglée par le Code d'instruction criminelle (voy. § 122). Enfin, il y a des procédures spéciales en matière, par exemple,

(¹) Bourguignon, *Manuel d'instruction criminelle.* 3ᵉ édit. 1811, 2 vol. in-8°. — Carnot, *De l'instruction criminelle considérée dans ses rapports généraux et particuliers avec les lois nouvelles et la jurisprudence de la cour de cassation.* 1829-35, 4 vol. in-4°. — Hautefeuille, *Traité de la procédure criminelle, correctionnelle et de police.* 1811, in-4°.—M. Faustin Hélie, *Traité de l'instruction criminelle* (le premier vol. est en vente ; l'ouvrage aura 7 à 8 vol. in-8°).

de faux, de contumace, de reconnaissance d'identité, etc., et devant les juridictions extraordinaires, telles que les conseils de guerre, les tribunaux maritimes et la Cour des Pairs.

— 58 —

Très-anciennement, le système de Droit criminel usité en France était celui de la législation des Barbares, où dominait ce principe, que les délits qui n'attaquaient pas directement le roi et la nation pouvaient être rachetés au moyen d'une composition ou indemnité en argent (voy. § 96). Le comte ne poursuivait d'office que dans les cas de haute trahison ou de troubles violents apportés à la *paix du roi*. La procédure était publique et orale : on comparaissait devant l'assemblée des hommes libres du district ou comté (*mallus*) : le plaignant exposait sa plainte, et l'accusé jouissait d'une grande latitude de défense. Car il pouvait même, chose singulière ! se purger par serment à l'aide d'un certain nombre d'individus de sa communauté qui venaient affirmer qu'il était innocent (*compurgatores*). Outre cela, il avait la stupide ressource du duel judiciaire et des ordalies. Le *mallus* rendait un verdict que le comte faisait exécuter. Plus tard, le rassemblement complet du *mallus* étant devenu plus difficile, le comte se borna à composer cette espèce de jury d'un certain nombre de notables qui figurent sous les noms divers de *rachimbourgs, échevins, arimans*, etc. — Le système féodal apporta de notables changements à ce mode d'instruction criminelle. Les pairs ou co-vas saux de l'accusé remplacèrent les échevins, et, après l'affranchissement des villes, les magistrats jugèrent avec l'assistance des pairs-bourgeois (Cour des bourgeois). Les hauts barons étaient jugés par le roi dans sa cour composée des pairs de l'accusé. — La manière de prouver l'innocence ou la culpabilité resta néanmoins la même jusqu'à ce que saint Louis eût supprimé les guerres privées, le combat judiciaire et l'usage d'appeler de la sentence d'un juge en le provoquant lui-même en duel. Bientôt une grande et salutaire institution s'organisa : ce fut celle du ministère public (1). Au quatorzième siècle, les anciens usages germaniques, tels que l'accusation privée, la publicité de l'information, la liberté de la défense et la procédure orale, tombèrent en désuétude, et l'on y substitua la procédure écrite, le refus d'un défenseur, le secret de l'information et une recherche officielle imitée de l'inquisition religieuse. A la fin du quinzième siècle, l'instruction criminelle était en France aussi grossière que le Droit pénal était cruel. Les peines étaient atroces : elles consistaient ordinairement à brûler et enterrer vif, à noyer dans un sac, à écarteler le condamné après l'avoir tenaillé avec un fer rougi ou lui avoir versé du plomb fondu dans les veines. Elles étaient arbitraires, c'est-à-dire que le juge était maître de déterminer le genre et le

---

(1) DELPON, *Essai sur l'histoire de l'action publique et du ministère public.* 1830, 2 vol in-8°.— M. MANGIN, *Traité de l'action publique et de l'action civile en matière correctionnelle.* 1844, 2 vol. in-8°, et M. MASSABIAU, *Manuel du procureur du roi,* 3 vol. in-8°, 2e édit. 1843.

mode d'application. François Ier, par son ordonnance
de 1539, abolit plusieurs abus de l'instruction criminelle, et entre autres les lenteurs et les incidents
inutiles ; mais il consacra l'usage de la torture, restreignit la défense et rendit secrets l'instruction et
l'examen mêmes. Louis XIV, par son ordonnance
de 1670, restreignit la torture et les emprisonnements
provisoires, supprima les appointements et améliora
l'horrible régime des prisons. Mais le Droit pénal
resta le même : sa cruauté fut énergiquement flétrie
par les Beccaria, les Montesquieu, les Servan, les
Dupaty, les Voltaire et autres; aussi, en 1789, les
états généraux émirent le vœu, auquel Louis XVI
s'empressa de s'associer, du perfectionnement de la
législation criminelle. L'assemblée constituante commença cette œuvre de réforme qui a été poursuivie
avec plus ou moins de succès par les différents pouvoirs qui tour à tour ont gouverné la France. La réforme a été complétée après la révolution de 1830,
et sauf quelques améliorations qui sont encore possibles, on peut dire que notre Droit criminel est aujourd'hui le plus précis, le plus humain, en un mot,
le plus satisfaisant qu'un grand peuple libre puisse
se donner.

CHAPITRE SECOND.

DES SOURCES DU DROIT FRANÇAIS.

— 59 —

Nous avons dit au § 47 que le Droit français était
l'ensemble des lois et coutumes qui ont été successivement en vigueur en France depuis l'origine de la

monarchie, à l'exception de celles qui ont été expressément ou tacitement abrogées. L'édifice de notre législation, après s'être élevé lentement et à travers les siècles, a été ébranlé et renversé par la commotion de 1789. A cette époque, il est vrai, on l'a reconstruit à neuf, mais en grande partie avec les anciens matériaux. Et c'est ainsi que notre Droit, malgré ses antiquités, forme, sous le point de vue historique, un monument dont toutes les parties se tiennent entre elles : c'est un édifice étroitement lié, malgré la bigarrure des matériaux qui le composent et la variété de la main-d'œuvre qui les superposa. La révolution forme la ligne de séparation entre le *nouveau* et l'*ancien* Droit français ; on appelle *intermédiaire* le Droit qui a servi de transition entre l'ancien et le nouveau, et qui se compose des principes de législation éclos pendant la tourmente révolutionnaire (1). Ainsi trois couches différentes se sont superposées dans la formation du Droit français, mais il s'en faut de beaucoup qu'elles présentent à l'œil qui les observe, une ligne précise de démarcation. Ici, elles sont nettement tranchées, là, elles se rapprochent, plus loin elles se confondent. On ne peut pas dire que tout le Droit ancien soit abrogé, car il comprenait telles dispositions qui sont encore applicables aujourd'hui : *a fortiori*, on ne peut pas dire que le Droit nouveau ait annulé tous les textes du Droit intermédiaire.

---

(1) Quelques-uns le désignent sous le nom de *lois transitoires,* mais c'est inexact : *leges transeuntes* signifie des lois dont la force obligatoire doit cesser après un certain temps : or, cela n'a pas eu lieu relativement aux lois de la révolution, dont un grand nombre sont encore aujourd'hui en vigueur.

Toutes ces dispositions, formant l'ensemble du Droit français, s'engrènent en quelque sorte, les unes dans les autres. Mais il n'en est pas de même relativement aux sources qui les ont produites. On peut fixer les époques précises auxquelles telle source de Droit a tari, telle autre a commencé à jaillir, et ce qui est résulté des unes et des autres. Ce sera l'objet des paragraphes suivants.

SECTION PREMIÈRE.

DES SOURCES DU DROIT FRANÇAIS ANTÉRIEURES A 1789.

— 60 —

Les unes étaient *indigènes*, et les autres *exotiques*, c'est-à-dire que le Droit qui régissait alors la France était, en partie, un produit endémique du législateur français et en partie le résultat de l'importation de recueils de Droit étranger qui, sans même éprouver un changement de forme, y avaient été admis comme Codes en vigueur. Parmi les sources *exotiques*, il faut ranger le Droit romain, le Droit canonique, et jusqu'à un certain point le Droit féodal; parmi les sources *indigènes*, on peut placer la législation des Barbares, le Droit coutumier, les ordonnances royales et les arrêts de règlement (1). Jetons un coup d'œil sur ces différentes sources; voyons ce qu'elles ont produit et surtout quel intérêt on peut encore avoir aujourd'hui à y remonter.

(1) Cette division du Droit en *indigène* et *exotique*, qui n'existe plus en France aujourd'hui, se rencontre encore chez différentes nations (voy. § 152, et aurait pu exister même chez les Romains, puisqu'ils avaient emprunté aux Rhodiens presque tout leur Droit maritime.

I. — Du Droit romain.

— 61 —

Antérieurement aux invasions des Barbares dans
les Gaules, le Droit romain résultant de la loi des
Citations (voy. § 72) et des Codes Grégorien, Hermogénien et Théodosien (§ 73 *in fine*), y jouissait d'une
autorité législative qui ne fut point, comme l'ont cru
quelques-uns, interrompue sous la domination des
Francs ([1]). Seulement on vit poindre alors un phénomène qui devint ensuite plus saillant et qui a duré
jusqu'au dix-neuvième siècle: c'est la séparation
des provinces du royaume de France en pays de
Droit écrit et en pays de Coutumes ([2]). Dans les
premiers, placés au midi, par conséquent dans un
contact plus intime avec les mœurs romaines, et sub-
jugués plus tard que les provinces du nord, le Droit
romain avait poussé des racines tellement profondes,
qu'il n'était pas possible au Droit germanique de le sup-
planter. La loi romaine continua à régir ces provinces
qui, par ce motif, furent appelées pays de Droit écrit.
Dans les provinces du nord, au contraire, habitées
par des populations moins nombreuses et plus rapprochées des mœurs des vainqueurs, le Droit germanique (*leges Barbarorum*) devint naturellement le
Droit commun, et lorsque ces *leges* tombèrent en désuétude comme *Droit écrit,* elles y furent remplacées
par les *coutumes* si vivement empreintes de l'esprit

([1]) Voy. l'*Histoire du Droit romain au moyen âge*, par **M. de
Savigny**, traduct. de **M. Guenoux**.

([2]) Voy. la *Géographie de la France coutumière* dans les *Études
sur les coutumes* de **Klimrath**. Paris, 1837, in-8°.

germanique. Ainsi, avant la révolution de 1789, le Droit romain jouissait en France d'une autorité considérable. Dans les provinces méridionales, il avait force de loi, et dans celles du nord, les tribunaux l'appliquaient assez généralement dans les cas non prévus par les coutumes. Il faisait le Droit commun de la France (¹). Aujourd'hui et depuis la loi du 30 ventôse an XII, les lois romaines ne sont plus en France une source du Droit; elles ont bien encore l'autorité de la raison, mais non celle d'une loi positive, et si l'on continue de les invoquer, c'est, comme on l'a dit par un sérieux et profond jeu de mots, *rationis imperio* et non *ratione imperii*. Néanmoins l'étude de ce Droit est encore aujourd'hui très-utile et même nécessaire.

1° Des avantages et de la nécessité d'étudier
le Droit romain (²).

— 62 —

Sur les bancs du collége, on entend les jeunes gens dire : « Que m'importent le grec et le latin ! ce n'est pas la langue de mon pays. » Plus tard, quand ils entrent à l'école de Droit, ils reproduisent ce même faux raisonnement : « Que m'importe le Droit romain ! ce n'est pas la législation de mon pays. »

(¹) Voy. ce point historique avec les autorités à l'appui, dans *l'Histoire du Droit romain*, de BERRIAT SAINT-PRIX, p. 223, sqq.

(²) M. BRAVARD-VEYRIÈRES, *De l'étude et de l'enseignement du Droit romain et des résultats qu'on peut en attendre.* Paris, 1836. Cet ouvrage est écrit *cum grano salis*, mais l'auteur y émet certaines opinions que nous ne pouvons partager.—M. WARNKOENIG, *Oratio de studii juris romani utilitate ac necessitate.* Liège, 1819, in-4°.

Soit ; mais il n'en existe pas moins d'excellents motifs de l'étudier. Si le Droit romain a mérité d'être enseigné dans nos écoles, c'est à titre de modèle, c'est parce qu'il est le plus magnifique monument de jurisprudence civile que les hommes aient pu construire : on a dit avec raison que le Droit romain était pour les jurisconsultes ce que sont pour les statuaires les chefs-d'œuvre de l'antiquité. Comme législation civile, le Droit romain est un chef-d'œuvre de prévoyance, de justice et de rédaction ; comme ruine de l'antiquité, c'est un sujet d'étude inépuisable pour l'archéologue, le philologue et l'historien. Il présente des imperfections ; quelle œuvre humaine en est exempte ? Mais la raison et le bon sens y dominent par-dessus tout : c'est là, comme l'ont dit et répété les rédacteurs de notre Code, qu'il faut chercher ces principes lumineux et féconds, ces grandes maximes de logique et d'équité qui contiennent ou préparent presque toutes les solutions : c'est là que l'on trouve ces décisions sûres et étonnantes qu'on peut regarder comme autant d'oracles de la justice. Les hommes les plus éminents de tous les siècles l'ont entouré de leur respect et de leur admiration : le consentement unanime des peuples l'a décoré du titre de raison écrite, et il est devenu le type et le fondement de presque toutes les législations modernes. Le Droit romain est donc l'avant-propos indispensable de la science du Droit : c'est une excellente gymnastique intellectuelle, et c'est pourquoi on en a placé l'étude au début des travaux de l'étudiant.

Un autre motif non moins puissant d'étudier le

Droit romain, c'est que ce Droit, ayant eu force de loi en France jusqu'à la réforme législative introduite à la fin du dix-huitième siècle et au commencement du dix-neuvième, la plus grande partie des lois civiles qui nous régissent actuellement ont été puisées dans celles de Justinien. Or comment bien comprendre nos lois si l'on ne remonte à la source ? Quel meilleur moyen de les interpréter que de les comparer aux lois romaines dont elles découlent ? « Qu'il me soit « permis de signaler ici une erreur répandue par « l'ignorance, et que la paresse pourrait peut-être « accréditer : c'est qu'il suffira désormais à ceux qui « se destinent à l'étude des lois de connaître le Code « civil. Nous ne pouvons assez leur répéter qu'à « l'exemple de nos plus grands magistrats et de nos « plus célèbres jurisconsultes, ils doivent étudier le « Droit dans sa source la plus pure, dans les lois « romaines. Ce n'est que dans les recherches et dans « la méditation de ce monument immortel de sagesse « et d'équité que peuvent se former ceux qui aspirent « à l'honorable emploi d'éclairer leurs concitoyens « sur leurs intérêts ou de prononcer sur leurs dif- « férends (¹). »

Enfin il est un autre motif d'étudier le Droit romain, motif, à la vérité, transitoire et secondaire, et qui perd de sa force à mesure que les années s'écoulent, c'est que, la loi n'ayant pas d'effet rétroactif, il

---

(¹) Discours de GARY au corps législatif (LOCRÉ, VIII, p. 300). La même pensée a été plusieurs fois exprimée par tous ceux qui ont coopéré à la rédaction du Code civil. Voyez leurs discours dans LOCRÉ, X, p. 202 ; XII, p. 313, etc.

peut encore se présenter, dans les anciens pays de
Droit écrit, des procès à décider conformément à la
loi romaine.

Ainsi donc, et par tous ces motifs, il faut nécessairement que le jurisconsulte s'élève à une connaissance approfondie du Droit romain, et pour cela, il
doit en connaître les sources et les monuments. Nous
allons en passer une rapide revue (¹).

2. — Des sources et des monuments du Droit romain.

— 63 —

On n'entendait généralement par Droit romain, à
l'époque où il avait en France l'autorité législative
dont nous venons de parler, que la réunion des lois
promulguées au sixième siècle par l'empereur gréco-romain Justinien, et rassemblées dans le célèbre
recueil que les modernes ont appelé *Corpus juris
civilis romani*. Mais, dans un sens plus étendu, le
Droit romain est l'ensemble des règles et des principes qui ont eu force de loi chez le peuple romain,

(¹) Bibliographie choisie du Droit romain : Nous renvoyons
pour cela au Manuel de Mackeldey, § 3.) Mais nous croyons que
l'on peut parvenir à une parfaite connaissance des textes du Droit
romain avec les quatre ouvrages suivants :

Pothier : *Pandectæ justinianeæ*, etc. Paris, 1818-1821, 3 vol.
in-fol.;

Cujas : *Opera omnia, cura Fabroti*. Paris, 1658, 10 vol.
in-fol.;

Donneau : *Commentarii de jure civili* (édit. 6ᵃ, Nüremberg,
1822-34, 16 vol. in-8º);

Et M. De Savigny : *System des heutigen Römischen Rechts*.
Berlin, 1840 (pas encore achevé), traduit en français par M. Guenoux.

sans distinction des différentes époques auxquelles ils ont été créés, modifiés ou abrogés. Le Droit de Justinien n'est que la continuation, avec des modifications plus ou moins grandes, du Droit en vigueur depuis la fondation de Rome; aussi est-il indispensable de rattacher à la connaissance de la compilation de Justinien, celle des sources antérieures. Et cela avec d'autant plus de raison, que le Droit romain n'est pour nous, en définitive, qu'un monument de logique, d'histoire et de civilisation, formé par une longue série de siècles dont il importe de connaître la coopération successive (¹).

(¹) Envisagée sous ce point de vue, l'étude du Droit romain exige comme auxiliaire indispensable la lecture des classiques grecs et latins qui, sans avoir écrit *ex professo* sur le Droit romain, contiennent cependant de précieux renseignements. Nous citerons, parmi les historiens, POLYBE, DENYS D'HALICARNASSE, PLUTARQUE, TITE-LIVE, VALÈRE MAXIME, TACITE, SUÉTONE et les *Scriptores rei Augustæ*. Il y a dans CICÉRON et dans les deux PLINE, des passages qui éclairent vivement le vieux Droit romain. On trouve quelques ressources dans les grammairiens VARRON, SÉNÈQUE, QUINTILIEN, ASCONIUS PEDIANUS, FESTUS et SERVIUS ; le Droit rural des Romains s'éclaire par la lecture de CATON, COLUMELLE, en un mot, des *Scriptores rei rusticæ*, et VITRUVE fait mieux comprendre les servitudes urbaines. — Enfin, il n'y a pas jusqu'aux Pères de l'Église, grecs et latins, dont la lecture ne soit profitable à un Romaniste.

1. — Sources et monuments du Droit romain antérieurs à la réforme de Justinien (1).

Jus civile Papirianum (2).

— 61 —

Suivant la constitution politique en vigueur à Rome pendant les trois premiers siècles de sa fondation, le pouvoir législatif était exercé par les patriciens, dans des réunions appelées *comitia curiata* ou *calata*, auxquelles nul plébeien n'avait accès. Les lois émanées de cette aristocratie patricienne *leges curiatæ* furent compilées sous le règne du dernier des Tarquins, par un grand pontife appelé Sextus ou Publius Papirius, et c'est cette compilation qui a reçu le nom de *jus civile papirianum* ou *lex papiria* [*]. Ce recueil a existé, et a fait l'objet d'un commentaire du jurisconsulte Granius Flaccus, contemporain de Jules César *de indigitamentis*; mais le travail de Papirius n'est pas venu jusqu'à nous. Les prétendus fragments de Droit papirien que l'on

---

(1) Il y en a différents recueils : celui de Schulting, *Jurisprudentia antejustinianea*, Leyde, 1717, in-4; celui de Hugo, *Jus civile antejustinianeum*, Berlin, 1815, 2 vol. in-8°. Le recueil le plus complet est celui que publient en ce moment les professeurs de l'université de Bonn, sous le titre de : *Corpus juris civilis antejustinianei*. En France, nous ne possédons que l'*Ecloga juris civilis*, 1 vol. in-12, Paris, 1827, et un recueil de M. Blondeau, 2 vol. in-8°, 1838.

(2) Voy. Daunou, *Extrait d'une de ses leçons sur le Droit papirien*, inséré dans la *Thémis*, V, p. 254. — Glück, *De jure civili papiriano lib. sing.*, dans ses opusc. fasc. 2. — Salverda, *Disput. de jure civili papiriano*, Grœning., 1825.

(3) Fr. 2, § 2, *De origine juris*, 1, 2). — Servius, sur l'*Énéide*, XII, 836.

trouve, par exemple, dans Hoffmann et dans Terrasson, sont factices et apocryphes. Il y a, il est vrai, dans quelques écrits de l'antiquité, tels que ceux de Denys d'Halicarnasse, de Varron, de Tite-Live, de Cicéron, etc., des réminiscences plus ou moins exactes de la législation en vigueur sous les rois de Rome. Des érudits modernes, s'emparant de ces traditions défigurées, imaginèrent de les traduire en langue osque, de les revêtir d'une forme impérative, et de les faire circuler, soit comme textes contemporains des rois de Rome, soit comme des traductions authentiques faites du temps de la république. La supercherie date du seizième siècle. C'est Marliani qui, le premier, ayant usé de ce procédé, fit accroire qu'il avait trouvé, dans les environs de Rome, une table sur laquelle étaient gravées dix-huit lois de Romulus [1]. Dans le principe on s'y laissa tromper, et Baudoin, notamment, écrivit de bonne foi un commentaire estimé sur les textes de cette prétendue table de Marliani. Pardoux du Prat (Prateius) vint ensuite ajouter six textes nouveaux à ceux de Marliani [2]. Mais la sagacité de Cujas découvrit cette friponnerie scientifique qui depuis n'a plus trouvé de dupes.

Lex Duodecim Tabularum [3].

— 65 —

La lutte opiniâtre des plébéiens et des patriciens

[1] *Lib. II topographiæ antiquæ Romæ.* Rome, 1534, in-8°.
[2] *Jurisprudentia vetus,* etc. Lugd. 1559, in-8°.
[3] On a beaucoup écrit sur ce sujet ; on peut consulter : BONAMY,

combattant, les premiers, pour conquérir l'égalité
civile et politique, les seconds, pour maintenir leurs
priviléges, amena, dans les années 300 à 303 de
Rome, la célèbre capitulation connue sous le nom
de *Lex Duodecim tabularum* ou *Lex decemviralis,*
ou simplement *Lex*, la loi par excellence, de même
que Urbs c'était Rome, et Poëta c'était Virgile. Les
plébéiens demandaient une législation écrite, uniforme, et dont la connaissance fût accessible à tous;
les patriciens, après de nombreux subterfuges, furent forcés d'y consentir. Trois délégués reçurent,
dit-on, mission de voyager en Grèce pour y étudier
les mœurs et en rapporter un modèle de législation
républicaine (¹). A leur retour, une commission de
dix patriciens (*decemviri*), assistée du Grec Hermo-
dore d'Éphèse, rédigea, suivant un ordre de matières sur lequel il règne beaucoup d'incertitude, un
projet de loi que le peuple assemblé adopta à l'unanimité. Cette loi, mise en vers adoniques, que dans
les écoles on faisait apprendre par cœur aux enfants,
fut gravée d'abord sur dix, puis sur douze tables (de

*Dissertation sur l'origine des lois des XII tables dans le t. XII
des Mémoires de l'Académie.* — Bouchaud, *Commentaire sur la
loi des XII tables.* 2 vol. in-4º, Paris, 1787. Nouv. édit. 1803. —
Cosman, *Diss. de origine et fontibus XII tabul.* Amsterd. 1829,
et les différentes histoires du Droit romain.

(¹) Depuis Vico on révoque en doute le fait de cette légation. On
peut admettre ce fait; mais il paraît que ce ne fut qu'une ruse
pour endormir le parti populaire, car la loi des XII tables, loin
d'être une copie des lois grecques, ne fut que la rédaction par
écrit des coutumes en vigueur à cette époque chez les Romains.
Voyez le résumé de cette discussion historique dans Lelièvre :
Comment. antiquaria de legum XII tab. patria. Louvain, 1827.

bois, d'airain ou d'ivoire, peu importe), et on l'exposa aux yeux du public sur le Forum, où elle dut rester à perpétuelle demeure. On ignore à quelle époque ces tables ont définitivement disparu. Renversées dans le sac de Rome par les Gaulois (390 ans avant Jésus-Christ), elles furent immédiatement après remises sur la place publique, et, suivant un passage de saint Cyprien, elles auraient encore existé à Rome au troisième siècle de l'ère chrétienne (¹). Bien plus, à en croire le glossateur Odofredus, on pouvait, de son temps, c'est-à-dire au treizième siècle, voir les XII tables conservées au palais de Latran, à Rome. Ce qui est certain, c'est que le texte original et primitif de ces lois, qui devait encore exister dans toute sa pureté, du temps de Justinien, n'est point parvenu jusqu'à nous, et le centon appelé fragments de la loi des XII tables, n'est que l'œuvre des érudits modernes qui ont tenté de recomposer en partie ce vieux monument législatif avec les débris plus ou moins altérés, dispersés dans les livres de l'antiquité. Il ne faut pas se laisser prendre à ce prétendu style décemviral sous lequel on nous a restitué une partie des XII tables et dont voici un spécimen : UTEI LECASIT SUPER PECUNIAI TUTELAIVE SOVAI REI ITA IOUS ESTOD (²).

(¹) *De gratiâ Dei*, II, 4. Ce père de l'Église dit simplement *leges*. Est-ce bien des XII tables qu'il a entendu parler?

(²) Le meilleur travail de restitution est celui de JACQUES GODEFROI, au XVIIᵉ siècle. La découverte moderne des *Institutes* de GAÏUS, des fragments du Vatican et de la *République* de CICÉRON ayant enrichi la science de quelques réminiscences des XII tables,

On a peine à se rendre compte de l'engouement des Romains de toute époque pour cette loi obscure, mesquine et étroite. Je comprends l'admiration qu'elle inspirait aux plébéiens primitifs : ils y voyaient une espèce de charte contre les patriciens, et, d'ailleurs, dans l'enfance de la civilisation, ils n'en savaient pas davantage. Mais comment s'expliquer les génuflexions de Tite-Live, de Tacite, et surtout l'extase de Cicéron quand il s'écriait : *Bibliothecas, mehercule ! omnium philosophorum unus mihi videtur XII tabularum libellus superare (De orat. I, 43).* C'est évidemment une manie d'antiquaire. Quoi qu'il en soit, la loi décemvirale fut la base de la jurisprudence romaine, l'objet d'une vénération soutenue jusqu'à Justinien, et le sujet d'un nombre infini de commentaires, dont le plus célèbre est celui de Gaïus δωδεκάδελτον qui a fourni une vingtaine de fragments à la compilation des Pandectes.

Leges. — Senatusconsulta. — Plebiscita (1).

— 66 —

On appelait spécialement *lex* la résolution proposée par un magistrat de l'ordre des sénateurs et adoptée par le peuple romain, c'est-à-dire par la majorité des patriciens et des plébéiens réunis *in centu-*

il y a eu des travaux récents, parmi lesquels se distinguent surtout ceux de HAUBOLD, de DIRKSEN et de ZELL. On trouve à la fin de l'*Introduction historique* de M. GIRAUD le texte de la loi des XII tables, restitué conformément au dernier état de la science.

(1) Voy. pour les détails, les *Antiquités* d'HEINNECCIUS. Édit. de MUHLENBRUCH.

riatis comitiis. Le *plebiscitum*, au contraire, était la résolution prise par les plébéiens seuls, *in comitiis tributis*, sur la motion d'un de leurs tribuns. Dans le principe, le plébiscite n'eut force obligatoire qu'à l'égard des plébéiens, de même que les décisions arrêtées *in comitiis curiatis* par les patriciens n'obligeaient que ceux-ci. Mais, après une lutte prolongée, la démocratie remporta un succès décisif, en faisant adopter, en l'an 465 de Rome, la loi Hortensia, qui décida d'une manière définitive : *Ut plebiscitis omnes Quirites tenerentur.* Le pouvoir législatif qui, à partir de cette époque, se manifestait indifféremment *per leges* ou *per plebiscita*, fut réellement exercé par les assemblées populaires, même sous l'empire, jusqu'au règne de Claude (✝ 807 de Rome). A dater de ce moment, le peuple ne fut plus législateur qu'en théorie constitutionnelle, car l'exercice effectif de ce pouvoir fut concentré entre le sénat et l'empereur. Dans le principe, le *senatusconsultum* ou décision du sénat n'obligea aussi que les patriciens. Mais ceux-ci ayant consenti à se soumettre à l'autorité des plébiscites, les plébéiens reconnurent la force obligatoire des arrêtés du sénat sous la réserve du *veto* de leurs tribuns. Primitivement, le sénat ne statuait que sur des matières de Droit public; mais lorsque, sous l'empire, il eut perdu toute portée politique, il se mit à réglementer le Droit civil, et ses arrêtés en devinrent une source très-abondante. Ils étaient pris sur l'initiative écrite ou orale de l'empereur; de là les sénatusconsultes *per epistolam* et *ad orationem principis.*

9.

Le temps n'a complétement épargné aucun de ces trois genres de monuments législatifs : nous n'en avons que des fragments, mais au moins le texte primitif en a été conservé pur et sans altération. Ces fragments nous sont parvenus, les uns gravés sur la pierre et l'airain, les autres recueillis par les historiens de l'antiquité, par la compilation de Justinien, ou dans des livres de jurisprudence plus anciens encore. Des érudits ont essayé d'en combler les lacunes. C'est dans des temps modernes qu'on a retrouvé, entre autres, la *tabula Heracleensis*, la *lex Rubria* ou *de Gallia cisalpina*, la *tabula Trajani alimentaria*, le sénatusconsulte *de imperio Vespasiani*, le sénatusconsulte *de Bacchanalibus,* etc. (¹).

Mores majorum (²).

— 67 —

On appelait *jus moribus constitutum* le Droit résultant de la coutume (*inveterata consuetudo*). Les Romains entendaient par *diuturni mores* ou *mores majorum* les habitudes et la manière de faire de leurs ancêtres et devanciers. Ces précédents avaient une grande autorité, surtout en matière judiciaire. Nul peuple, pas même l'anglais, n'a poussé aussi loin ce respect chinois pour les précédents. C'étaient comme des traditions auxquelles les descendants se croyaient religieusement tenus d'obéir sans pouvoir y rien changer. Le Romain continuait de se soumettre à

(¹) SPANGENBERG , *Antiquitatis romanæ monumenta legalia extra libros juris romani sparsa.* Berlin, 1830.
(²) RICHTER, *De moribus majorum.* Lips. 1744.

ces précédents judiciaires, lors même qu'il n'en comprenait plus ni la cause ni l'esprit. Julien n'a-t-il pas dit : « *Non omnium quæ a majoribus con-* « *stituta sunt, ratio reddi potest ?* » (*Fr.* 20, *De legibus*, I, 3) ?

L'expression *mores majorum* désignait non-seulement la *consuetudo*, mais encore l'*auctoritas rerum perpetuo similiter judicatarum*, c'est-à-dire la jurisprudence des arrêts. Les *mores majorum* étaient une source abondante de ce que les Romains appelaient *jus non scriptum*.

Jus honorarium (1).

— 68 —

On appelait ainsi le Droit introduit par les ordonnances des magistrats romains. Les préteurs (*urbanus* et *peregrinus*), ainsi que les édiles curules, exerçaient non-seulement la juridiction, mais encore une portion du pouvoir législatif. C'était à eux qu'était confiée la mission de combler et de corriger, au moyen de leurs édits, les lacunes et les défauts que la civilisation venait à révéler dans le Droit romain : *Adjuvandi vel supplendi vel corrigendi juris civilis gratia, propter utilitatem publicam* (*Fr.* 7, § 1, *De just. et jure*, I, 1).

Cet état de choses, introduit insensiblement par le contrat social romain, était très-favorable au développement scientifique du Droit ; mais dans les idées

(1) BOUCHAUD, *Recherches historiques sur les édits ou ordonnances des magistrats romains.* T. 39, 41, 42 et 45 des *Mémoires de l'Académie des inscriptions et belles-lettres.*

modernes sur la séparation des pouvoirs législatif et judiciaire, c'était une monstruosité constitutionnelle (¹). Afin d'en prévenir les abus possibles, tout préteur devait, à son entrée en fonctions, faire afficher (*in albo*) les principes et les règles conformément auxquels il administrerait la justice : *Ut scirent cives, quod jus de quaque re quisque dicturus esset, seque præmunirent*, (*Fr.* 2 § 10, *de O. J.*, I, 2). Ce programme une fois publié, il était défendu au préteur d'y rien changer durant toute l'année de sa préture. C'est une loi Cornélia de l'an 687 de Rome qui exigea des magistrats *ut ex edictis perpetuis suis jus dicerent.* On appela *annuum* ou *perpetuum* (expressions synonymes) l'édit que les préteurs publiaient en entrant en fonctions. Chacun d'eux était libre d'en rédiger un nouveau (*edictum novum*), mais ce n'était pas indispensable, et il pouvait conserver celui de son prédécesseur ou ne le modifier qu'en partie (*edictum tralatitium*). On appelait *edictum provinciale* celui que publiaient les proconsuls et les préteurs dans les provinces. Quant aux édiles curules, leurs édits, ayant pour objet plus spécial les matières de police et de Droit municipal, n'ont cependant pas été sans influence sur le Droit civil, et ils ont notamment créé l'action *redhibitoria* et l'action *quanti minoris* qui

______

(¹) HOLTIUS, *De jure prætorio, tum apud Romanos, tum apud Anglos, ad jus civile supplendum et emendandum aptissimo.* Grœning, 1821, in-4°. — SCHRADER, *Die prætorischen Edicte der Rœmer auf unsere Verhæltnisse übertragen; ein Hauptmittel unser Recht allmæhlig gut und vollstændig zu bilden*, dans ses *Civilistischen Abhandlungen*, II, § 7.

ont passé du Digeste dans l'article 1644 de notre Code civil.

On peut considérer le *jus honorarium* comme le fruit des travaux des hommes le plus profondément versés dans la science du Droit. Le préteur mettait toute sa gloire dans son édit, et il se faisait assister, pour cet important travail, par les jurisconsultes les plus éminents. Aussi le Droit honoraire, appelé par les Romains *viva vox juris civilis*, acquit une prépondérance aussi grande que celle de la loi des XII tables.

Les édits des préteurs s'étant multipliés et amoncelés, le besoin se fit sentir de les mettre en ordre. Le plus ancien travail de ce genre est celui du jurisconsulte Ofilius, contemporain de Cicéron. Le plus important est celui que les modernes ont spécialement appelé *Edictum perpetuum*, et qui fut entrepris en l'année 130 après Jésus-Christ, sous le règne d'Adrien, par le jurisconsulte Salvius Julianus ([1]). Cette compilation, dont les textes devinrent obligatoires et durent être respectés par tous les préteurs qui se succédèrent à partir de Salvius Julianus, fut d'une importance telle, qu'à Rome on l'enseignait dans les écoles de Droit et que les jurisconsultes les plus distingués en faisaient l'objet de leurs commentaires. Elle exerça, sur celle de Justinien, une influence qui se manifeste surtout dans la distribution des matières. Le Digeste

______

([1]) BOUCHAUD, *Dissertation sur l'édit perpétuel, à la suite de son commentaire sur la loi des XII tables.* — BIENER, *Comment. de Salvii Juliani meritis in edictum prætorium rectè æstimandis.* Leips. 1809.

contient un assez grand nombre de fragments de
l'édit perpétuel. Des travaux de restitution ont été
effectués par Ranchin en 1597, par Wieling en 1733,
et récemment par Haubold et par de Weihe en 1821.

Jus gentium (1).

— 69 —

On a déjà vu (§ 46) qu'il ne faut pas confondre ce
que les Romains nommaient *jus gentium* avec ce que
nous appelons Droit des gens ou Droit international,
bien que Tite-Live (²) et Salluste (³) aient quelquefois employé les mots *jus gentium* dans le sens de
Droit international. Le *jus gentium* était, dans les
idées romaines, l'ensemble de ces préceptes de droit
qu'ils trouvaient en vigueur chez les peuples civilisés. Quoique des jurisconsultes romains aient dit du
jus gentium que c'était le Droit *quod naturalis ratio
apud omnes gentes constituit,* ils n'ont cependant pas
entendu l'assimiler au Droit naturel tel que les modernes l'ont conçu. Le *jus gentium* était un Droit positif; seulement, au lieu d'être spécial à tel ou tel
peuple, il était commun à toutes les nations, et les
citoyens romains eux-mêmes en subissaient les dispo-

(¹) Dirksen, *Ueber die Eigenthümlichkeit des* Jus gentium
nach den Vorstellungen der Rœmer, dans le *Rheinisches Museum.*
T. I, p. 1.

(²) « *Proditoribus extemplo in vincula conjectis, de Legatis*
« *paululùm dubitatum est, et quanquam visi sunt commisisse ut*
« *hostium loco essent,* Jus *tamen gentium valuit.* » (Hist. II, 4).
« *Legati contra* Jus *gentium arma capiunt* » (V, 6).

(³) « *Fit reus magis ex æquo bonoque quam ex Jure gentium*
« *Bomilcar comes ejus qui Romam fide publicâ venerat* » (Bell.
Jug., XXXIX).

sitions toutes les fois que l'application n'était pas incompatible avec les principes privilégiés du Droit civil romain. Le *jus gentium* était le Droit des étrangers ; Gaïus, I, 92, l'appelle positivement *leges moresque peregrinorum ;* c'était, en quelque sorte, le Droit commun au genre humain. L'affluence des étrangers à Rome était considérable, les populations de l'Italie très-nombreuses et leurs relations avec les citoyens romains très-multipliées. Ces relations et les contestations qu'elles engendraient étaient nécessairement régies par d'autres règles que celles du *jus civile,* puisque l'application de ces dernières ne pouvait avoir lieu qu'entre citoyens romains. C'est pour ce motif que fut institué, en l'année 508 de Rome, le préteur *peregrinus,* magistrat dont la juridiction embrassait toutes les contestations où des étrangers se trouvaient engagés ([1]). Dès lors ce préteur dut aussi poser les règles et les principes du *jus gentium,* c'est-à-dire suivant lesquels il serait prononcé envers les *peregrini,* ses justiciables. Il en fut de même, à plus forte raison, par rapport à l'*edictum provinciale.* Cet état de choses eut une influence capitale sur le développement ultérieur du Droit romain. Les règles du *jus gentium,* plus larges et plus équitables, finirent, grâce surtout à l'intervention des préteurs, par s'insinuer dans le *jus civile* et par en expulser les dispositions étroites et jalouses. L'édit du préteur *urbanus* fit plus d'un emprunt à celui du préteur *peregrinus ;* cette infiltration du *jus*

____

([1]) CONRADI, *De Prætore peregrino,* dans ses *Parerga.* Helmst. 1740.

gentium dans le *jus civile* est un des phénomènes les plus intéressants de l'histoire interne du Droit romain. La distinction du Droit en *jus civile* et *jus gentium* se fait sentir, même dans notre Droit français, et y exerce une assez grande influence sans qu'aucun texte positif l'ait consacrée.

Auctoritas prudentum (1).

— 70 —

On appelle ainsi, ou bien encore *receptæ sententiæ*, ou *jus receptum* ou *jus civile* dans le sens le plus restreint, les principes et les règles qui ont été introduits dans le Droit romain par les docteurs en Droit, appelés à Rome *jurisperiti, jurisconsulti* ou *prudentes*. Ces hommes de loi ont exercé sur le développement du Droit une influence non moins puissante que celle des préteurs. C'étaient eux qui, par l'interprétation des textes législatifs, dissipaient l'obscurité résultant de la trop grande concision de rédaction; c'étaient eux qui, soit par leurs écrits, soit par leurs discours, fixaient le sens et l'application des dispositions ambiguës; en un mot, c'étaient eux qui dirigeaient la pratique et présidaient à l'art de mettre la loi en action. Comme praticiens, ils participaient au développement de la jurisprudence par leurs consultations (*responsa*) et par leurs plaidoiries (*disputatio fori*). Ces consultations ont joui d'une autorité dont le degré a varié selon les époques. Dans le principe, il

---

(1) M. Ducaurroy, dans la *Thémis*, II, p. 17. Voy. aussi VII, p. 62. — Holtius, *De auctoritate jurisconsultorum romanorum.* Amst. 1822.

n'y avait, entre l'avis de tel jurisconsulte et l'avis de tel autre, d'autre différence d'autorité que celle qui résultait de l'inégalité de science ou de réputation. Mais l'empereur Auguste ayant expressément autorisé un certain nombre de jurisconsultes à délivrer des consultations en son nom, il arriva naturellement que les avis par écrit de ceux qui avaient été investis du privilége impérial, obtinrent en justice une plus grande autorité que les consultations des autres. L'empereur Adrien fit plus encore : il voulut que les avis de ces jurisconsultes brevetés eussent force de loi (*legis vicem*) lorsqu'ils seraient unanimes... Quelles hautes attributions ! et quelle large influence accordée à la doctrine sur le développement de la jurisprudence !

Comme professeurs, les jurisconsultes romains ne paraissent pas avoir brillé d'un vif éclat. L'histoire littéraire du Droit romain nous les représente divisés, dans le principe, en deux écoles dont les systèmes et les théories différaient en certains points que les modernes ne peuvent plus retrouver d'une manière bien précise [1]. Les disciples de l'une de ces écoles s'appelaient Sabiniens ou Cassiens ; ceux de l'autre, Proculéiens (les modernes les ont aussi appelés Pégasiens). Les deux écoles paraissent s'être fondues ensemble sous le règne d'Adrien, et les modernes ont appelé *herciscundi* ou *miscelliones* les jurisconsultes qui se sont succédé à partir de cette époque.

Comme écrivains, ils ont élaboré des travaux con-

[1] Voy. sur ces sectes, l'*Introduction historique* de M. GIRAUD, p. 311.

sidérables et variés. On a d'eux des traités exégétiques sur certaines sources du Droit, par exemple, sur les XII tables, sur l'édit perpétuel, etc.; des traités systématiques, plus ou moins abrégés, intitulés : *institutiones, regulæ, definitiones, digesta, receptæ sententiæ, libri juris civilis,* etc. ; des commentaires sur les écrits de leurs prédécesseurs, par exemple, *libri ad Sabinum, notæ ad Papinianum;* des extraits de ces écrits, par exemple, *Javolenus ex Cassio,* etc.; des monographies, telles que *libri singulares de dotibus, de legatis,* etc. ; des questions de Droit avec les solutions, par exemple, *responsa, epistolæ, quæstiones, libri factorum,* etc. ; des controverses, *disputationes,* et des mélanges, *pandectæ, libri aureorum, membranarum, differentiarum, variarum lectionum,* etc. Des fragments plus ou moins nombreux de ces différents ouvrages sont parvenus jusqu'à nous, par suite de l'insertion qui en a été faite dans la compilation de Justinien. Mais en dehors de ce recueil, la science a sauvé quelques autres débris dont nous nous bornerons à mentionner les suivants (¹) :

(¹) Il ne nous est rien parvenu, à travers les siècles, de deux ouvrages dont la possession eût été bien précieuse : je veux parler du *Jus flavianum* et du *Jus ælianum.* Voici ce que c'est : La procédure romaine (*legis actiones, actus legitimi, dies fasti, ne fasti et intercisi*) formait une science mystérieuse dont les patriciens s'étaient réservé le monopole, afin de rendre illusoire la publicité du Droit résultant de l'exposition des XII tables au Forum. Le décemvir Appius Claudius rédigea par écrit, pour son usage personnel, ces formes de procédure et ce calendrier judiciaire. Son secrétaire Flavius lui déroba ce secret, qu'il rendit public l'an de Rome 449. C'est cette publication qui fut appelée *Jus flavianum.* Grande joie de la part des plébéiens, qui élevèrent Flavius aux

— 71 —

1° *Gaii Institutionum commentarii quatuor.* Gaïus, (ou Caïus) qui vécut au deuxième siècle de l'ère chrétienne, fut un des plus grands jurisconsultes de Rome, et ses Instituts ou Instituts (qu'importe!) obtinrent une immense autorité. Nous ne possédions de ce livre si important que les fragments recueillis dans les Pandectes de Justinien et dans la compilation wisigothe connue sous le nom de *Brevia rium Alaricianum* (voy. § 81). En 1816, un savant d'Allemagne, feu Niebuhr, découvrit dans une bibliothèque de Vérone, un palimpseste contenant la majeure partie des Institutes de Gaïus. Ce manuscrit, malgré les fâcheuses lacunes qui le rendent incomplet, a éclairci un certain nombre de problèmes jusque-là insolubles [1]. La première édition a paru à Berlin en 1820; postérieurement, il en a paru en France et surtout en Allemagne de nombreuses rééditions.

2° *Ulpiani Fragmenta.* Ulpien est le jurisconsulte dont les écrits ont fourni le plus d'extraits à la compilation de Justinien. Outre ce qui a été conservé par

dignités de tribun, de sénateur et d'édile curule. Grand désappointement des patriciens, qui, pour ressaisir leurs avantages, composèrent un nouveau grimoire encore plus indéchiffrable. Mais il paraît que le mystère fut de rechef dévoilé en 552 par Sextus Ælius Catus, et c'est à son travail que l'on a donné le nom de *Jus ælianum.*

[1] HAUBOLD, *Quantum fructum ceperit jurisprudentia romana, etc., e recens inventis Gaii institutionibus genuinis.* (1820.) Édit. WENCK, p. 665. — SCHRADER, *Was gewinnt die Rœmische Rechtsgeschichte durch Caius Institutionen?* Heidelb. 1823.

les pandectes, nous possédons une partie de son traité intitulé : *Liber regularum singularis*. On n'en connaît qu'un seul manuscrit déposé à la bibliothèque du Vatican, et portant le titre de : *Tituli ex corpore Ulpiani*. Les modernes l'ont appelé *Ulpiani Fragmenta*. C'est Du Tillet et Cujas qui, pour la première fois, publièrent ces fragments à Paris en 1549. Dans ces derniers temps, de nombreuses éditions critiques en ont été données en Allemagne, notamment par Hugo, Bluntschli, Bœcking, etc. (¹).

3° *Pauli receptæ sententiæ*. C'est le titre d'un des principaux ouvrages du jurisconsulte Paul. On en possédait quelques fragments insérés au Digeste, mais une portion plus considérable de cet ouvrage nous a été conservée par le *Breviarium Alaricianum*. On trouve ces *receptæ sententiæ*, comme appendice, dans certaines éditions du *Corpus juris civilis*. La meilleure édition est celle de Arndts. Bonn, 1833.

4° *Fragmentum regularum veteris jurisconsulti de juris speciebus et manumissionibus*. L'auteur de ce traité est inconnu ; le lambeau qui nous est parvenu nous a été conservé par le grammairien Dositheus qui vivait au troisième siècle (²).

5° *Fragmentum veteris jurisconsulti de jure Fisci*. C'est un morceau détaché d'une monographie généralement attribuée à Paul, et qui a été découvert à la

(¹) Voy. Schilling, *Diss. crit. de Ulpiani fragmentis*. Breslau, 1824, et ses *Animadversiones criticæ ad Ulpiani fragmenta*. Leips. 1830.

(²) Schilling, *Diss. crit. de fragmento juris romani Dositheano, etc.* Leips. 1819.

bibliothèque de Vérone en même temps que les Instilutes de Gaïus.

6° *Vaticana Fragmenta*. C'est une macédoine de fragments d'écrits de jurisconsultes et de lambeaux de constitutions impériales, découverte en 1823 par l'abbé Mai, dans la bibliothèque du Vatican. La première édition parut à Rome en 1823. Dans la même année, les rédacteurs de la *Thémis* en publièrent une édition à Paris. Depuis, et surtout en Allemagne, les rééditions se sont succédé avec commentaires; on estime celles de de Bucholtz (1828) et de Bethmann Hollweg (1833).

7° *Notitia dignitatum Orientis et Occidentis*. C'est une espèce d'almanach impérial fait vers le cinquième siècle, indiquant les différentes divisions de l'empire romain ainsi que les différentes charges et fonctions publiques de cette époque (1).

8° *Mosaïcarum et romanarum legum collatio*. Cet ouvrage, composé de seize titres, a pour objet de démontrer, par forme de comparaison, que le Droit romain découle du Droit mosaïque. Sous ce rapport, ce n'est qu'une œuvre insipide; mais il contient un certain nombre de passages copiés dans les écrits des jurisconsultes et dans les constitutions des empereurs, passages qui, sans cela, eussent été perdus pour nous. La *Collatio* paraît devoir être rapportée au cinquième siècle: on l'a appelée au moyen âge *Lex Dei* ou *Pariator legum romanarum et mosaicarum*. C'est Pierre Pithou qui, le premier, l'édita en

_____

(1) Voy. les *Instit. litt.* de Haubold, I, p. 279.

1573. De nouveaux manuscrits ayant été découverts depuis, Bluhme en a donné une édition plus complète et plus correcte à Bonn, en 1813.

9° *Consultatio veteris jurisconsulti.* C'est une collection d'avis émanés d'un jurisconsulte romain dont le nom nous est resté inconnu. La valeur de ce livre consiste en ce que le consultant a invoqué et copié textuellement, à l'appui de ses opinions, des passages d'anciens jurisconsultes et de constitutions impériales qui, sans cela, nous seraient pour la plupart inconnus. C'est Cujas qui l'a publiée pour la première fois en 1577 (¹).

10° Enfin il a été découvert récemment quelques fragments d'écrits de Jurisconsultes romains, tels que : un passage de Pomponius (²), un passage de Modestin (³), quelques fragments des institutes d'Ulpien (⁴), etc.

— 72 —

Après avoir été portées, sous Adrien et les Antonins, au plus large développement qu'il soit peut-être donné à l'homme d'atteindre, la science et la culture du Droit tombèrent dans la décadence et dans la langueur. A partir d'Alexandre Sévère on cherche en vain un seul jurisconsulte transcendant ; les *prudens* de cette époque ont complétement dégé-

(¹) Voy. les *Instit. litt.* de HAUBOLD, I, p. 284.

(²) Par CRAMER. Voy. *Civilist. Magaz.* de HUGO, VI, 1.

(³) Par SPANGENBERG. Voy. *Neues Archiv für das Criminalrecht,* II, 523.

(⁴) Par ENDLICHER. *Revue de législation et de jurisprudence,* IV, 411.

néré, ils ne sont plus que d'obscurs praticiens ; leur *auctoritas* est anéantie. Par contre, on vit à cette époque décupler celle des jurisconsultes classiques, c'est-à-dire de ceux qui, aux deuxième et troisième siècles, avaient cultivé la jurisprudence avec une si rare perfection. Leurs opinions étaient devenues des lois : le pouvoir impérial était intervenu pour consacrer l'autorité de ces illustres morts et pour donner force obligatoire à leurs écrits. Il paraît que déjà Constantin avait senti la nécessité de désigner lesquels de ces écrits devaient seuls obtenir, dans les tribunaux, l'autorité d'un texte législatif. Mais la plus surprenante constitution que les empereurs aient promulguée à ce sujet, c'est celle qui est connue sous le nom de *Loi des citations*, et qui fut rendue, en 426, par Théodose II pour l'Orient et par Valentinien III pour l'Occident. L'objet fut de donner force de loi aux écrits des cinq jurisconsultes Papinien, Paul, Gaïus, Ulpien et Modestin. Les *Notæ ad Papinianum* de Paul et d'Ulpien furent destituées de toute autorité, ainsi que l'avait déjà fait Constantin. En cas de dissentiment entre ces auteurs, la majorité l'emportait ; à nombre égal, Papinien faisait pencher la balance, et, dans leur silence, le juge devait prononcer d'après son propre sentiment (¹). Quelle misère scientifique ! et quelles fonctions que celles d'un pareil juge ! Justinien abrogea cette loi des citations.

______

(¹) Haubold, *Exercit. de emendat. jurisprud. ab imperat. Valentiniano III instituta.* 2ᵉ vol. de l'édition de Wenck. Il faut ajouter les additions de l'éditeur dans la préface, p. 3-23.

Constitutiones principum.

— 73 —

La république romaine ayant engendré l'empire, ce changement politique fit jaillir une nouvelle source de Droit. La volonté de l'empereur remplaça celle du peuple : *quod principi placuit, legis habuit rigorem*. L'histoire explique très-bien comment ce déplacement de la puissance législative se fit sans difficulté et sans secousse, sous la couleur d'une certaine *lex regia* ou *lex imperii* sur laquelle on a beaucoup discuté. Quoi qu'il en soit, l'autorité législative des empereurs devint bientôt un fait hors de controverse, et les actes par lesquels cette autorité se manifesta prirent le nom générique de *placita ou constitutiones*. On appelait spécialement *rescripta* les réponses faites par l'empereur ou, pour mieux dire, par ses conseillers en son nom, à ceux qui le consultaient sur un point de Droit. La réponse à la supplique d'un particulier, par exemple d'une femme, d'un soldat ou d'un esclave, s'appelait *subnotatio, adnotatio* ou *subscriptio*. Celle qui était adressée à un magistrat ou à un fonctionnaire, s'appelait plus spécialement *epistola*. Les *decreta* étaient les sentences que le prince, siégeant *in consistorio*, rendait sur les affaires de compétence impériale. On pourrait les assimiler aux arrêts de notre conseil d'État. Les *edicta* étaient les ordonnances par lesquelles les empereurs posaient de nouvelles lois générales ou bien en modifiaient d'anciennes. Les *mandata* étaient les instructions ou circulaires transmises par le prince à ses officiers et fonctionnaires. Enfin, les *privilegia* étaient des décisions exceptionnelles rendues pour ou contre certaines personnes auxquelles elles étaient rigoureusement spéciales.

Le nombre des constitutions croissant chaque jour, il fallut les classer et les mettre en ordre. De pareils travaux paraissent avoir été faits de très-bonne heure. Ainsi Papirius Justus, de l'école de Papinien, compila les rescrits d'Antonin et de Vérus; le grammairien Dosithée fit un recueil de ceux d'Adrien; Ulpien réunit dans son traité *De officio proconsulis* les constitutions promulguées contre les chrétiens, et Paul fit une collection de décrets impériaux. Plus tard parurent les travaux suivants de codification dont il nous est parvenu des débris :

1° *Gregoriani et Hermogeniani Codices* [1]. Le jurisconsulte Grégorien, qui vivait vers la fin du troisième siècle, recueillit les constitutions impériales depuis Adrien jusqu'à Constantin. Hermogénien, qui vint après lui, continua ce travail, auquel on suppose qu'il ajouta les constitutions de Dioclétien et de Maximilien. Il ne nous reste que soixante-trois fragments du Code grégorien et trente du Code hermogénien. On les trouve dans Schulting : p. 683, et dans le *Jus civile antejustinianeum* de Berlin, 1, p. 265. L'édition la plus récente est celle de Hænel dans le *Corpus juris antejustinianei*. Bonn, 1837.

---

[1] Jacobson, *Diss. crit. de Codicibus Gregoriano et Hermogeniano*. Regiom. 1826.

2° *Theodosianus Codex* (¹). Ce que Grégorien et
Hermogénien avaient fait pour les constitutions des
empereurs païens, Théodose II ordonna qu'on le fît
pour les constitutions des empereurs chrétiens. Une
commission de seize jurisconsultes, présidée par
l'ex-consul Antiochus, compila les constitutions impériales depuis Constantin le Grand (²). Ce nouveau
Code, promulgué d'abord en Orient en 438, fut, de
suite après, rendu obligatoire en Occident où régnait
alors Valentinien III (³). Des seize livres dont se
composait ce précieux recueil, nous ne possédons
complétement que les dix derniers et la fin du
sixième. Nous n'avions des cinq premiers livres que
quelques fragments conservés dans le *Breviarium
Alaricianum*. Des découvertes faites en 1824 par
Clossius dans la bibliothèque Ambrosienne de Milan,
et par Peyron sur des palimpsestes de la bibliothèque
de Turin, nous ont valu quelques nouvelles constitutions faisant partie de ces cinq premiers livres (⁴).
Le Code théodosien fut publié en partie, pour la
première fois, par Du Tillet, en 1550; Cujas en
donna une édition moins incomplète en 1566. Au
dix-septième siècle, Jacques Godefroi en fit une édi-

(¹) DE CRASSIER, *Diss. de confectione Codicis Theodosiani.* Liége,
1825.

(²) L'influence du christianisme sur le Droit romain est un fait
certain. Voy. à ce sujet, le mémoire de M. TROPLONG, inséré au
*Compte rendu des séances et travaux de l'Académie des sciences
morales et politiques,* par MM. LOISEAU et VERGÉ.

(³) Voy. dans la *Thémis*, VI, p. 411, le curieux procès-verbal de
la séance dans laquelle le Code Théodosien fut officiellement présenté au sénat de Rome.

(⁴) *Thémis,* III, p. 185, 474; VI, p. 411, 489.

tion accompagnée d'un commentaire, résultat de trente années de travail. C'est un chef-d'œuvre de science et de critique (¹). Les éditions les plus récentes du Code théodosien, suivant le dernier état des découvertes, sont celles de Hænel (Bonn, 1842, 1 vol. in-4°) et de Charles de Vesme (Turin, 1842. L'édition n'est pas achevée). On trouve ordinairement, à la suite du Code théodosien, un appendice intitulé : *Novellæ*. On appelle ainsi des constitutions émanées de Théodose, de Valentinien, etc., postérieurement à la confection du Code.

2. — De la réforme et des travaux de Justinien.

— **74** —

Il n'y a point de trace que depuis la confection du Code théodosien on se soit occupé de codification. L'étude et l'application du Droit étaient devenues d'une difficulté extrême. Dès son avénement au trône de Constantinople en 527, Justinien paraît avoir conçu le projet d'une refonte complète des lois. Cet empereur a été l'objet de louanges et de critiques exagérées. Certes, ce ne fut pas un homme de génie ; mais il eut la qualité la plus éminente d'un souverain, celle de découvrir et d'employer les hommes de mérite et de talent. Justinien et ses conseillers furent des novateurs résolus. On peut leur reprocher un style verbeux et ampoulé, la jactance orientale

(¹) Cet admirable travail n'a paru qu'après la mort de GODEFROI. C'est ANTOINE MARVILLE qui le publia à Lyon, en 1665. 6 vol. in-fol. — RITTER en a donné, de 1736 à 1745, une édition revue et augmentée.

jointe à l'ignorance des antiquités du Droit romain, l'absence d'une meilleure méthode dans leurs compilations, la mutilation qu'ils ont exercée sans pitié sur les chefs-d'œuvre des jurisconsultes classiques, etc. Mais il faut reconnaître qu'ils ont été heureux et profonds dans un grand nombre d'innovations; que les déchirements qu'ils ont fait subir à la jurisprudence ont tourné au profit de la philosophie; qu'ils ont osé les premiers rompre en visière avec la loi des XII tables, ce vieux fétiche romain, et, en général, avec ces vieilles institutions (*antiquas fabulas*) que depuis longtemps la civilisation avait condamnées; il faut reconnaître enfin que le Droit de Justinien, inférieur à celui des deuxième et troisième siècles sous le rapport scientifique, est de beaucoup supérieur sous le rapport philosophique, et le surpasse notamment de toute la hauteur du christianisme sur le stoïcisme. Jetons un coup d'œil sur chacun des monuments élevés par ces hardis réformateurs du sixième siècle.

Justinianeus Codex.

— 75 —

Dès la seconde année de son avénement au trône, c'est-à-dire en 528, Justinien voulut qu'on fît un nouveau recueil officiel des constitutions de ses prédécesseurs. Dans ce but, il confia à dix jurisconsultes, parmi lesquels figurait déjà Tribonien, la mission de trier les constitutions impériales et de les codifier suivant un certain ordre de matières, qui paraît avoir été celui de l'*edictum perpetuum*. Cette compilation, divisée en douze livres, fut achevée et publiée dès l'année suivante sous le titre de *Justinianeus Codex*. L'empereur abrogea toutes les collections antérieures. Quelques années après, ce Code fut soumis par Justinien lui-même à une révision : on appelle *Codex vetus* cette première édition, qui n'est point parvenue jusqu'à nous.

Pandectæ seu Digesta [1].

— 76 —

Aussitôt après l'achèvement de son Code, Justinien entreprit un travail plus difficile et plus important. Il s'agissait de composer un vaste répertoire de jurisprudence avec des extraits textuels empruntés aux écrits, non-seulement des cinq jurisconsultes désignés par la loi des citations, mais encore de tous ceux qui, antérieurement ou postérieurement, avaient bien mérité de la science. Ces extraits devaient être faits aussi fidèlement que cela était compatible avec la nécessité de rattacher, par des liaisons et des transitions, le décousu d'un travail fait les ciseaux à la main. Justinien chargea, en 530, Tribonien d'accomplir cette œuvre avec l'aide de seize collaborateurs, dont il lui laissa le choix. Cette commission outre-passa son mandat, et au lieu de conserver aux extraits des écrits des jurisconsultes leur physionomie et leur sens primitifs, la commission ne se fit pas assez de scrupule d'altérer et de défigurer les textes [2]. Ce-

(1) TIGERSTROEM, *De ordine et historia Digestorum libri duo.* Berlin, 1829.

(2) Ce sont ces mutilations et ces interpolations que les modernes

10.

pendant, en tête de chaque extrait ou fragment, elle inscrivit le titre de l'ouvrage et le nom du jurisconsulte. Ce vaste recueil, partagé en sept parties, soit à l'instar de l'édit perpétuel, soit, comme le dit naïvement Justinien, à cause de la propriété cabalistique des nombres, ce recueil, dis-je, fut en outre divisé en cinquante livres subdivisés en titres, et les titres furent composés de lois séparées et subdivisées elles-mêmes en paragraphes précédés d'un *principium*. Justinien le publia le 16 décembre 533, et le rendit exécutoire le 30 du même mois, sous le titre de : *Digesta sive Pandectæ juris enucleati ex omni vetere jure collecti*. L'empereur défendit de puiser désormais à d'autres sources de ce genre et de commenter sa nouvelle compilation : il n'autorisa que les traductions grecques et les paratitles. Il avait accordé à la commission présidée par Tribonien dix années pour terminer cet immense travail, que lui-même a appelé *opus desperatum*. Les écrits de trente-neuf jurisconsultes furent mis à contribution (¹) : près de deux mille ouvrages furent dépouillés, et trois millions de lignes furent réduits à cent cinquante mille environ. Tout cela fut néanmoins achevé en trois années. La brièveté de ce temps était restée une énigme, jusqu'à ce que, en 1821, Bluhme en eût donné la clef, en découvrant le mécanisme

______

ont appelées *Emblemata Triboniani*. Voy. WISSENBACH, *Emblemata Triboniani*. Halæ, 1736.

(¹) Il n'y en a que trente-neuf aux ouvrages desquels on ait directement emprunté; mais il y en a cent sept dont les opinions sont invoquées.

qui présida au travail de ces compilateurs. Il est vraisemblable qu'ils partagèrent en trois catégories tous les ouvrages qu'ils avaient à extraire ; eux-mêmes se divisèrent en trois commissions correspondantes. Chacune dépouilla la catégorie qui lui avait été assignée, puis apporta, sous chacun des titres du Digeste, le contingent d'extraits qui s'y rapportaient. Dans la première de ces catégories se trouvaient les ouvrages de jurisprudence relatifs au *jus civile*, et que Bluhme appelle *die Sabinusmasse*, parce qu'elle renfermait principalement les commentaires sur Sabinus. C'est la plus considérable et ordinairement la première en ordre sous chaque titre du Digeste. La seconde catégorie fut celle des ouvrages écrits sur le *jus honorarium*, notamment des commentaires sur l'édit perpétuel. Bluhme l'appelle *Edictenmasse*. Enfin la troisième fut celle des traités de Droit pratique. Les *quæstiones* et les *responsa* de Papinien y dominent ; c'est pourquoi Bluhme l'a appelée *Papinianusmasse* ([1]).

— 22 —

Les manuscrits des Pandectes sont assez nombreux : on les appelle *Manuscripta vulgata* ou *Codices vulgati* pour les distinguer de celui de Florence, qui est le plus ancien, le plus complet et le plus célèbre ([2]). On le suppose écrit au septième siècle par un

[1] Voy. le compte de cette découverte rendu par BLUHME lui-même dans le *Zeitschrift für die geschichtliche Rechtswissenschaft*. T. IV, p. 257-472. Voy. aussi *Thémis*, III, p. 278.

[2] BRENCMANN, *Historia Pandectarum seu fatum exemplaris*

Grec à Constantinople. Il doit avoir été apporté à Pise (¹), et y être resté jusqu'en 1406, époque à laquelle il fut transféré à Florence, où il devint l'objet d'une vénération qui peint très-bien l'esprit de l'époque. Orné d'une reliure magnifique, ce manuscrit fut déposé dans une cassette précieuse, et des moines, cierge en main et tête nue, le montraient à la curiosité des visiteurs. Le premier qui fit usage de ce manuscrit fut Ange Politien, au quinzième siècle ; Bolognini et Augustin s'en servirent au seizième siècle, et ce sont les Torelli père et fils qui, en 1553, livrèrent, pour la première fois, à l'impression, le texte du manuscrit de Florence. Malheureusement ils ne le donnèrent pas dans toute sa pureté, et en comblèrent les lacunes à l'aide des *manuscripta vulgata*. La plus récente collation du texte florentin est celle que fit Brencmann en 1709, et que l'on trouve dans les notes du *Corpus juris* de Gœttingue de 1776.

Les éditions des Pandectes ont été très-nombreuses, mais on peut les réduire à trois familles principales selon la version qu'elles ont suivie :

1° *L'édition florentine*, c'est-à-dire conforme au manuscrit de Florence. De ce nombre sont l'édition de ROUSSARD 1521, celle de JULIUS PACIUS (1580), celle de CHARONDAS 1575, celle de CONTIUS (1571), celle de GEBAUER-SPANGENBERG (1776).

2° *L'édition vulgate*, c'est-à-dire conforme au

florentini. Trèves, 1722, in-4°. — GEBAUER, *Narratio de Brencmanno*. Gœtt. 1764, in-4°.

(¹, L'histoire d'Amalphi et de l'empereur Lothaire II paraît n'être qu'un roman.

texte adopté par les glossateurs. De ce nombre sont tous les exemplaires antérieurs à l'usage que POLITIEN et BOLOGNINI firent du manuscrit de Florence.

3° L'édition *mixte*, c'est-à-dire faite avec éclectisme et collation entre les versions florentine et vulgate. De ce nombre sont toutes les éditions de GODEFROI.

La plus remarquable dans ce genre est celle que Hoffmann (Haloander) a publiée à Nuremberg en 1539, 3 vol. in-4°, et dont la version a été appelée *Lectio Haloandrina* ou *Norica*.

Le mode de citer un passage des Pandectes a varié et n'est point uniforme aujourd'hui. Avant que les lois et les paragraphes fussent numérotés, on citait les expressions initiales de la loi et du paragraphe [1], suivies ou précédées d'un D. Digeste ou d'un P. (Pandectes) ou du signe ff [2], après lesquels on transcrivait la rubrique du titre. Ainsi, par exemple :

D. ou P. ou *ff de tutelis.* L. *solet etiam curator* § *est etiam adjutor.*

Ou bien :

L. *solet etiam curator* § *est etiam adjutor.* D. ou P. ou *ff de tutelis.*

Quand les lois et les paragraphes furent numérotés, on cita ainsi :

L. 13. § 1. D. ou P. ou *ff de tutelis.*

---

[1] C'est encore le mode de citer aujourd'hui les hymnes ou cantiques sacrés : on dit le *Stabat mater*, un *Te Deum*, etc.

[2] Sur l'origine de ce signe, voy. *Thémis.* V. p. 17, 115.

Les modernes, au lieu de *loi*, disent avec raison *fragment*, et au lieu d'un L., ils écrivent Fr. Puis, pour faciliter les recherches, ils indiquent les numéros du livre et du titre où se trouve le texte cité. Ainsi :

Fr. 13, § 1. D. ou P. ou *ff de tutelis*. (XXVI. 1.).

D'autres citent ainsi :

Fr. 13, § 1. D. ou P. ou *ff* (XXVI. 1.).

Ou bien encore :

D. ou P. ou *ff* XXVI. 1. 13. 1.

Le meilleur mode nous paraît être le suivant :

Fr. 13, § 1 *de tutelis*. XXVI. 1.

Institutiones.

— 78 —

Les Pandectes étaient un recueil trop volumineux pour être enseignées dans les écoles. D'un autre côté, les Instituts de Gaïus n'étaient plus au niveau du nouvel état du Droit et de la législation. En conséquence, Justinien chargea Tribonien, Théophile et Dorothée de faire, pour les étudiants, un abrégé des Pandectes, et de le rédiger sous la forme d'un livre élémentaire dans le genre des Instituts de Gaïus. Ce travail fut tout à la fois un traité de Droit et un monument de législation, car il fut rendu exécutoire le 30 décembre 533, en même temps que les Pandectes, et Justinien put dire avec raison que les étudiants allaient apprendre le Droit dans la loi même. Cependant les Institutes présentent d'assez nombreuses omissions, et sur des points importants, tels que le divorce, la dot, l'hypothèque, l'emphytéose, etc. Elles sont divisées, sans qu'on en voie une cause scientifique, en quatre livres : les matières y sont disposées conformément au système romain des personnes, des choses et des actions (¹).

Les manuscrits des Institutes sont fort nombreux; il en existe du sixième ou septième siècle. L'édition *princeps*, c'est-à-dire le premier exemplaire imprimé, le fut par Pierre Schoyffer de Gernsheym, à Mayence, en 1468, in-folio. Vinrent ensuite les nombreuses éditions données par Chapuis au commencement du seizième siècle, celle de Grégoire Hoffmann (*Editio Haloandrina*) (1529), celle de Hugo a Porta (1536), de Contius (1561), puis enfin celle de Cujas (1585), qui a été reproduite dans la deuxième édition de l'*Ecloga juris* et dans le recueil cité de M. Blondeau (1838).

Parmi les éditions faites en Allemagne, et qui sont très-nombreuses, la plus remarquable est celle qu'ont publiée à Berlin, en 1832, Schrader, Tafel et Clossius (ce dernier remplacé après son décès par Maier). Elle a été faite sur la collation de quarante manuscrits et sur la comparaison des seize meilleures éditions ; elle en présente les variantes dans un commentaire critique, contient une conférence des textes

(¹) MAREZOLL, *De ordine Institutionum.* Goett. 1815.

du *Corpus juris civilis,* et renferme en outre les *Authentiques.* Voici ce que c'est que ces authentiques que l'on rencontre dans quelques autres éditions des Institutes, par exemple, dans celle de Cujas. Les glossateurs, dans le but de faciliter l'usage des Novelles de Justinien, en firent des résumés qu'ils intercalèrent sous les dispositions que ces novelles avaient eu pour objet de modifier ou d'abolir. Ces résumés furent appelés *Authenticæ,* parce qu'ils furent faits sur les novelles dont la collection avait reçu des glossateurs le nom de *Corpus authenticum,* par opposition à l'*Epitome Juliani* (voy. § 82). C'est surtout au Code *repetitæ prælectionis,* et sous les constitutions dont il se compose, que l'on trouve ces authentiques; mais les glossateurs en intercalèrent aussi dans les Institutes (¹). Remarquez bien que les authentiques n'ont pas de valeur par elles-mêmes ; elles empruntent l'autorité des novelles, et elles ne valent qu'autant qu'elles en sont la fidèle reproduction : ce qui n'arrive pas toujours.

Les quatre livres des Institutes sont subdivisés en quatre-vingt-dix-huit titres. Quelques éditeurs en ont fait quatre-vingt-dix-neuf, parce qu'ils ont pris à tort, pour le commencement d'un nouveau titre, l'espace en blanc qui, dans certains manuscrits, se trouve après le § 9. *de gradibus cognationis* (III. 6), et qui devait servir à placer un tableau généalogique. Chaque titre se compose d'un *principium* et d'une série de paragraphes. Avant que ceux-ci fussent nu-

---

(¹) BIENER, *Historia authenticarum Codici et Institutionibus Justiniani insertarum.* Leipsic, 1807.

mérotés, on indiquait, pour citer un passage des Institutes, les expressions initiales du paragraphe, suivies de la lettre I. (*Institutionibus*), et de la rubrique du titre, par exemple :

§ *si res aliena. I. de legatis.*

Mais depuis que les paragraphes ont été désignés par numéros d'ordre, on a substitué le chiffre aux expressions initiales, et l'on écrit :

§ 6 *I. de legatis.*

Ou bien, pour faciliter la recherche :

§ 6 *I.*, II. 20.

Ou mieux encore :

§ 6 *I. de legatis*, II. 20.

Si le texte à citer forme un *principium*, au lieu de § on écrit *pr.*

Codex repetitæ prælectionis.

— **79** —

Les anciens jurisconsultes romains étaient loin d'être unanimes sur toutes les questions de Droit. En réalisant ses projets de réforme, Justinien trancha les controverses les plus importantes qui avaient été agitées entre eux. Il le fit par une constitution spéciale pour chaque controverse, et il en promulgua ainsi une cinquantaine que l'on appela *quinquaginta decisiones*. Outre cela, il avait été rendu, depuis la confection du *Codex Justinianeus*, un assez grand

11

nombre de contitutions modifiant les précédentes. Une révision de ce Code était donc devenue nécessaire. En conséquence, Justinien, dès l'année 534, chargea Tribonien, assisté de quatre autres jurisconsultes, de remanier le premier Code, d'y intercaler les constitutions nouvelles et notamment les *quinquaginta decisiones*, enfin d'en retrancher celles qui n'étaient plus applicables. Le travail fut achevé et publié le 16 novembre 534. Cette nouvelle édition (*repetita prælectio*) fut divisée, comme la première, en douze livres, subdivisés en titres comprenant les constitutions impériales rangées dans l'ordre chronologique, et insérées entières ou par fragments. Au-dessus de chaque constitution se trouve le nom de l'empereur qui l'a rendue, et au bas, la date de la promulgation. Cependant il y en a beaucoup *sine die et consule*, c'est-à-dire sans date. Toutes les constitutions du premier Code n'ont pas été insérées dans le *Codex repetitæ prælectionis*; c'est ce qui explique pourquoi on cherche en vain, dans celui-ci, certaines constitutions auxquelles renvoient les Institutes, par exemple, la constitution dont il est fait mention dans le § 11. Inst. *de testam. ordin.* Les *quinquaginta decisiones* y ont été amalgamées; on croit pouvoir les y reconnaître aux signes suivants: elles ont pour suscription *Justinianus Juliano* ou *Joanni P. P.*; pour date, *Lampadio et Oreste cos.* ou *anno primo vel secundo post consul. Lampadii et Orestis*, et pour objet, la solution de quelque controverse. Les constitutions impériales ne furent pas toutes rédigées en latin; il y en eut dans le Code en langue grecque, et quelques-unes dont le texte grec fut traduit en latin, par le glossateur Burgundio, dit-on. Nos exemplaires actuels du Code ne les renferment pas toutes ; il en a été omis un grand nombre dans les manuscrits par l'ignorance ou la négligence des copistes. Quelques-unes ont été rétablies au seizième siècle par des érudits qui les ont retrouvées, soit dans les Basiliques (voy. § 147) , soit dans des recueils canoniques; elles sont connues sous le nom de *Constitutiones restitutæ* (¹).

Parmi les manuscrits du Code assez nombreux , mais dont les plus anciens n'ont été découverts que dans ces derniers temps par Gœschen, Bluhme et Hænel, aucun ne peut rivaliser avec le manuscrit florentin des Pandectes. Primitivement, les glossateurs ne connurent que les neuf premiers livres du Code ; lorsqu'ils furent en possession des trois derniers, ils n'en firent point l'objet de leur enseignement, et les reléguèrent dans le *volumen parvum* avec les Institutes, les Novelles et les *Libri feudorum*. La première édition complète des douze livres du Code fut celle de Haloander (1530); vinrent ensuite celle de Contius (1562), celle de Roussard (1567), celle de Charondas (1575), etc. On a vu au paragraphe précédent ce que c'est que les Authentiques; on les trouve surtout au Code où elles ont été insérées en caractères italiques. Elles y sont de deux espèces: les unes (environ deux cent vingt) sont, comme on l'a dit, des résumés des Novelles de Justinien, les autres

---

(¹) WITTE , *Die leges restitutæ des justinianeischen Codex.* Breslau , 1830.

(treize environ) sont les résumés de constitutions promulguées vers la fin du douzième et au commencement du treizième siècle par les empereurs Frédéric I et II. On les appelle *Authenticæ fridericianæ*. On cite une authentique en écrivant *Auth.* et en faisant suivre cette abréviation des premiers mots de l'authentique et de l'indication du titre du Code. Ainsi : Auth. *sed hodiè quia* C. *de jure aureorum*. Pour citer une constitution du Code, on écrit le numéro de cette constitution et la rubrique du titre qui la contient. Ainsi : L. 4. C. *de pactis*. Les modernes ont avec raison substitué au mot *loi* celui de *constitution*, et pour faciliter également la recherche, ils écrivent :

Const. 4. C. II. 3.

Ou mieux encore :

Const. 4. C. de pactis, II. 3.

Pourquoi ne pas écrire simplement :

Const. 4. de pactis, II. 3.

Novellæ (1).

— 80 —

Justinien, ayant encore, après les travaux qui viennent d'être énumérés, régné pendant trente ans, promulgua un certain nombre de constitutions qui, par cela même qu'elles étaient postérieures au Code, furent appelées νεκραὶ διατάξεις, c'est-à-dire *novellæ constitutiones*. Elles étaient rédigées en grec, dans

(1) BIENER, *Geschichte der Novellen Justinians*. Berlin, 1824.

un style singulièrement ampoulé, et elles apportèrent
de graves modifications au Droit antérieur. Justinien ne les fit pas recueillir dans une collection officielle. Tibère (578-582) fit rédiger un recueil de cent
soixante-huit novelles en langue grecque, dont cent
cinquante-quatre seulement émanaient de Justinien.
Après la mort de celui-ci ou peut-être même de son
vivant, le professeur Julianus traduisit en latin cent
vingt-cinq novelles dont il publia le recueil sous le titre de *Epitome novellarum* ou *Liber novellarum* (¹).
Un autre recueil de cent trente-quatre novelles, aussi
traduites en latin, fut rédigé peu de temps après la
mort de Justinien par un auteur dont le nom est resté
inconnu. C'est ce second recueil, dont le texte est
d'ailleurs très-fautif, que les glossateurs ont appelé
Corpus authenticum, pour le distinguer de l'*Epitome Juliani*. C'est de ce texte que les glossateurs se
sont servis pour faire une collection de quatre-vingt-
dix-sept novelles qu'ils divisèrent en neuf collations
et en quatre-vingt-dix-huit titres, excluant ainsi un
certain nombre de novelles qui reçurent le nom de
extravagantes ou *extraordinariæ*. Les recueils actuels contiennent cent soixante-huit novelles. Les
premières éditions dignes d'être citées furent celle que
Haloander donna en 1531, avec le texte grec et une traduction latine en regard, et celle de Scrimger (1558),
avec texte grec, mais sans traduction. Cette édition
fut augmentée par Agylæus en 1560. La plus com-

(¹) Cet *Epitome Juliani* a obtenu un très-grand crédit en Occident. Il fut d'abord édité en 1512, par BOERIUS, puis plus correcte-
ment, en 1576, par FR. PITHOU.

plète fut celle de Contius (en 1559), dont le texte latin a été admis dans les éditions de Godefroi. La plus moderne édition des Novelles est celle qu'a donnée le docteur Osenbrüggen dans le *Corpus juris* des frères Kriegel.

Aujourd'hui, pour citer une novelle, on écrit simplement le numéro d'ordre de la novelle et celui du chapitre que l'on veut alléguer. Autrefois, on se servait de l'abréviation *Auth.*, suivie de la rubrique du titre sous lequel se trouvait la novelle citée ; puis venaient les expressions initiales du paragraphe (aujourd'hui du chapitre), et enfin les numéros de la collation et du titre. Par exemple :

Auth. de testibus § si vero dicatur. Coll. 7. Tit. 2.

3. — Des compilations de Droit romain faites par les Barbares.

— 81 —

Les Barbares du nord, ayant ébranlé l'empire romain sous le choc de leurs invasions successives, vinrent s'établir dans les provinces soumises autrefois à la domination de la ville éternelle. Superposés en quelque sorte aux populations subjuguées, ils vécurent conformément aux lois nationales qu'ils avaient importées, et laissèrent à ces populations la liberté de se régir par les dispositions du Droit romain. C'était là un effet immédiat du système des lois personnelles dominant à cette époque. Cet état de choses fit sentir la nécessité de rédiger par écrit la législation des vainqueurs (*leges Barbarorum*) et celle des vaincus (*lex romana*). C'est à ce motif que nous devons les compilations de Droit romain suivantes :

1° *Edictum Theodorici* (¹). Vers 493, les Ostrogoths étaient venus occuper l'Italie. Leur roi Théodoric, prince très-éclairé, fit composer un Code de Droit romain qui fut publié à Rome même, en 500, sous le titre d'*Edictum Theodorici*. Le compilateur, que l'on suppose être Cassiodore (?), puisa dans le Code théodosien, dans les novelles qui étaient à la suite de ce Code et dans les *Sententiæ receptæ* de Paul. Mais ces différents textes furent employés avec si peu de fidélité, qu'ils sont presque méconnaissables dans l'*Edictum* tel qu'il nous est parvenu. Ce Code, d'une excessive brièveté (il ne contient que cent cinquante-quatre articles), ne s'occupe guère que de Droit public; le Droit privé n'y est qu'effleuré. A la différence des deux Codes suivants, l'*Edictum* de Théodoric fut obligatoire, non-seulement pour ses sujets romains, mais encore pour les Ostrogoths eux-mêmes (²).

2° *Breviarium Alaricianum*. Les Visigoths s'étaient établis dans la Gaule méridionale, et leur domination s'étendait jusqu'en Espagne. Leur roi Alaric II fit aussi rédiger un Code de Droit romain à l'usage des populations gallo-romaines. Ayant pris conseil des prêtres et des nobles, ce prince nomma

(¹) Rhon, *Comment. ad Edictum Theodorici regis Ostrogothorum*. Halæ, 1816.

(²) La première édition de l'*Edictum* est celle que P. Pithou ajouta à l'édition des œuvres de Cassiodore. Paris, 1579, in-fol. On trouve aussi l'édit de Théodoric dans certains recueils des lois des Barbares (voy. § 96), notamment dans celui de Walter, I, p. 396.

une commission de juristes romains présidée par le comte du palais Goiaric. Cette commission compila et accompagna d'une paraphrase, en jargon latin, des passages extraits des Codes grégorien, hermogénien et théodosien, des novelles jointes à ce dernier code, et de certains écrits de Gaïus, de Paul et de Papinien. Ce travail fut terminé à Aire en Gascogne, en 506, et promulgué au moyen de l'envoi fait à chaque comte d'un exemplaire paraphé *ne varietur* par Anien, référendaire d'Alaric. De là vient que l'on appela aussi *Breviarium Aniani* ce Code auquel d'ailleurs le nom de *Breviarium Alaricianum* ne fut donné qu'au seizième siècle par le jurisconsulte Leconte. Au moyen âge on l'appelait indistinctement *Corpus theodosianum*, *Lex theodosiana* et *Liber legum*. Il en fut fait un abrégé sous le titre de *Scintilla*. Le bréviaire est pour nous très-précieux en ce qu'il nous a conservé tout ce qui nous reste des Sentences de Paul, des Codes grégorien et hermogénien, et tout ce qui nous restait des Instituts de Gaïus et des cinq premiers livres du Code théodosien avant les découvertes de Niebuhr, de Clossius et de Peyron (¹).

3° *Papiani responsum*. On appelle ainsi ou bien encore *Papiani liber responsorum* le Code qui fut rédigé de 517 à 534 pour les populations romaines habitant les contrées occupées par les Bourguignons, c'est-à-dire la Haute-Alsace (Sundgau), la Bourgogne,

---

(¹) La seule édition complète du *Breviarium* est celle de Si-chard. Bâle, 1528, in-fol. Hænel a découvert quelques fragments inconnus du *Bréviaire* dans les manuscrits de la bibliothèque de Paris et d'Orléans. Haubold les a fait connaître en 1822.

la Franche-Comté et la Suisse. Ce recueil paraît avoir été composé avec des matériaux puisés aux sources pures du Droit romain ; cependant ils ne sont venus jusqu'à nous qu'en subissant de fâcheuses altérations [1]. Le *Papiani responsum* se compose de quarante-sept titres, disposés à peu près dans le même ordre que ceux de la loi Gombette ou loi nationale des Bourguignons. On avait cru pendant longtemps que le singulier titre donné à cette *lex romana* était le résultat d'une erreur de Cujas qui en publia la première édition. Voici, disait-on, comment cela était arrivé : Le *Breviarium Alaricianum* se termine par le fragment de Papinien : *de pactis inter virum et uxorem*. Or, dans les manuscrits on écrivait *Papianus* par abréviation de *Papinianus*. Cujas ayant découvert un manuscrit dans lequel, à la suite du *Breviarium*, se trouvait transcrite, sans solution de continuité, la *lex romana* des Bourguignons, aurait cru que c'était l'œuvre d'un jurisconsulte du nom de *Papianus* et l'aurait publiée sous le titre de *Papiani liber responsorum*. Plus tard le grand Cujas aurait reconnu son erreur, mais sans se rétracter avec assez de publicité, et le titre de Papien serait, par ce motif, resté au Code fait pour les Romains sujets des Bourguignons. Mais cette anecdote tombe devant le fait suivant : il y a à la Bibliothèque de Berlin, sous le n° 270, un manuscrit acheté en 1837 à la vente de la Bibliothèque

---

[1] On en trouve le texte dans Schulting, p. 827, et dans le *Jus civile antejust.* de Berlin, II, p. 1501. La meilleure et la plus complète édition est celle que Barkow a donnée avec un commentaire à Grieswalden, en 1826.

de madame la duchesse de Berry. Ce manuscrit est intitulé : *Papianus liber responsorum* : il est démontré que ce manuscrit est du neuvième siècle et que ce n'est point l'exemplaire dont s'est servi Cujas, d'où il résulte que ce titre (qu'il y ait eu ou non un jurisconsulte appelé Papien) était usité bien avant Cujas pour désigner la *lex romana* des Bourguignons (1).

3° Du contenu et des éditions du Corpus juris civilis romani (2).

— 82 —

Dans le principe, les compilations de Justinien ne furent ni écrites en un seul manuscrit, ni imprimées en un seul volume. On appela cependant *Corpus juris civilis* la réunion de ces compilations, pour la distinguer des recueils de Droit pontifical, que l'on appelait *Corpus juris canonici*. Le *Corpus juris civilis* formait, entre les mains des glossateurs, cinq volumes, dont le premier s'appelait *Digestum vetus*, qui comprenait les vingt-trois premiers livres et les deux premiers titres du vingt-quatrième ; le second, *Infortiatum*, qui contenait depuis le troisième titre du vingt-quatrième livre jusqu'au trente-huitième livre inclusivement ; le troisième, *Digestum novum*, qui renfermait les onze derniers livres ; le quatrième, *Codex repetitæ prælectionis*, où ne se trouvaient que

____

(1) Voy. un article de M. KLENZE dans le *Zeitschrift für die geschichtliche Rechtswissenschaft*. IX, p. 236.

(2) SPANGENBERG, *Einleitung in das ræmisch-justinianeisches Rechtsbuch*, etc. Hanovre, 1817.

les neuf premiers livres du Code ; et le cinquième, *Volumen parvum*, qui se composait des trois derniers livres du Code, du *Corpus authenticum*, des *Libri feudorum* et des Instituts. Les motifs de cette étrange division ne sont pas bien connus : du moins nous n'en avons lu jusqu'à présent que des conjectures insuffisantes. Elle a été généralement en usage jusqu'au seizième siècle. C'est Denis Godefroi qui, le premier, donna à sa deuxième édition glosée (1604) le titre général de *Corpus juris civilis*, auquel postérieurement on ajouta le mot *romani*. Cependant l'édition de Pierre Baudoche (*Baudoza*), en 1593, portait déjà pour titre : *Universi juris civilis in IV tomos distributi corpus* (¹).

Les parties constitutives du *Corpus juris civilis* sont les Instituts, les Pandectes, le Code et les Novelles. La place de chacune de ces parties dans le *Corpus juris civilis* variait dans les éditions anciennes, mais les éditions modernes ont généralement suivi l'ordre dans lequel ces parties viennent d'être énumérées. Outre les Instituts, les Pandectes, le Code et les Novelles, on trouve ordinairement dans le *Corpus juris civilis* et sous forme d'appendice, quelques monuments législatifs, dont le nombre varie selon les éditions du recueil. Ainsi on y rencontre treize édits de Justinien qu'on aurait pu tout aussi bien placer parmi ses novelles: différentes constitutions de ce même empereur (²), de Justin II et de

(¹) Tite-Live, III, 54, appelait aussi la loi des XII tables : « *Corpus omnis romani juris.* »

(²) La plus importante est la sanction pragmatique : *Pro peti-*

Tibère II; les cent treize novelles de l'empereur Léon; une constitution de Zénon, *De novis operibus*; plusieurs constitutions d'empereurs byzantins du septième au quatorzième siècle et réunies sous la rubrique de : *Constitutiones imperatoriæ*; les *Canones sanctorum apostolorum* (voy. § 90) ; les *Libri feudorum* (voy. § 107) ; quelques constitutions de Frédéric II ; deux ordonnances de Henri VII, de 1312, sur le crime de lèse-majesté et de rébellion ; le *Liber de pace Constantiæ*; et enfin, dans certaines éditions, on trouve la bulle d'or de Charles IV, des fragments des XII tables et de l'édit perpétuel, les Sentences de Paul, les *Tituli ex corpore Ulpiani* et le Gaïus visigoth.

Les éditions du *Corpus juris civilis* sont de deux espèces: les unes contiennent en marge et en note du texte même la *glossa ordinaria* (voy. § 84), les autres en sont dépourvues. Les éditions glosées sont toutes conformes à la division du *Corpus juris civilis*, en cinq volumes, telle qu'elle vient d'être rapportée. La plus ancienne est celle qui parut de 1476-1478 à Venise, chez la famille Rubéi. Les plus remarquables sont celles des frères Senneton (Lyon 1549-1550), — de Contius (Paris 1576), — de Denis Godefroi (Lyon 1589), plusieurs fois rééditée. La dernière et la meilleure des éditions glosées est celle de Jean Fehius (Lyon 1627).

Parmi les éditions non glosées, il y en a qui con-

---

tione Vigilii, relative à la promulgation faite en Italie, par Justinien, de ses recueils de lois.

tiennent des notes exégétiques ou critiques, il y en a qui ne présentent que le texte dégagé de toute espèce d'annotation. Parmi les premières on distingue celle de Roussard (Lyon 1560-61. 2 vol. in-fol., réimprimée deux fois à Anvers et pour la seconde fois 1570, 7 vol. in-8°); — celle de Contius (Paris 1562, 9 vol. in-8°, et Lyon 1571, 15 vol. in-12);— celle de Charondas (Anvers 1575, 2 vol. in-fol.); — celle de Julius Pacius (Gênes 1580; deux éditions, dont l'une en 1 vol. in-fol. et l'autre en 9 vol. in-8°); — celle de Denis Godefroi (Lyon 1583, in-4°; rééditée pour la cinquième fois à Genève 1624 par les soins de son fils Jacques Godefroi); — enfin celle de Simon Van Leeuwen (Amsterdam 1663, in-fol.; sortie des presses d'Elzevir, c'est la plus belle et la meilleure; les réimpressions postérieures, qui sont de 1705, 1720 et 1740, ne la valent pas).

Parmi les éditions non glosées et présentant le texte nu sans annotations explicatives, se font remarquer : celle de la *Versio haloandrina* (Bâle 1541, 2 vol. in-fol.); — celle d'Elzevir de 1664, 1 vol. in-8°, avec le célèbre erratum *Pars secundus,* à la suscription du cinquième livre des Pandectes;—celle de Freiesleben, publiée en 1721 sous le titre de *Corpus juris academicum,* gr. in-8°, rééditée maintes fois et notamment à Paris, *curante* Galisset;—celles qu'entreprit Gebauer et qu'acheva Spangenberg (Gœttingue 1776-97, gr. in-4°); — celle de Beck (Leipsic 1825-36, 5 vol. in-8°);— celle des frères Kriegel (1828) continuée par Herrmann et Osenbrüggen; — celle que publient Schrader, Tafel et Maïer.

Enfin, il s'est rencontré quelques hommes, et à leur tête l'avocat Hulot, qui ont eu le courage de perdre leur temps à traduire en français tout le *Corpus juris civilis*. Cette traduction, inutile lors même qu'elle ne serait pas dangereuse par les erreurs dont elle fourmille, a paru à Metz, de 1803 à 1811, en 17 vol. in-4° et en 66 vol. in-12 (¹).

4° Coup d'œil sur l'histoire littéraire du Droit romain (2).

— 83 —

Le Droit romain, nous l'avons déjà dit, ne cessa pas d'être en vigueur après les invasions des Barbares, soit dans les Gaules, soit en Italie ; mais, au milieu des ténèbres des huitième, neuvième et dixième siècles, l'étude de ce Droit tomba dans la langueur comme toutes les autres études. Toutefois elle ne fut pas complétement anéantie : outre ce que l'on sait des leçons de Droit romain que déjà vers le milieu du onzième siècle saint Lanfranc donnait au Bec en Normandie, il nous est parvenu, entre autres monuments de cette époque, deux livres qui prouvent qu'avant le douzième siècle on s'occupait de

(¹) Berriat Saint-Prix, *Des traductions des lois romaines.* 1807, in-8°.

(²) Consultez : Guidi Panciroli, *De claris legum interpretibus libri IV.* Venise, 1637, in-4°. Nouv. édit. Leipsic, 1721. — Sarti, *De claris Archygimnasii Bononiensis professoribus.* Bologne, 1767. — Haubold, *Institutiones juris romani litterariæ.* T. I. Leip., 1809. — Hugo, *Lehrbuch der Geschichte des rœmischen Rechts seit Justinian.,* Berlin, 1830. — Terrasson, dans la deuxième partie de son *Histoire de la jurisprudence romaine.* — De Savigny, dans son *Histoire du Droit Romain au moyen âge.* — Berriat Saint-Prix, dans son *Histoire du Droit romain.*

l'étude du Droit romain et que l'on se servait dans les Gaules de la compilation de Justinien. L'un est intitulé : *Petri exceptiones legum Romanorum* (¹), l'autre a reçu le nom de *Brachylogus* (²). Tout à coup, vers le milieu du douzième siècle, une commotion intellectuelle se fit ressentir et ralluma le zèle pour les travaux de l'esprit. A partir de ce moment, le Droit romain devint l'objet d'une culture scientifique dans presque toute l'Europe ; mais comme c'est en Italie, en France, en Hollande et en Allemagne qu'il a été le mieux cultivé, nous nous bornerons à jeter un coup d'œil sur les écoles italienne, française, hollandaise et allemande, depuis le douzième jusqu'au dix-neuvième siècle.

L'Espagne, le Portugal et les Pays-Bas ont eu aussi des romanistes d'un très-grand mérite. L'Espagne compte, entre autres, l'évêque Gomez (✝ 1543) ; — l'évêque Didacus (Diego) Covarruvias, surnommé le Bartole Espagnol (✝ 1577), jurisconsulte d'un jugement exquis au dire de Grotius, et que Menochius appelait *primarius inter jurisconsultos ætatis nostræ;* — l'archevêque Antonius Augustinus (✝ 1586), dis-

---

(¹) Ce livre, qui paraît avoir été écrit en France, aux environs de Valence, vers le milieu du onzième siècle, contient une exposition systématique du Droit romain. On en connaît maintenant huit manuscrits différents. M. DE SAVIGNY l'a imprimé dans le 2ᵉ vol. de son *Histoire du Droit romain au moyen âge.*

(²) C'est un traité de Droit romain suivant l'ordre des Instituts de Justinien, et qui paraît avoir été écrit en Lombardie, vers 1100. Il est aussi connu sous le nom de *Summa novellarum* et de *Corpus legum* (*Thémis*, V, p. 266). M. BOECKING en a donné une excellente édition critique, Berlin, 1829.

ciple d'Alciat, et comme son maître profondément versé dans la connaissance du Droit civil et canonique, des belles-lettres, des langues et de l'histoire ; — Ferdinand de Mendoza (✝ 1595) ; — Pierre Barbosa, (✝ 1606) chancelier de Portugal, dont quelques ouvrages ont mérité d'être réimprimés ; — le Portugais Edouard de Caldera (✝ 1610) ; — Melchior de Valentia (✝ 1657) ; — Antoine Perez (✝ 1672) qui professa le Droit en l'université de Louvain et qui a laissé d'estimables écrits ; — Emanuel Suarez (✝ 1677) auteur du grand ouvrage intitulé : *thesaurus receptarum sententiarum juris ;* — Ferdinand de Retes (✝ 1679) ; — Ramos de Manzano (✝ 1683) ; — Joseph de Finestres (✝ 1777) ; — Gregorius Majansius (✝ 1781), etc. — Les Pays-Bas citent avec orgueil Viglius de Zuichem (✝ 1577) qui succéda à Alciat dans la chaire de Bourges et enrichit la science de la paraphrase de Théophile (Voy. § 147, note) ; — Mudaeus (✝ 1560), avocat célèbre, ami d'Érasme, professeur à Louvain, écrivain très-fécond ; — Léoninus (✝ 1598 ; — Rœvardus (✝ 1568 que Cujas appelait le Papinien belge ; — Sebrand Siccama (✝ 1621), etc.

École italienne.

— 84 —

C'est Bologne qui fut le foyer de cette brûlante ardeur du moyen âge pour l'étude de la jurisprudence. Un certain Irnerius, Wernerius ou Guarnerius y enseigna le Droit romain vers 1115, et devint fameux comme chef de cette école de jurisconsultes connus sous le nom de *glossateurs*. Dans le principe, Irnerius et ses disciples se bornèrent à interpréter les textes mot à mot (γλῶσσα) et à les annoter, soit au bas, soit en marge, soit entre les lignes, de simples observations de doctrine ou de grammaire. C'est ce qu'on nommait *glossæ* (*marginales seu interlineares*), et de là vint à ces jurisconsultes le nom de *glossateurs* (¹). Ils exercèrent sur la culture du Droit romain une influence très-sensible : ils donnèrent à cette étude une impulsion européenne, soit en se faisant les apôtres cosmopolites de cette science, soit en instruisant les jeunes gens, qui, accourus à Bologne pour les entendre, allaient ensuite propager dans leurs pays le fruit de leurs leçons. Leur influence sur le recueil des lois romaines fut considérable : outre la leçon *vulgate* qu'ils avaient érigée à l'état de texte officiel du *Corpus juris civilis,* ce sont eux qui ont introduit la singulière division en cinq volumes dont il vient d'être question ; ce sont eux qui y ont intercalé les Authentiques et qui ont inventé un langage technique dont les modernes se servent encore au-

(¹) Ils appelaient *summa* un aperçu général sur le contenu de titres entiers du *Corpus juris civilis :* des gloses travaillées en forme de commentaire formaient un *apparatus*. Ils avaient aussi des recueils de *casus*, c'est-à-dire d'espèces simulées, auxquels ils appliquaient les lois romaines, et des collections d'adages de Droit appelés *Brocarda, Brocardi* ou *Brocardica*. Enfin, ils appelaient *Ordo judiciorum* leurs petits traités de procédure. La controverse était chez eux fort à la mode : de là viennent leurs *distinctiones, quæstiones* et *disputationes* (*sabatinæ vel dominicales,* selon qu'ils se réunissaient le samedi ou le dimanche). Voy. HÆNEL, *Dissensiones dominorum sive controversiæ veterum juris interpretum qui glossatores vocantur.* Leip. 1834.

jourd'hui, par exemple, les expressions *actiones in rem scriptæ, beneficium competentiæ, jus ad 'rem, jus in personam, legitimatio, respectus parentelæ*, et mille autres.

L'école des glossateurs commence à Irnerius et finit avec Odofredus, renfermant ainsi un espace de cent cinquante ans. Les plus célèbres sont :

Irnerius, dont nous ne pouvons apprécier le mérite que par l'admiration qu'ont eue pour lui ses disciples et ses successeurs ; — Bulgarus (✝ 1166), professeur disert et savant entêté ; — Martinus Gosia (✝ 1158), homme de beaucoup d'esprit ; — Hugo (✝ 1171) et Jacobus (✝ 1178). On prête à Irnerius, sur le mérite de ces quatre glossateurs, qui furent ses disciples, le distique suivant :

> Bulgarus os aureum, Martinus copia legum,
> Hugo mens legum, Jacobus id quod ego.

Vinrent ensuite Rogerius (✝ 1191), glossateur très-fécond ; — Albericus de Porta Ravennate et Burgundio (✝ tous deux en 1194) ; — Placentinus (✝ 1192), qui professa à Montpellier, où il est enterré ; — Pillius (✝ 1207) et Johannes Bassianus (✝ 1200), professeur d'Azon et auteur de la *Summa ventosa*.

Au commencement du treizième siècle, l'école de Bologne avait à sa tête Azon, appelé aussi Azolinus (✝ 1220), écrivain très-fécond et professeur très en vogue, puisqu'il avait à son cours jusqu'à dix mille auditeurs. Au-dessous d'Azon parurent Hugolinus dit Presbyteri (✝ 1233), qui inséra les *Libri feudo-*

rum au *Corpus juris civilis*; — Jacobus Balduinus (†1235); — Roffredus Beneventanus († 1243; — Petrus de Vineis († 1249); — Accursius († 1260), — et enfin Odofredus († 1265).

Accurse est surtout célèbre par son grand travail appelé *Glossa ordinaria*. Il compila, dans les gloses de ses devanciers, ce qu'il trouva de mieux, y ajouta du sien, et en fit une espèce de commentaire perpétuel du *Corpus juris civilis*. Ce travail est loin d'être parfait : parmi de bonnes choses il y en a de ridicules (¹); mais cette glose, qui est tombée aujourd'hui dans un injuste mépris, obtint aux quatorzième et quinzième siècles plus d'autorité que le texte même (*Malo pro me glossam*, disaient les praticiens, *quam textum*). Le plus grand mal de la glose d'Accurse, c'est qu'elle fit entrer la jurisprudence dans la voie de la décadence et de l'obscurité. On abandonna les textes pour s'en tenir à la glose : la dialectique devint à la mode, la méthode scholastique prit le dessus, et la jurisprudence ne fut plus qu'un chaos de subtilités et de casuistique. C'est surtout Bartole (1313-1359) qui ouvrit la porte à ces abus. Il avait été précédé par Dinus Mugellanus († 1298), auteur très-fécond; — Cinus (1270-1336, ami du Dante et auteur de diverses poésies lyriques auxquelles Pétrarque a fait plus d'un emprunt; — Oldradus († 1334) et Albericus de Rosata († 1354). Mais il les surpassa, sinon en talent, du moins en célébrité; car ce Bar—

____

(¹) Voy. M. Berriat Saint-Prix, *Histoire du Droit romain*, p. 290.

tole, malgré son mauvais goût (¹), a joui d'une incroyable vogue. Il eut pour contemporains Rainerius de Forlivio († 1348), qui fut son maître; — Franciscus de Tigrinis († 1359) et quelques autres qu'il effaçait par sa réputation. Parmi ses disciples, il eut Baldus de Ubaldis (1327-1400), qui devint presque aussi fameux que son maître.

Au quinzième siècle, on vit professer et écrire sur le Droit romain Bartholomæus de Saliceto († 1412); — Fulgosius (1367-1427); — Johannes de Imola († 1436); — Paulus de Castro († 1441), si haut tenu en estime par Cujas qu'il disait : *Si quis Paulum de Castro non habet, tunicam vendat et emat.* Parmi les disciples d'Imola se signalèrent Alexander Tartagnus (1424-1477), — Marianus Socinus (1401-1467), — Franciscus de Accoltis (1419-1483). A la même époque écrivait Bartholomæus de Cæpolla († 1477), dont le traité *De servitutibus* jouit encore aujourd'hui d'une autorité méritée.

Avec le seizième siècle commença en Italie, comme dans toute l'Europe, une ère nouvelle pour l'étude et la culture du Droit romain. L'invention de l'imprimerie y contribua puissamment : de nouvelles sources furent découvertes; on épura les textes; on mit à profit la connaissance de la langue grecque, car le temps était passé où les glossateurs disaient *est græca constitutio quam nec intelligo nec lego;* l'his-

(¹) Il est l'auteur d'une farce judiciaire dans laquelle le diable, plaidant contre la sainte Vierge devant le Père éternel, revendique le genre humain avec des arguments de *Corpus juris civilis.* Voy. M. DUPIN, *Prof. d'avocat,* II, p. 732.

toire et la philologie répandirent leurs clartés sur l'exégèse du Droit ; en un mot, il y eut, contre les bartolistes, une violente et salutaire réaction.

On place ordinairement à la tête de cette renaissance en Italie Angelus Politianus (1454-1494), bien qu'il ne fût pas jurisconsulte, car Alciat raconte qu'il ne sut pas répondre à cette question *quid sit suus heres?* Mais le véritable novateur fut Andreas Alciati (1492-1550), qui avait été précédé par Ludovicus Bologninus ou Bononiensis (1447-1508), — Alexander ab Alexandro (1441-1523), — Jason Maynus (1435-1519) et Philippus Decius (1454-1535). Après Alciat, qui professa aussi en France avec beaucoup d'éclat, parurent au seizième siècle, Sigonius (1520-1584) très-versé dans la connaissance des antiquités romaines sur lesquelles il a laissé d'estimables écrits ; — Murétus († 1585), Français d'origine, obligé de fuir pour éviter des poursuites criminelles, et qui, réfugié en Italie, y cultiva avec succès le Droit et les belles-lettres ; — Lælius Taurellius († 1576), l'éditeur des Pandectes florentines ; — Guido Pancirolus (1523-1599) ; — Menochius (1532-1607) ; — Albericus et Scipio Gentili († en 1611 et en 1616), etc.

Au dix-septième siècle, le cardinal Mantica († 1614) ; — Antonius Merenda († 1655) ; — Galvanus († 1659), dont le traité *De usufructu* est encore aujourd'hui très-estimé, etc.

Et enfin au dix-huitième siècle, Gravina († 1718) ; — Averanius († 1738), connu par ses *Interpretationes juris civilis* ; — d'Asti († 1730) ; — Guido Grandi († 1742) ; — Guadagni († 1785) ; — Vico († 1744),

sublime visionnaire ; — Rapolla († 1762) ; — Mazochi
(†1771) ; — Zirardini († 1786) ; — Amaduzzi († 1786) ;
ces trois derniers connus par leurs découvertes de
monuments de l'ancien Droit romain ; — et enfin
Mandatorizzi († 1767).

École Française.

— 85 —

La lumière du Droit romain irradia de Bologne
sur presque toute l'Europe. Vacarius, élève de cette
école, s'en alla, vers 1149, enseigner le Droit de Justinien en Angleterre [1]. Vers la même époque, le
glossateur Placentinus vint occuper une chaire à
Montpellier. Dès le treizième siècle professaient aussi
à Toulouse Jacobus a Ravanis († 1296), dont Cinus
a dit : *Non erat in mundo adversarius subtilior*, et
Petrus a Bella Pertica († 1308, auteur des *Lecturæ
in Codicem*, professeur à Orléans avant d'être évêque
et chancelier de France. C'est à cette époque qu'il
faut placer l'apparition d'un petit traité de procédure
intitulé : *Ulpianus de edendo*, que l'on suppose écrit
en France et dont l'auteur est resté inconnu [2]. En

[1] Voy. WENCK, *Magister Vacarius primus juris romani in
Anglià professor*. Leip. 1820, in-5. — L'Angleterre n'a jamais
été riche en romanistes : elle ne compte, pour ainsi dire, que des
historiens du Droit romain, tels que ARTHUR DUCK († 1649), FER-
GUSSON († 1793), GIBBON († 1794), BEVER († 1791), etc.

[2] Le manuscrit a été découvert en 1791, en Angleterre, et
SPANGENBERG l'a édité en 1809. Plusieurs autres manuscrits ayant
été retrouvés, il en a été donné de nouvelles éditions à Londres,
en 1832, par COOPER ; en Belgique, par M. WARNKOENIG, en 1833 ;
à Paris, en 1836, par M. ROYER-COLLARD ; et, en Allemagne, par
M. HÆNEL, en 1838.

1253, Pierre Défontaines, maître des requêtes du roi saint Louis, écrivit le *Conseil à son ami*, traité dans lequel l'auteur établit un parallèle entre le Droit romain et le Droit coutumier de France ([1]). C'est aussi à cette époque que Guillaume Durand († 1296) publia son *Speculum juris*, traité de pratique d'où vinrent à l'auteur les surnoms de *speculator* et *magister practicœ*. Apparurent ensuite parmi les romanistes, Cumo († vers 1310), vanté par Bartole ; — Pierre Bertrand († 1348), professeur de Droit, puis évêque, puis cardinal ; — Jean Faber († 1340), que Dumoulin appelait *subtilissimus et consummatissimus juris doctor* ; — Jean Bouteiller (*Buticularius*), conseiller au parlement de Paris sous Charles VI, et auteur de la *Somme rurale* ([2]), etc.

Durant le quinzième siècle, l'étude du Droit romain se ressentit en France de l'influence *bartoliste*, mais au seizième, la France se jeta, plus que tout autre pays, dans ce grand mouvement intellectuel signalé au paragraphe précédent. On vit alors la plume et la parole cultiver le Droit romain avec une rare perfec-

---

([1]) La première et la seule édition de cet ouvrage est celle qu'en 1658, Ducange fit imprimer à la suite de son édition de l'*Histoire de saint Louis, par le sire de Joinville*.

([2]) On ignore la date précise de l'apparition de ce livre, bizarrement intitulé *Somme rurale*, non point parce qu'il y est spécialement traité de Droit rural, mais, selon quelques-uns, parce que Bouteiller y travailla (*ruri*) à la campagne pendant les vacances. Cujas l'appelait *optimus liber*, et nos anciens jurisconsultes le tenaient en haute estime. Ce livre a été imprimé pour la première fois à Bruges, en 1479, in-fol.; les dernières éditions sont celles de Charondas-le-Caron. Paris, 1603, 1611, 1612 et 1621, in-4°.

tion. Parmi ces hommes éminents, dont le plus grand nombre est digne de tout notre respect, car ce sont des gloires nationales, il faut citer: Guillaume Budé (1467-1540), jurisconsulte philologue, — appelé par Érasme le *prodige de la France*, et qui, outre ses *Annotationes in Pandectas*, a écrit le fameux traité des monnaies anciennes intitulé *De asse*. — Æmylius Feretty (1489-1552); — François de Connan (1508-1551), dont Cujas a dit à tort *vir doctissimus sed non juris*, l'un des premiers qui aient entrepris de traiter le Droit d'après un ordre systématique dans ses *Commentariorum juris civilis libri X*; — Emile Perrot († 1556) ; — Antoine Govea (1505-1565) ; — Jean de Coras († 1572), professeur et conseiller au Parlement de Toulouse, assassiné pendant le massacre de la Saint-Barthélemi; — Arnaud du Ferrier († 1585), maître de Cujas et de Donneau, révoqué de ses fonctions d'ambassadeur à Venise, parce qu'il passait son temps à faire des leçons publiques de Droit à l'université de Padoue; — Étienne Forcadel († 1573), bon jurisconsulte, mais qui eut le malheur, dans un concours à Toulouse, d'être préféré au grand Cujas; — Bonnefoi († 1574), l'orientaliste du Droit; — Eguinard Baron (1492-1550); — Pierre Rebuffi († 1557); — Duarein (1509-1559), l'une des meilleures têtes de cette grande époque; — Roussard († 1561), connu par ses éditions du *Corpus juris civilis*; — François Baudoin (1520-1573); — Aymard-Ranconnet, que Pithou regardait comme un des quatre grands jurisconsultes de son siècle; — Antoine Leconte (*Contius* † 1586), homme d'un

immense talent de critique; — François Hotman
(1524-1590), écrivain fécond, très-connu par son
Antitribonian, diatribe contre le Droit romain; —
Barnabé Brisson († 1591), savant archéologue; —
Du Tillet († 1570), éditeur de plusieurs textes antéjus-
tinianéens; — Hugues Donneau (*Donnellus*) († 1591),
le plus mathématicien des jurisconsultes; — enfin
Jacques Cujas (1522-1590), l'une des plus grandes
illustrations de la France. Les services qu'il rendit à la
science du Droit sont presque incalculables : épu-
ration des textes, restitution des sources, philologie,
exégèse et histoire du Droit; cet homme extraordinaire embrassa tout, fit tout avancer. Après Cujas
brillèrent encore, mais d'un éclat moins vif, quelques
romanistes qui furent ses amis ou ses disciples, et
entre autres : Pierre Pithou (1539-1596); — Grégoire de Toulouse († 1597) connu par l'ouvrage :
Syntagma juris universi; — Pierre du Faure (1540-
1600) et Nicolas Lefebvre (1544-1612), qui écrivirent
tous deux sous le nom de *Faber* (¹); — Maranus (1549-
1621), qui réfuta l'*Antitribonian* de Hotman; —
Janus a Costa († 1627), très-estimé pour ses *Præ-
lectiones*; — Baudoza; — Ranchin; — Mornac
(† 1620); — Denis Godefroi († 1622), etc.

Au dix-septième siècle, il y eut ralentissement dans
l'étude et la culture du Droit romain en France.
Une des causes principales fut sans doute la suppression de la langue latine dans les actes officiels et les

______

(¹) Il ne faut pas les confondre ni entre eux, ni avec Antoine
Favre († 1624), le célèbre président du sénat de Chambéry.

progrès croissants du Droit coutumier. Cependant il
y eut encore à cette époque quelques romanistes distingués, enfants perdus de la grande école du seizième siècle, tels que Jacques Godefroi (1587-1652),
l'érudit par excellence, célèbre par son petit *Manuale
juris* et par son monumental commentaire du Code
théodosien (¹) ; — Annibal Fabrot († 1659), traduc-
teur des *Basiliques* et éditeur des *OEuvres de* Cujas;
— Mérille († 1647), le Fréron de Cujas; — Ménage
(† 1692), dont les *Amœnitates juris civilis* sont
agréables à lire; — d'Espeisses († 1659), praticien très-
versé dans le Droit romain ; — Alteserra (1602-
1682) ; — Dupérier (1588-1667), subtil et savant
jurisconsulte; — Henrys (1615-1662); — d'Avezan
(† 1669) et le janséniste Domat († 1695). Mais au
dix-huitième siècle, il n'y eut plus, à proprement
parler, de grand romaniste ; on n'étudiait plus alors
les lois romaines que comme un Droit subsidiaire, le
Droit coutumier avait pris le dessus, ou pour mieux
dire, il s'était formé, par la fusion du Droit romain
avec le Droit coutumier, un Droit mixte qui consti-
tuait à proprement parler le DROIT FRANÇAIS. Il se
forma aussi une école mixte que l'on pourrait appeler *romano-coutumière*, et dans laquelle brillèrent
plus ou moins Claude de Ferrière (1639-1714), —
Claude Fleury (1640-1723), — Bretonnier (1656-
1727), — Boutaric (1672-1733), — Furgole (1690-
1761), — Dunod († 1751), — Lorry (1719-1766),

______

(¹) JACQUES GODEFROI est des nôtres, bien qu'il soit né en Suisse,
car sa famille était française; son père, DENIS GODEFROI, était
Parisien.

— et enfin Pothier (1699-1772), bien moins célèbre par ses *Pandectæ* que par ses nombreux traités de Droit civil dans lesquels les rédacteurs du Code civil ont puisé à pleines mains.

Écoles hollandaise et allemande.

— 86 —

La supériorité que les jurisconsultes français avaient déployée au seizième siècle dans l'étude du Droit romain parut, au dix-septième, s'être réfugiée en Hollande. Ce pays devint à cette époque un vaste foyer scientifique qu'alimenta surtout, vers la fin de ce siècle, la révocation de l'édit de Nantes. Entre autres hommes remarquables, les romanistes apparurent si nombreux qu'ils ont mérité l'honneur d'être considérés, dans l'histoire littéraire du Droit romain, comme formant une école spéciale. Cette école hollandaise a eu plusieurs mérites, et entre autres celui d'écrire en latin avec une clarté et une élégance que l'école cujacienne elle-même n'avait pas su atteindre. Les Hollandais ont également bien mérité de la science, en imprimant les textes et les commentaires du Droit romain avec autant de profusion que de luxe et de pureté typographiques. Cette école, que l'on pourrait faire remonter à Grotius, puisque ce grand homme écrivit aussi sur le Droit romain, ne commence réellement qu'à Arnold Vinnius (1588-1657). Cet estimable jurisconsulte eut soit pour contemporains, soit pour successeurs :

Wissenbach (1607-1665), plus connu par ses *Emblemata Triboniani* que par son *Commentaire sur le Code* ; — Simon van Leeuwen (1625-1682), célèbre par sa belle édition du *Corpus juris civilis* sortie des presses d'Elzevir ; — Huberus (1636-1694) ; — Voëtius (1647-1713), dont les commentaires jouissent d'une réputation européenne ; — Gérard Noodt (1647-1725), excellent philologue ; — Cornélius van Bynkershœck (1673-1743), jurisconsulte éminent ; — Antoine Schulting (1659-1734), dont la *Jurisprudentia vetus antejustinianea* est une œuvre fort remarquable ; — Westenberg (1667-1737), auteur d'un manuel des Pandectes tellement estimable, que M. de Savigny l'avait adopté pour ses leçons ; — Brenemann (1684-1736) dont l'*Historia Pandectarum* était le meilleur travail de critique jusqu'à ceux du dix-neuvième siècle ; — Perizonius (1651-1715 ; —Cornelius van Eck (1664-1732), etc.

Au dix-huitième siècle, l'étude du Droit romain occupa encore en Hollande quelques hommes distingués, tels que Dukerus (1670-1752) ; — Woorda (1697-1767) ; —Everardus Otto (1686-1756), connu par son *Thesaurus juris civilis* ; — Wieling (1693-1769), qui a restitué l'*Edictum perpetuum* ; — Otto Reitz (1702-1768), éditeur de la Paraphrase de Théophile et de quelques livres des Basiliques ; — Guillaume Best (1683-1719) ; — Conrad Rücker (1702-1778) ; — George d'Arnaud (1711-1740) ; — Meerman (1722-1771), rédacteur du *Novus thesaurus juris civilis et canonici* ; —et enfin quelques jurisconsultes qui ferment, au dix-neuvième siècle, la grande école hollandaise, tels que Arntzenius (†1797) et les deux Cannegieter († 1804).

Quant à l'Allemagne, elle aborda plus tard que les autres nations l'étude du Droit romain : aussi ce n'est qu'au seizième siècle qu'elle commença à mettre en ligne quelques romanistes de mérite, et entre autres, Zasius (1461-1535), ami d'Érasme; — Grégoire Hoffmann (*Haloander*) († 1531); — Sichardus (1499-1552); — Fichardus (1512-1581); — Schneidewinus (1519-1568); — Mynsinger († 1588); — Lœwenklau (*Leunclavius*) (1533-1593); — Vigelius († 1600); — Giphanius († 1604), surnommé le Cujas de l'Allemagne; — Rittershusius († 1613), — Scipion Gentili († 1616), d'origine italienne, etc.

Au siècle suivant, on vit écrire et professer Althusius († 1617); — Vulteius († 1634); — Bachovius († 1640); — Harprecht († 1639); — Besoldus († 1638), excellent praticien; — Brunnemann († 1672); — Mœvius († 1670); — Carpzov († 1666); Lauterbach († 1678); — Struve († 1692; — Stryck († 1700); — Schilter († 1705), etc.

Mais c'est surtout au dix-huitième siècle que la culture du Droit romain reçut en Allemagne une vive impulsion et prit un large développement.

Thomasius († 1728) imprima à la science une direction plus philosophique; il fut suivi par Bœhmer (1674-1749), aussi bon canoniste que civiliste; — Heinneccius (1680-1741), qui écrivait en latin avec une élégance cicéronienne; — Leyser (1683-1752), qui a réuni 14 vol. in-4° de *Meditationes in Pandectas*; — Brunquell († 1735); — Conradi († 1748); — Eckard († 1751); — Schmauss († 1757); — Mascov († 1761); — Trekell († 1764); — Gebauer († 1773) ; — Ritter († 1775) ; — Hellfeld († 1782) ; — Westphal († 1792) ; — Hofacker († 1793) ; — Hœpffner († 1797) ; — Spangenberg († 1806), et enfin Gustave Hugo († 1844), qui ferme pour ainsi dire l'école du dix-huitième siècle et ouvre celle du dix-neuvième.

II. — Du droit canonique.

— 87 —

Gémissant de voir un frère plaider contre un frère, et surtout devant des infidèles, saint Paul avait écrit : « Si vous avez des différends entre vous touchant les « choses de cette vie, prenez pour juges dans ces ma- « tières les moindres personnes de l'Église (¹). » Ce précepte apostolique devint loi de l'empire peu après que l'empereur Constantin eut embrassé le christia- nisme. En 452, Valentinien III accorda aux évêques pouvoir de juger tous les procès que les plaideurs leur soumettraient par suite de compromis. Non-seule- ment Justinien maintint aux évêques cette juridiction arbitrale, mais, affranchissant tous les gens d'Église de la juridiction laïque, cet empereur ne les rendit justiciables que des tribunaux épiscopaux (²). Les con- ciles avaient déjà exigé depuis longtemps qu'il en fût ainsi de clerc à clerc (³). Ce genre de juridiction ec- clésiastique ne tarda pas à prendre, dans toutes les parties du monde chrétien, un immense développe- ment. Le clergé, dispensateur des sacrements, pré-

(¹) Première épître aux Corinthiens, ch. 6, v. 4, trad. de LE- MAISTRE DE SACY.

(²) *Cod. de episc. audient.*, I, 4. — Nov. 123, c. 21-23.

(³) Conc. Chalcéd., an 451, can. 9.

sidait à la naissance, au mariage et au décès. Sous prétexte de connexité, il absorba la connaissance de toutes les questions judiciaires qui avaient trait à ces trois grandes phases de l'état civil des individus ,filiation légitime, légitimation, conventions matrimoniales, nullité de mariage, adultère, testaments, etc.', de même qu'il intervint comme juge de toutes les causes où la conscience paraissait plus ou moins directement intéressée (contrats, serment, etc.'. Puis, en octroyant à qui le demandait le for privilégié de la cléricature et en combinant cette concession avec la règle *actor sequitur forum rei*, l'Église attira presque tous les procès à la barre de ses tribunaux. Les plaideurs, du reste, étaient loin d'en murmurer, car ils trouvaient, dans les officialités, de l'impartialité, de la science et une procédure régulière, tandis que les justices seigneuriales n'étaient peuplées que de chevaliers ès lois ignorants et corrompus. Qu'on ajoute à cela que le clergé devint propriétaire de domaines très-considérables sur lesquels la justice territoriale était un droit pour lui, et l'on comprendra facilement, à l'aide de ces aperçus dont il faut chercher le développement dans l'histoire, comment et pourquoi l'Église intervint pour juger les procès de la vie civile. Une fois juge, elle devint nécessairement législatrice, car il lui fallut non-seulement établir les règles de sa discipline intérieure, mais encore poser les lois d'après lesquelles justice serait rendue dans tous ses tribunaux qui, sous différents noms, couvraient les pays chrétiens d'un réseau judiciaire (¹).

(¹) *Des anciennes juridictions ecclésiastiques*, par M. BÉLIME,

Le Droit canonique n'est autre chose que l'ensemble de ces lois faites et appliquées par l'Église. Quelques-uns l'appellent aussi Droit *ecclésiastique*, mais à tort. Le Droit ecclésiastique est, à proprement parler, l'ensemble de ces règles qui déterminent les conditions d'existence et les rapports des communautés religieuses avec l'État. Il fait partie du Droit constitutionnel. Il diffère du Droit canonique sous le double rapport de la source et de l'objet. Les règles du Droit ecclésiastique, émanées du souverain de l'État, n'ont trait qu'à l'Église et ne concernent pas seulement l'Église catholique, mais encore toute autre Église dont l'existence a été reconnue par le Droit public. Au contraire, celles du Droit canonique aujourd'hui abrogé en France se rapportaient à une foule de matières étrangères à la chose ecclésiastique, et provenaient non point du souverain français, mais exclusivement des chefs de l'Église catholique, apostolique et romaine, alors que cette Église jouissait dans l'État d'une juridiction temporelle.

1° De l'utilité actuelle de l'étude du Droit canonique.

— **88** —

L'Assemblée constituante, en supprimant les officialités, par la loi du 7 septembre 1790, a dégagé la France des liens de la juridiction ecclésiastique. Depuis la révolution de 1789, notre Droit civil est de-

dans la *Revue étrangère, et française.* T. X, p. 786, et la continuation dans la *Revue de Droit français et étranger.* T. I, p. 130.

venu indépendant des croyances religieuses, et la France a complétement rompu avec le Droit canonique. Malgré cela, nous devons encore étudier ce Droit. Sans doute, il est, sous le rapport de la valeur scientifique, bien au-dessous du Droit romain. Ce qui nous frappe et nous ravit chez les jurisconsultes classiques de Rome, c'est, au milieu d'une suave latinité, la puissance de leur raisonnement, l'énergique concision de leur phrase, la rigueur mathématique de leurs déductions, en un mot, l'exquise finesse du sens juridique. Rien de semblable dans le Droit canonique ; c'est un amas de préceptes impératifs et prohibitifs, rédigés en style diffus et en assez mauvais latin. Et puis quelle différence entre la décence de langage des juristes romains et la licence de certaines dispositions du *Corpus juris canonici*, par exemple en matière d'impuissance ! Et le congrès (¹) !!...

Malgré ces graves défauts, le Droit canonique n'en est pas moins une œuvre remarquable, et s'il n'offre plus d'intérêt pratique, s'il n'existe plus à l'état de législation en vigueur, il n'en reste pas moins comme un flambeau qui, après avoir éclairé les ténèbres du moyen âge, a répandu ses clartés jusqu'à nous. « Quand même cette étude n'existerait plus « comme moyen immédiat de procédure et de dis-

---

(¹) Les écrits des canonistes se ressentent naturellement de l'esprit de quelques-uns des textes qu'ils avaient à commenter. — Quant aux casuistes, il en est dont certaines méditations, par exemple en matière de devoirs conjugaux, sont d'un cynisme fabuleux.

« cussion entre les pouvoirs, cette étude existe en-
« core comme monument historique, comme mo-
« nument scientifique, comme monument de la
« plus haute importance (¹). » Que l'historien en interroge donc les détails, car l'Église s'étant trouvée
mêlée à toutes les grandes questions de la civilisation,
le Droit canonique reflète admirablement bien toute
l'histoire de cette civilisation. Que le jurisconsulte
en étudie, sinon les détails, du moins l'esprit et l'ensemble, car toutes les législations modernes se sont
formées et développées sous l'influence du Droit canonique, et certaines parties du Droit qui nous régit
en ont fortement gardé l'empreinte. C'est là, en effet,
qu'il faut chercher l'origine de plusieurs institutions de notre procédure civile, telles que l'appel des
jugements interlocutoires, l'interrogatoire sur faits
et articles, l'appel en matière de juridiction volontaire, la règle : *réprobatoires des réprobatoires ne
sont reçues*, etc. Plusieurs de nos termes de pratique ont une origine canonique : ainsi *conclure* dérive
de la forme syllogistique sous laquelle on exposait sa
demande devant les tribunaux ecclésiastiques. Notre
instruction criminelle se ressent aussi de la même influence, car il y a du Droit canonique dans le mode
d'action du ministère public. Pour approfondir certaines parties de notre Droit civil, par exemple le mariage, la connaissance du Droit canonique est encore
indispensable, et pour étudier le Droit ecclésiastique,

(¹) M. Villemain à la tribune des députés. *Moniteur*, 13 juillet
1839.

il faut nécessairement prendre une idée, au moins générale, du Droit canonique.

En conséquence, nous conseillons aux étudiants de lire et de consulter :

1° Les *Institutes* de Lancelot, qui sont au Droit canonique ce que celles de Tribonien sont au Droit romain. On les trouve dans le *Corpus juris canonici,* mais Doujat en a donné à Paris en 1685 une édition annotée ; Durand de Maillane les a traduites en français. Lyon 1770 ;

2° *L'Institution au Droit ecclésiastique,* par l'abbé Fleury, avec les notes de Boucher d'Argis. 2 vol. in-12 ;

3° Les *Lois ecclésiastiques de France,* par de Héricourt. 1 vol. in-fol. ;

4° Le *Jus ecclesiasticum universum,* de Van-Espen. 4 vol. in-fol.

Quant à ces deux derniers ouvrages, il suffira de les feuilleter pour s'y orienter et y trouver au besoin les solutions qu'ils renferment, sauf, le cas échéant, à consulter les monographies. Mais, avant tout, il faut se familiariser avec le *Corpus juris canonici* et posséder la clef des citations, afin de retrouver les textes auxquels, en Droit canonique comme en Droit romain, il faut toujours remonter.

2° Des sources du Droit canonique.

— 89 —

Primitivement les fidèles des différentes commu-

(¹) Voy. sur ces sources : Doujat, *Histoire du Droit canonique.*

nautés dont la réunion formait l'Église chrétienne, votaient en commun les règles de leur discipline, soit intérieure, soit extérieure. Ces règles, appelées *canons*, du mot grec κανὼν, sont les premiers actes de cette législation que plus tard et pour ce motif on nomma *canonique*. Insensiblement cette forme démocratique disparut : une hiérarchie cléricale se forma et s'érigea en caste distincte des laïques : la constitution de l'Église devint aristocratique. C'est l'époque de ces assemblées connues sous le nom de *synodes* et *conciles*, où le clergé, siégeant seul et souverainement, décidait du dogme et dictait la loi à la chrétienté. Les canons des conciles forment une source très-abondante du Droit canonique (¹). Enfin, au huitième siècle, la forme monarchique l'emporta

Paris, 1677, in-12. — DURAND DE MAILLANE, *Histoire du Droit canonique*. Lyon, 1770, in-12. Les sources qui vont être indiquées ne sont relatives qu'au Droit canonique d'Occident (Église romaine); l'Orient (Église grecque) eut aussi son Droit canonique. (Voy. Douat, *loc. cit.*, ch. 5-15, et DURAND DE MAILLANE, *loc. cit.*, part. II, ch. 3.) Une édition du corps de Droit canonique grec a été donnée à Venise, en 1787, in-8°, sous le titre suivant : Συλλογὴ πάντων καὶ ἱερῶν καὶ θείων κανόνων, τῶν τε ἁγίων ἀποστόλων, καὶ οἰκουμενικῶν συνόδων, ἅμα δὲ καὶ τοπικῶν σὺν τούτοις, καὶ τῶν λοιπῶν ἁγίων πατέρων. Une autre a été donnée à Leipsic, 1800, in-fol. Voy. BIENER, *De collectionibus canonum Ecclesiæ græcæ.* Berlin, 1827.

(¹) Il y a eu plusieurs collections des actes des conciles; la plus ancienne est celle que JACQUES MERLIN donna à Paris, en 1523, 2 vol. in-fol.; la plus récente et la plus ample est celle que ZATTA a publiée à Venise, de 1759 à 1798. Il y a 31 vol. in-fol., et la collection ne va que jusqu'au commencement du xve siècle. Voy. le *Traité de l'étude des conciles et de leurs collections*, par SALMON Paris, 1724, in-4°.

dans l'Église. L'évêque de Rome, dont la suprématie avait été volontairement reconnue par les pères et les docteurs, se déclara, sous le nom de PAPE, indépendant de l'empire d'Orient, et fut proclamé en Occident chef suprême de l'Église et le seul représentant visible de Jésus-Christ sur la terre. Dès lors *quod Papæ placuit legis habuit vigorem*, et ses ordonnances, appelées *décrétales* (*litteræ decretales*) et, selon leur forme extérieure, *bulles* ou *brefs*, jaillirent comme la source la plus abondante du Droit canonique (¹). Les écrits des personnages canonisés par l'Église sont aussi à considérer comme textes du Droit canonique (Dist. XX *per totum*), néanmoins inférieurs en autorité aux décrétales des Papes.

Ces différents textes ont été compilés aux époques et de la manière suivantes.

2). Antérieurement au douzième siècle.

— **90** —

1° *Canones apostolorum*. Ce recueil, préexistant au concile de Nicée (325) et le plus ancien qui soit parvenu jusqu'à nous, renferme les règles de la discipline ecclésiastique primitive. L'auteur est inconnu; ce fut sans doute pour les rendre plus imposantes qu'on en attribua la rédaction aux hommes de la révélation. Il ne faut pas les confondre avec les *Constitutiones apostolicæ*, collection grecque qui date à

(¹) Les constitutions papales ont été réunies dans le *Bullarium romanum magnum*, publié d'abord à Lyon, en 1692, et à Luxembourg, de 1727 à 1748, en 15 vol. in-fol.

peu près de la même époque, mais qui ne fut traduite en latin qu'au seizième siècle (1).

2° *Codex Dionysianus.* C'est une compilation de
canons et de décisions épiscopales que, vers l'an 525,
Denys le Petit, l'auteur du *Cycle paschal,* rédigea en
langue latine pour l'Église d'Occident. Le travail de
Denys, intitulé : *Codex canonum ecclesiasticorum,* a
subi plusieurs modifications ; nous le possédons dans
l'état où l'a mis le pape Adrien, qui le fit reviser à
la fin du huitième siècle. C'est pourquoi l'on appelle
aussi ce recueil *Codex Hadrianeus.* C'est **Fr. Pithou**
qui l'a restitué, en 1687; Le Pelletier en a donné
une édition in-fol. à Paris, sous le titre de : *Codex
canonum vetus Ecclesiæ romanæ.*

3° *Pseudo-Isidorus* (2). Outre la compilation de
Denys le Petit, il en circulait encore d'autres parmi
lesquelles se faisait surtout remarquer celle d'un évêque de Séville nommé Isidore († 633). Le travail de
cet évêque date du septième siècle ; Rome l'avait reconnu pour authentique sous le titre de *Codex canonum* (3) ; mais voilà qu'au milieu du neuvième siè-

(1) BEVEREGIUS, *Codex canonum Ecclesiæ primitivæ.* London,
1678. — KRABBE, *De codice canonum qui apostolorum nomine
circumferuntur.* Gœtt. 1829.

(2) BLONDEL, *Pseudo-Isidorus et Turrianus vapulantes.* Genève, 1628, in-4°. — KNUST, *Comment. de fontibus et consilio
Pseudo-Isidorianæ collectionis.* Gœtt. 1832. — THEINER, *De
Pseudo-Isidoriana collectione.* Breslau, 1827. — M. LAFERRIÈRE,
dans la *Revue de législation,* XVIII, p. 612.

(3) SANTANDER, *Præf. hist. crit. in veram et genuinam collec-
tionem veterum canonum Ecclesiæ hispanæ.* Bruxelles, 1800.
La compilation du véritable ISIDORE a été imprimée en 1808 et
1821 à Madrid, en 2 vol. in-fol. Voy. aussi, dans la deuxième partie

cle apparut, sous le nom d'Isidore *Mercator* ou *Peccator*, un recueil canonique qui fut reçu dans toute la chrétienté pour celui de l'évêque espagnol. Après trois siècles de mystification, l'on découvrit que ce recueil contenait des décrétales fausses et supposées, dont le double but était de fonder la souveraineté universelle du pape et d'affranchir l'Église de l'autorité temporelle. C'est cette œuvre d'imposture que l'on a appelée *Pseudo-Isidore*.

2). Depuis le douzième jusqu'au seizième siècle.

— 91 —

Les canonistes ne devaient pas rester en arrière dans le mouvement scientifique à la tête duquel figura l'école des glossateurs. L'Église avait un vif intérêt à propager le Droit canonique, l'une des bases de sa puissance future. Ses docteurs y travaillaient ardemment; au dixième siècle, Regino, abbé de Prüm († 915) (¹); au onzième, Burchard, évêque de Worms († 1026) (²); au douzième, saint Yves, évêque de Chartres (³), et Algérus de Liége

du t. VII des *Extraits des manuscrits de la bibliothèque nationale,* la notice de Koch, sur un Code de canons écrit en 787, par ordre de l'évêque Rachion de Strasbourg.

(¹) REGINONIS *abb. Prümiensis libri II de ecclesiastica disciplina;* édit. BALUZ. Paris, 1671, in-8°. WASSERSCHLEBEN en a donné une nouvelle édition à Leipsic, en 1840.

(²) BURCHARDI *Wormacensis decretorum libri XX.* Paris, 1549, in-8°.

(³) IVONIS *Carnotensis Pannormia.* Lovan. 1557, in-8°. *Decretum.* IVONIS. *Ibid.* 1561, in-fol. M. DUPIN, dans sa *Biographie des jurisconsultes,* dit que c'est ce saint YVES de Chartres († 1115) qui est le patron des avocats. LOISEL l'a dit aussi dans son *Dia-*

(† 1120) (¹) avaient écrit scientifiquement sur le Droit canonique. Mais à cette époque, la plume ne valait pas la parole; l'enseignement oral était le seul véhicule de la science. Il devenait donc urgent d'élever, en face de la chaire d'Irnerius, une chaire du haut de laquelle on enseignât le Droit canonique à cette jeunesse qui, de tous les pays de l'Europe, affluait dans les universités de l'Italie. C'était le moyen le plus efficace de faire de la propagande pontificale et de rivaliser avec l'enseignement du Droit romain que l'Église aurait voulu étouffer, puisque plus tard le pape Honorius III le mit à l'index dans l'université de Paris. Mais pour rivaliser heureusement, il fallait, avant tout, rassembler et digérer les textes dans un recueil qui fût, pour le Droit canonique, ce qu'étaient les compilations de Justinien pour le Droit romain. Tel fut le but des travaux suivants :

1° *Decretum Gratiani* (²). Un moine bénédictin, du nom de Gratien, entreprit ce travail à Bologne, vers l'an 1140, et le publia en l'année 1151, sous le titre de *Concordia discordantium canonum*. Ce recueil fut aussi appelé *Corpus decretorum*, mais il a généralement reçu et conservé le nom de *Decretum*

---

logue des avocats, mais je ne suis pas de cet avis. Notre patron, c'est saint YVES HELORII († le 19 mai 1303). (Voy. le 51e vol. de la *Biographie universelle*.)

(¹) ALGERI *Leodiensis lib. III de misericordia et justitia*, dans le *Thesaurus* de MARTENE. T. V, p. 1021.

(²) BOEHMER, *De varia decreti Gratiani fortuna*, au commencement de son édition du *Corpus juris canonici*. — RIEGGER, *De Gratiani collectione canonum*, dans le *Thes. juris eccles.* de SCHMIDT. T. I, Heidelberg, 1772.

Gratiani. Dès l'année suivante, le pape Eugène III l'envoya à l'université de Bologne pour qu'on en fît l'objet d'un enseignement public ; Gratien, dit-on, devint professeur. Depuis cette époque, le Droit canonique occupa, dans les études juridiques, une place plus large même que celle qu'y occupait le Droit romain, puisqu'il y eut toujours dans les universités deux et trois fois plus de professeurs de Droit pontifical que de Droit césaréen. Le Décret de Gratien devint la première pierre de l'édifice que plus tard on appela *Corpus juris canonici*, et il obtint une vogue immense, quoiqu'il ne fût qu'un assemblage assez indigeste de fragments de la Bible, de canons des conciles, de décrétales empruntées au Pseudo-Isidore, de lambeaux de Droit romain, d'extraits des Pères de l'Église et d'observations personnelles au compilateur (*dicta Gratiani*). En tête de chaque extrait se trouve l'indication de la source où il a été puisé. Environ cent cinquante canons sont inscrits sous le nom de *Palea*, parce qu'ils ont été ajoutés par un certain *Paucapalea*, disciple de Gratien ([1]). Le recueil est divisé en trois parties, dont la première est intitulée *Distinctiones*, la seconde *Causæ* et la troisième *Tractatus de consecratione*. Les *Causæ* se subdivisent en *Questiones*, et le *Tractatus* en *Distinctiones*. Les citations du Décret de Gratien se faisaient au moyen d'un C (*canon* ou *caput*), suivi des expressions initiales du fragment cité, et du numéro soit de la *distinc-*

([1]) BICKEL, *De Paleis quæ in Gratiani Decreto inveniuntur.* Marbourg, 1827.

tio, soit de la *causa* et de la *quæstio.* Par exemple :

C. *monachus* dist. 77.

Ou bien :

C. *consuluisti* caus. 2. quæst. 5.

Mais depuis que Leconte a numéroté les canons, on les indique par le chiffre et non par les expressions initiales. Le Décret de Gratien devint, comme la compilation de Justinien, l'objet de gloses nombreuses; mais parmi les *décrétistes,* on trouve moins d'hommes remarquables que parmi les *légistes.* La glose ordinaire date du treizième siècle; commencée par Jean Semeca (*magister teutonicus*) († avant 1245), elle a été achevée par Barthélemy de Brescia († 1258).

— 92 —

2° *Decretales Gregorii IX* (¹). La fécondité législative des papes augmenta au fur et à mesure que s'élargit l'orbite de la compétence ecclésiastique. De là, ce nombre prodigieux de décrétales sur une foule de matières diverses; de là aussi cette grande quantité de compilations parmi lesquelles on remarque, antérieurement au travail de Gratien, celle d'Anselme de Mantoue (*Collectio Anselmo dedicata*) (883-897), et postérieurement à Gratien, celle de l'évêque Ber-

---

(¹) Boehmer, *De decretalium pontificum romanorum variis collectionibus et fortuna,* en tête de la deuxième partie de son édition du *Corpus juris canonici.* — Theiner, *De romanorum pontificum epistolarum decretalium antiquis collectionibus et de Gregorii IX decretalium codice.* Leips. 1829.

nard de Pavie ou Circa (*Bernardus Papiensis*), celle de Jean de Valla (*Johannes Vallensis*), celle de Bernard de Compostelle, celle de Tancredus de Corneto, archidiacre de Bologne, et plusieurs autres (¹). Le nombre et l'incohérence de ces recueils de textes rendaient l'étude du Droit canonique trop longue et trop difficile. Afin de remédier à ces abus, le pape Grégoire IX chargea le dominicain Raymond de Pennaforte, auditeur de la Rote († 1275), de reviser les collections de décrétales et de compiler le tout en un seul recueil, avec permission d'ajouter et de retrancher. Le Tribonien pontifical usa largement de la permission; ses *emblemata* sont très-nombreux. Ce travail fut achevé en 1234; le texte, envoyé aux universités de Bologne et de Paris, fut déclaré seul applicable dans les tribunaux et dans les écoles, et désormais le pape défendit de faire de nouvelles compilations sans sa permission. C'est ce travail de Raymond de Pennaforte que l'on appelle Décrétales de Grégoire IX, ou bien encore *Extra*, c'est-à-dire *extra decretum Gratiani*; il est divisé en cinq livres dont les matières sont indiquées dans les deux vers suivants :

> Judex, judicium, clerus, sponsalia, crimen
> Hæc tibi designant quod quinque volumina signant.

(¹) On en trouve quelques-unes dans l'ouvrage qui a pour titre : *Antiquæ collectiones decretalium cum Antonii Augustini notis et emendat.* Ilerdæ, 1576, in-fol. *Cum præfat. Labbæi et notis Cujacii.* Paris, 1609, in-fol. — Ajoutez : THEINER, *Recherches sur plusieurs collections inédites de décrétales au moyen âge.* Paris, 1832. — Idem, *Disquisit. criticæ in præcipuas canonum et decretalium collectiones, etc.* Rome, 1837.

Chaque livre est subdivisé en titres avec rubriques, et chaque titre en chapitres avec inscription. Les citations se font au moyen du signe conventionnel **X** ou du mot *Extra*, précédé des expressions initiales ou du numéro du chapitre, et suivi de la rubrique du titre dans lequel se trouve le chapitre. Par exemple :

Cap. *nullus tondeatur* X ou Extra *de regularibus.*

Ou bien :

Cap. 1. X ou Extra *de regularibus.*

Admise par les universités comme deuxième partie du *Corpus juris canonici*, la compilation de Raymond fut commentée par plusieurs canonistes, notamment par Henri de Séguse, cardinal d'Ostie († 1271). C'est Bernard de Parme († 1266) qui, vers le milieu du treizième siècle, l'a revêtue d'une glose ordinaire. Plus tard, au quinzième siècle, on y intercala des sommaires que l'on attribue en majeure partie à Tudeschi (*Abbas siculus, Panormitanus,*) († 1445).

3° *Liber sextus.* De nouveaux conciles s'étaient réunis, et les papes, dans leur prodigieuse activité, n'avaient pas cessé de rendre des décrétales ; aussi le besoin se fit vivement sentir d'un recueil officiel des textes publiés depuis Grégoire IX. En 1298, le pape Boniface VIII fit rédiger et ajouter à la suite des cinq livres de la compilation grégorienne une collection de décrétales que, par cela même, il intitula : *Liber sextus decretalium.* La division des matières est absolument la même, et la formule de citation ne diffère qu'en ce que, au lieu d'un X ou du mot *Extra*, on écrit *in sexto*. Par exemple :

C. *mulieres, de judiciis, in sexto* ou 6°.

Le *Liber sextus* a été glosé par Jean Andrea (†1348), appelé de son temps *tuba et pater juris canonici*.

— 93 —

4° *Constitutiones Clementinæ*. Le pape Clément V fit un recueil des canons du concile de Vienne, dont il avait été président, et y ajouta ses propres décrétales. La mort le surprit avant l'achèvement de ce travail, qui ne fut publié et envoyé à l'université de Bologne qu'en l'année 1317, par le pape Jean XXII. C'est le contenu de ce recueil que l'on appelle *Constitutiones Clementinæ*. Les matières y sont divisées en cinq livres et distribuées comme dans l'*Extra* et dans le *Liber sextus*, mais la formule pour les citer est différente. Au lieu du chapitre, on indique le titre et les expressions initiales de la décrétale, en faisant précéder le tout du mot *Clementina*. Par exemple :

Clem. *multorum, de hæreticis*.

Jean Andrea a glosé les Clémentines, qui ont aussi servi de texte à des commentaires du cardinal Zabarella († 1418).

5° *Constitutiones extravagantes*. A la suite des Clémentines dans le *Corpus juris canonici*, viennent des décrétales désignées sous le nom d'*Extravagantes*. Ce mot présente, en Droit canonique, à peu près la même idée que *Novellæ* en Droit romain. Les Extravagantes, ainsi appelées *quia* VAGANTUR EXTRA *collectiones tunc confectas,* forment deux catégories dont la première comprend vingt décrétales du pape Jean XXII. On les a aussi appelées les Joannines. Zenselinus de Cassanis les a glosées en 1325, et c'est Jean Chapuis qui les a divisées en quatorze titres dans l'édition corrigée qu'il en a donnée à Paris en 1500. Dans la deuxième catégorie, *Extravagantes communes,* se trouvent des décrétales publiées successivement pendant le laps d'environ un siècle par différents papes, dont le dernier est Sixte IV. Ce même Chapuis les a divisées en cinq livres.

On a vu que Grégoire IX, en promulguant le travail de Raymond de Pennaforte, avait défendu de faire à l'avenir aucune compilation canonique sans l'autorisation du saint-siége. C'est pourquoi la collection des Extravagantes, ayant été faite par des juristes sans mission officielle du souverain pontife, ne trouva accès, dans le principe, ni dans les universités, ni dans les tribunaux. Ce n'est qu'en vertu de l'autorisation de Grégoire XIII, dont il va être question, que plus tard elles obtinrent place dans le *Corpus juris canonici.*

3). Depuis le seizième siècle.

— 94 —

Le Décret et les recueils de décrétales contenaient non-seulement des lacunes résultant des progrès de la compétence ecclésiastique, mais encore de lourdes erreurs et de nombreuses altérations provenant les unes de l'ignorance des compilateurs, les autres de la négligence des copistes. Le Décret de Gratien avait surtout été vivement critiqué par Democharès, docteur de Sorbonne († 1574), par Leconte, et principalement par Dumoulin, dont l'âpreté fut censurée à Rome. Le pape Pie IV ordonna une révision générale, qu'il confia à trente-cinq savants et cardinaux (*correctores romani*) (¹). Cette commission reçut pouvoir de modifier, d'ajouter et de retrancher. Son travail, contenant le Décret, l'Extra, le Sexte, les Clémentines et les Extravagantes, fut approuvé par une bulle de Grégoire XIII, en date du 1ᵉʳ juillet 1580. L'édition publiée en 1582 et déclarée seule officielle et authentique, a servi de type à toutes les éditions postérieures (²). C'est à cela que se bornait le contenu du *Corpus juris canonici*; aussi l'appela-t-on *clausum*; mais avec le temps on fit encore entrer, savoir :

(¹) Antonii Augustini *De emendatione Gratiani lib. II.* — Richter, *Diss. hist. crit. de emendatoribus Gratiani.* Leips. 1835.

(²) Dans le principe on imprima séparément et sans les réunir en un seul recueil les différentes parties actuelles du *Corpus juris canonici*. La plus ancienne impression est celle des *Clémentines* (Mayence, 1460). L'édition glosée de Hugo a Porta parut en 1560, 5 vol. in-fol.; celle de Leconte, qui n'est pas glosée, a paru en 1571, 3 vol. in-8°. Les plus complètes sont les trois suivantes :

1° *Corpus juris canonici a* Petro Pithæo *et* Francisco *fratre, etc.* 2 vol. in-fol. Paris, 1687. Leip. 1705 ;

2° *Corpus juris can. rect. et notis illust.* J. H. Boehmerus. 2 vol. in-4°. Halæ, 1747;

3° *Corpus juris can. emend. et notat. illustr. Gregorii XIII jussu editum, ed.* Richter. Leips. 1836.

A la suite du Décret de Gratien, les *Canones pœnitentiales* extraits de la *Somme* de Henri de Séguse, et les *Canones apostolorum*.

A la suite des Extravagantes :

1º Un septième livre de décrétales, contenant celles qui furent publiées depuis le pape Sixte IV jusqu'à Sixte V. Cette compilation, faite en 1590 par le canoniste Petrus Matthæus (✝ 1621), ne fut insérée au *Corpus juris canonici* qu'en 1661.

2º Les décrétales rendues par Alexandre III au concile de Latran en 1179. On attribue cette collection à Bernard Circa (*Bernardus Papiensis*), qui la publia à la fin du douzième siècle, sous le titre de *Breviarium Extravagantium*.

3º Celle d'Innocent IV au concile général de Lyon en 1245. L'auteur de cette collection est inconnu.

4º Les Institutes de Droit canonique, rédigées en 1563 par Lancelot, professeur italien. En 1605, le pape Paul V autorisa cette addition au *Corpus juris canonici*, pour donner à ce recueil un trait de ressemblance de plus avec le *Corpus juris civilis*.

III. — De la législation des Barbares (¹).

— 95 —

On appelle ainsi le Droit national de ces peuplades qui, émigrant de la Germanie aux cinquième et sixième siècles, vinrent s'établir sur les ruines de l'empire romain, et notamment dans les Gaules.

______
(¹) Voy. les 9ᵉ et 10ᵉ leçons de M. Guizot sur l'*Histoire de la civilisation en France*.

Cette législation fut une des sources les plus directes de notre vieux Droit coutumier. Or, le Code civil étant, comme on l'a dit, une œuvre d'éclectisme et de transaction entre le Droit coutumier et le Droit romain, il est vrai de dire que notre Droit civil actuel pousse une partie de ses racines jusque dans les lois des peuplades germaniques. De là découlent, en effet, en ligne plus ou moins droite, la garde ou mainbournie, la réserve testamentaire, la règle : institution d'héritier n'a point de lieu ; cette autre : puissance paternelle ne vaut ; le principe qu'en fait de meubles la possession vaut titre, l'institution contractuelle, le douaire, le régime de la communauté entre époux, la garantie, l'émancipation par mariage ; la règle : le mort saisit le vif, etc. [1]. Le Droit public même y a puisé des règles qui sont devenues fondamentales dans notre constitution politique. Ne sait-on pas, en effet, que c'est sur les lois salique et ripuaire que les publicistes du moyen âge ont fondé la maxime que la couronne de France ne saurait tomber en quenouille ? On comprend dès lors combien il importe au jurisconsulte de remonter, dans ses études, jusqu'à cette législation primitive, car c'est remonter aux origines du Droit français.

Il nous en reste trois différentes sortes de monuments : *leges, capitularia* et *formulæ.*

[1] Voy. les articles de **M. Koenigswarter** dans la *Revue de législation,* XIV, p. 30; XVI, p. 157, 321 ; XVII, p. 393; et XIX, p. 321 et 513; et celui de **M. Zoepfel,** dans la *Revue étrangère,* IX, p. 161.

1° Leges [1].

— 96 —

Nous avons déjà dit que le contact des vainqueurs avec les populations vaincues et le système de la *personnalité* des lois dominant à cette époque, firent sentir aux premiers le besoin de fixer par écrit les coutumes qu'ils avaient importées. Chaque peuplade fit rédiger les siennes propres, et l'on appela spécialement *leges*, dans le langage d'alors, les recueils écrits de ces coutumes : *lex* était synonyme de *jus*; on appelait généralement le Droit romain *lex romana*. La langue nationale ne se prêtant pas encore au style législatif, toutes ces lois, excepté celle des Anglo-Saxons, furent écrites en latin. Cependant l'idiome tudesque se trahit dans un grand nombre d'expressions auxquelles on n'a fait que donner une désinence latine, par exemple : *weregildum*, — *mundium*, — *faderfium*, — *mundiburdium*, — et mille autres. Les lois des Saxons, des Frisons et des Thuringiens, sont des monuments de pure législation germanique; les autres lois des Barbares ont plus ou moins subi l'influence du Droit romain; on croit reconnaître cette influence même dans la loi salique.

Le système pénal de la plupart de ces lois est

[1] On les trouvera réunies dans les recueils suivants : CANCIANI, *Barbarorum leges antiquæ*, etc. Venet. 1781-1792. — DU TILLET, *Aurei venerandæque antiquit. libelli*, etc. Paris, 1573. — GEORGISCH, *Corp. juris germ. antiq.*, etc. Halæ, 1738. — HEROLD, *Originum ac germanic. antiquit. libri*, etc. Paris, 1557. — LINDENBROG, *Codex legum antiquarum*, etc. Francf. 1613. — WALTER, *Corpus juris germ. antiq.* Berlin, 1824.

assez curieux : les peines les plus ordinaires sont des *compositions* qui consistent en amendes (*freda*) et en dommages-intérêts (*weregilda*) ; la violation de la propriété est sévèrement réprimée sous quelque forme qu'elle ait lieu ; les coups et blessures sont prévus et punis selon la gravité des lésions et le rang ou la nationalité de la victime ; par exemple, les mêmes voies de fait exercées sur un Romain sont moins sévèrement punies que celles dont un Franc aurait été l'objet ; le meurtre d'un ecclésiastique est plus criminel que celui d'un laïque, etc. ; l'attentat à la pudeur s'échelonne depuis le simple attouchement de la main ou du sein d'une femme jusqu'au viol ; en un mot, ces lois ont eu la prétention déraisonnable de déterminer, dans leurs moindres nuances, les innombrables variétés du méfait pénal. Ainsi, par exemple, dans une blessure à la main, la peine varie selon qu'il s'agit du pouce ou de l'annulaire, selon que la lésion intéresse la première ou la seconde phalange, etc.

Les droits de famille et le mode de succession sont aussi des objets principaux dont s'occupent ces différentes lois ; la matière des contrats y tient peu de place. On y trouve des dispositions sur les ordalies ou jugements de Dieu, système de procédure aussi contraire aux règles de la physique qu'à celles de la raison [1].

Un des caractères les plus remarquables de ces

---

[1] Montesquieu, XXVIII. — Jarrick, *Com. de judiciis Dei sive de ordaliis medii ævi.* Breslau, 1820. — Meyer, *Esprit, origine,* etc., I, p. 11. — *Thémis,* V, p. 57.

lois, c'est qu'elles furent *personnelles* et non *territo-*
riales, c'est-à-dire que le Franc, par exemple, traduit devant un tribunal bourguignon, était **jugé**
selon la loi des Francs et non suivant celle des Bourguignons. Chose étonnante ! le même tribunal **devait**,
selon la nationalité de ceux qui paraissaient à **sa**
barre, appliquer quatre à cinq législations différentes (1). Montesquieu, souverain appréciateur en **cette**
matière, pense « *qu'il y a, dans les lois salique et*
« *ripuaire, dans celles des Allemands, des Bavarois*
« *des Thuringiens et des Frisons, une simplicité*
« *admirable.* » Celles des Bourguignons lui paraissent *assez judicieuses*, celles des Lombards *encore*
plus; mais les lois des Visigoths sont « *puériles,*
« *gauches, idiotes ; elles n'atteignent pas le but :*
« *pleines de rhétorique et vides de sens, frivoles dans*
« *le fond et gigantesques dans le style*» (*Esprit des*
lois, 28, 1). Passons une rapide revue de ces monuments curieux sous plus d'un rapport.

— **97** —

1° *Loi salique : Pactus legis salicæ* (2). C'est la

(1) Montesquieu, XXVIII, 2. Voy. surtout Savigny, *Histoire du*
Droit romain au moyen âge, I, § 30-30.

(2) Carrion-Nisas, *De la loi salique*. Paris, 1821.—Feuerbach.
Die lex salica und ihre verschiedenen Recensionen. Erlangen, 1830.
— Türck, *Forschungen aus dem Gebiete der Geschichte.* Ces re-
cherches, qui ont paru depuis 1829 par cahiers in-8", sont fort re-
marquables. Voy. dans le 3e cahier : *Das salfrankische Volkrecht.*
— Wiarda , *Geschichte und Auslegung des salischen Gesetzes.*
Brême, 1809. — Voy. surtout M. Pardessus, *Loi salique* ou *Re-*
cueil contenant les anciennes rédactions de cette loi et le texte

rédaction par écrit des coutumes spécialement suivies par les Francs, appelés Saliens à cause de leur position géographique dans la Germanie. A en croire les prologues en tête de cette loi dans les divers manuscrits, elle serait l'œuvre d'une commission de quatre notables Saliens., appelés à peu près Wisogast, Bodogast, Salogast et Windogast. La rédaction de cette loi est-elle antérieure ou postérieure à l'invasion franke ? Quelle en est la date précise ? L'histoire ne fournit pas de solution positive à ces questions. On suppose, à l'aide de présomptions assez graves, que la loi salique date de la fin du cinquième siècle (486-496). Du reste, il est certain qu'elle a subi des modifications successives, et qu'elle ne nous est parvenue qu'avec les changements opérés par Charlemagne au commencement du neuvième siècle et par Louis le Débonnaire (¹), changements qui l'ont fait appeler *Lex salica emendata* ou *reformata*. Les différents manuscrits que nous possédons contiennent de nombreuses et graves variantes ; il faut sans doute les attribuer à l'incurie des copistes du moyen âge. Quelques-uns de ces manuscrits sont revêtus d'une glose que l'on appelle *malbergique,* et qui a pour objet de donner l'intelligence des expressions tudesques et frankes qui se trouvent dans le texte (²).

---

connu sous le nom de Lex emendata, *avec des notes et des dissertations,* etc., Paris, 1843, in-4°.

(¹) *Capit.* 2, a. 802. *Addita ad legem salicam.* WALTER, II, p. 177. — *Ibid.,* p. 329. *Capit. a.* 819.

(²) Conf., pour ces détails bibliographiques, ORTLOFF : *Von den Handschriften des salischen Gesetzes,* etc. Coblentz, 1820.—LAS-

2° *Loi des Ripuaires* ([1]). C'est la rédaction par écrit des coutumes en vigueur chez les Francs, appelés Ripuaires également à cause de leur situation topographique. Il résulte d'un préambule de la loi salique dans certains manuscrits, que le roi Théodoric, se trouvant à Châlons-sur-Marne, chargea quelques juristes de la confection de ce travail, qui date par conséquent de 511 à 534. Plus tard Childebert et, après lui, Clotaire y mirent aussi la main : au septième siècle (622-638, Dagobert la soumit à une complète révision, qu'il confia à une commission composée du majordome Claudins, Romain de naissance, du référendaire Chadoin, de l'évêque Agillofus et d'un quatrième membre appelé Domagnus. Enfin, au commencement du neuvième siècle, Charlemagne y a introduit divers changements et additions ([2]).

Le Droit romain s'est déjà largement infiltré dans la loi des Ripuaires ; le clergé y a fait son lot ; l'Église y a stipulé ses priviléges. On a beaucoup emprunté à la loi salique ; cependant il existe entre ces deux lois des différences assez remarquables. Ainsi la loi des Ripuaires admet les preuves négatives rejetées par la loi salique, et celle-ci repousse la preuve du combat singulier admise par celle-là. Les manuscrits de la

PEYRES, *Lex salica ex variis quæ supersunt recensionibus, etc.* Hal. Sax. 1833.

([1]) ROGGE, *De peculiari legis ripuariæ cum salica nexu.* Regiom. 1823. — *Thémis*, II, p. 305 et 401. — WEBER, *De legibus salica et ripuaria commentatio.* Heidelb. 1821.

([2]) *Capit.* 4, *a.* 803, *sive de lege ripuarense.* WALTER, II, p. 184.

loi des Ripuaires présentent beaucoup plus d'uniformité que ceux de la loi salique.

— 98 —

3° *Loi des Allemands*. Suivant un préambule de la loi salique, ce serait aussi le roi Théodoric qui aurait ordonné la rédaction par écrit des coutumes des Allemands. Mais il paraît que ce travail ne fut exécuté que sous Clotaire II, par conséquent de 613 à 628. Cela résulte du moins du prologue dont est précédée la loi même des Allemands dans plusieurs manuscrits. Ce roi Clotaire la promulgua après en avoir délibéré contradictoirement avec le clergé, représenté par trente-trois évêques, et avec le peuple, représenté par trente-quatre ducs et soixante-douze comtes. La commission nommée par Dagobert pour la révision de la loi des Ripuaires, dut reviser aussi celle des Allemands, et cette loi a encore été revue et modifiée, au commencement du huitième siècle, par le duc Lantfrid. On trouve dans cette loi un caractère théocratique plus prononcé que dans celle des Ripuaires : les dons aux Églises, le droit d'asile, la violation des personnes et des propriétés ecclésiastiques, l'observation du dimanche, etc., y tiennent une très-large place. Le règlement des compositions, en matière de plaies et de blessures, descend dans des détails anatomiques très-curieux sous le point de vue de l'état de la médecine légale à cette époque.

4° *Loi des Bavarois* (¹). Théodoric avait pareille-

______

(¹) Rudhart, *Abriss der Geschichte der baierischen Gesetzge-*

ment ordonné que les coutumes des Bavarois fussent rédigées par écrit ; mais cette rédaction, comme celle des coutumes des Allemands, ne fut exécutée que plus tard. On suppose qu'elle est l'œuvre de la commission de Dagobert dont il vient d'être fait mention. La date de cette loi est donc de 622 à 638. Plus tard, les ducs de Bavière y ont fait d'assez nombreuses additions, notamment celles qui, dans les recueils, figurent à la suite de cette loi sous le titre de *Decreta Tassilonis ducis*. La loi des Bavarois a une grande ressemblance avec celle des Allemands : mais le Droit civil y est beaucoup plus développé.

5° *Loi des Bourguignons* (¹). C'est le roi Gondebaud († vers 515) qui la fit rédiger vers la fin du cinquième siècle, et c'est du nom du rédacteur que cette loi a été appelée au moyen âge *lex Gundobada*, *loi Gombette*. Elle a été complétée par le roi Sigismond († 523), le même auquel paraît devoir être attribué le *Papiani responsorum liber*. Le style de la loi Gombette est plus pur que celui des lois précédentes, et le Droit romain y a été mis amplement à profit. Néanmoins, le fond est le même que celui des lois précédentes.

6° *Loi des Frisons* (²). Rédigée sous le règne de Charlemagne, elle date de la fin du huitième siècle.

---

bung. Munich, 1820. — Winter, *Ueber die œltesten Gesetze der Baiuwaren.* Landshut, 1823.

(¹) *Thémis*, II, p. 305 et 401. — Türck, *loc. cit.*, 2ᵉ cahier : *Altburgund und sein Volksrecht.*

(²) Türck, *loc. cit.*, 5ᵉ cahier : *Das altfriesische Volksrecht.* — Wiarda, *Geschichte des alten friesischen Gesetzes.* Aurich, 1811.

Cet empereur y fit plus tard ajouter des dispositions qui figurent sous le titre de *Additio sapientum*, et dont l'objet est de régler avec une minutie incroyable de détails les compositions pour les coups et blessures. Gaupp en a donné, à Breslau, en 1832, une édition annotée avec une introduction historique et critique.

7° *Loi des Saxons* (¹). C'est Charlemagne qui fit rédiger cette loi que l'on appelle aussi *Ewa Saxonum*. Elle est très-courte, et l'on y distingue facilement ce que le rédacteur a fait insérer d'étranger aux coutumes de cette peuplade : on reconnaît l'œuvre du vainqueur dans certaines dispositions pénales, notamment dans celles qui forment l'objet du titre III, *De conjuratione et læsa dominatione*. On trouve une édition critique de la loi des Saxons dans l'ouvrage de Gaupp : *Recht und Verfassung der alten Sachsen.* Breslau, 1837.

8° *Loi des Thuringiens* (²). Elle fut rédigée en même temps et par le même empereur que celles des Frisons et des Saxons, et figure, dans certains manuscrits, sous le titre de *Lex Angliorum et Werinorum*. C'est la moins importante des lois des Barbares, et par l'étendue et par la nature de ses dispositions.

(¹) EINERT, *Fragm. observat. ad legem Saxonum.* Leips. 1779. — GÆRTNER, *Saxonum leges tres quæ exstant antiquissimæ.* Leips. 1730.

(²) GAUPP, *Das alte Gesetz der Thüringer oder die* lex Angliorum et Werinorum, hoc est Thuringiorum, *in ihrer Verwandtschaft mit der* lex salica *und* lex ripuaria. Breslau, 1834.

— 99 —

9° *Loi des Visigoths* (¹). A en croire l'historien
Isidore, les coutumes de ce peuple auraient déjà été
rédigées par écrit au cinquième siècle, sous le roi Eu-
rich (466-484). Cependant le recueil de lois que nous
connaissons sous le nom de *Lex Visigothorum* ou
Forum judicum, ne date que du règne d'Egiga, c'est-
à-dire du septième siècle. Ce recueil s'est accru des
constitutions promulguées par les différents rois visigoths qui se sont succédé. De toutes les lois des Barbares, celles des Visigoths présentent le corps de
législation le plus complet et le plus systématique;
c'est un Code dans l'acception moderne de ce mot.
Cependant le jugement de Montesquieu rapporté ci-
dessus n'en est pas moins exact.

Les rois visigoths ont fait à la législation romaine
de considérables emprunts, pour la forme comme
pour le fond : leur Code est, comme celui de Justinien, divisé en XII livres, les livres en titres, et les
titres se composent de chapitres ou constitutions. Ce
Code, qui est encore aujourd'hui le fondement de la
législation espagnole et portugaise, fut primitivement
rédigé en langue latine et traduit, vers le milieu du
treizième siècle, en espagnol du moyen âge (²). En

(¹) M. GUIZOT, *Revue française*. Novembre 1828. — RÜHS, *Ueber
die Gesetze der Westgothen*. Greisw. 1801. — TÜRCK, *loc. cit.*,
1ᵉʳ cahier : *Das westgothische Gesetzbuch*.

(²) *Forus antiquus gothorum regum Hispaniæ, olim liber judicum, hodie* Fuero Juzgo *nuncupatus... Auctore* ALFONSO A VIL-
LADIEGO. Madrid, 1600.

1815, Lardizabal en a donné à Madrid une édition remarquable avec une précieuse introduction historique ([1]).

10° *Loi des Lombards* ([2]). Paul Diaconus (IV, 44) nous apprend qu'en 643 Rotharis, roi des Lombards, fit rédiger par écrit les coutumes de ce peuple. Cette compilation, appelée *Edictum Rotharis*, et composée de trois cent quatre-vingt-dix articles, s'augmenta avec le temps des constitutions faites par quelques-uns des rois lombards qui se succédèrent : tels que Grimoald, Luitprand, Rachis, Aistulphe, etc.; il y en a de Charlemagne lui-même ([3]). Mais outre cette collection chronologique, connue sous le nom générique de *Leges Longobardorum*, il circulait en Lombardie une compilation systématique faite au douzième siècle par un juriste dont le nom est resté inconnu. Ce recueil fut appelé *Lex lombarda*. Fait sous l'influence bien marquée du Droit romain, il a joui d'une grande faveur et s'est maintenu en vigueur plus longtemps qu'aucune autre loi des Barbares. Au treizième siècle, Charles de Tocco l'a revêtu d'une glose.

11° *Loi des Anglo-Saxons* ([4]). La plus ancienne

([1]) Voy. un article de M. RAYNOUARD dans le *Journal des savants*. Année 1818, p. 651.

([2]) TÜRCK, *loc. cit.*, 4e cahier : *Das langobardische Volksrecht*.

([3]) Voy. *Capit. addita ad legem Longobardorum* a. 801. WALTER, II, p. 150, et les *Leges longobardicæ* de Charlemagne, Pepin, etc. WALTER, *ibid.*, III, p. 583. — En 1832, M. CHARLES IROGA, de Naples, a découvert des manuscrits contenant des constitutions inédites des rois lombards (*Kritische Zeitschrift*, V, p. 84).

([4]) PHILIPPS, *Versuch einer Darstellung der Geschichte des angelsachsischen Rechts*. Goett. 1825.

rédaction des coutumes anglaises a été faite en idiome
anglo-saxon, sous le roi Edelbert, de 591 à 604.
Wilkins en a donné une traduction latine (¹); on
la trouve aussi dans le traité de Houard sur les
coutumes anglo-normandes. Cette loi doit être men-
tionnée ici, et la lecture n'en doit pas rester étrangère au jurisconsulte, à cause de l'origine purement
germanique de ce texte qui prend nécessairement sa
place parmi ces lois, desquelles découlent, comme
on l'a vu, un grand nombre de règles et d'institutions conservées dans notre Droit actuel.

2° Capitularia (²).

— 100 —

Les capitulaires étaient des ordonnances ou constitutions rendues par le souverain dans l'assemblée
nationale des Francs (champs de mars et plus tard
champs de mai), sous les rois de la première et de la
deuxième race. *Erant autem capitula*, dit Ducange
dans son Glossaire, *legum appendices et suppedi-
tamenta, eaque in synodis sancita*. Ils différaient des
lois ci-dessus énumérées en ce que celles-ci étaient
spéciales à telle ou telle peuplade, tandis que les capitulaires étaient obligatoires dans toute l'étendue
de l'empire. D'un autre côté, la loi se faisait au
moyen de l'intervention du peuple, ce mot pris dans
l'acception restreinte qu'il avait alors : *Lex consensu*

(¹) *Leges anglo-sax. eccles. et civiles.* Lond. 1721, in-fol.
(²) *Revue de législation et de jurisprudence*, III, p. 241.
— Mademoiselle DE LA LÉZARDIÈRE, *Théorie des lois politiques, etc.*,
II, p. 25-30; III, p. 147. Voy. aussi la 21ᵉ leçon du *Cours d'histoire moderne* de M. GUIZOT.

fit populi et constitutione regis (¹); le capitulaire recevait sanction de la seule puissance royale. Les capitulaires furent promulgués en latin : les uns (*generalia*) avaient pour objet la constitution de l'État, les attributions du fisc, le temporel de l'Église, l'organisation cléricale, etc.; les autres (*specialia*) eurent pour but de modifier les lois des différentes peuplades de l'empire.

Ces actes législatifs ne furent jamais officiellement recueillis, mais il en a été fait une compilation privée qui est parvenue jusqu'à nous. Elle fut commencée en 827 par un abbé appelé Ansegise, qui réunit en quatre livres et trois appendices, les capitulaires de Charlemagne et une partie de ceux de Louis le Débonnaire. En 845, un autre ecclésiastique de Mayence, Benoît Lévite, continua ce travail en y ajoutant trois livres composés des capitulaires rendus par Louis le Débonnaire, à partir du moment où s'était arrêtée la collection d'Ansegise. Les capitulaires postérieurs à ceux de ce monarque nous sont arrivés pièces par pièces. On trouve tous ces documents, aussi précieux pour l'histoire politique que pour l'histoire du Droit, dans le recueil de Baluze (²). Cependant il y a des capitulaires qui manquent dans ce recueil (³).

(¹) Capit. de Charles le Chauve, a. 864. BALUZE, édit. de CHINIAC, II, p. 174.

(²) *Capitularia regum francorum...* Paris, 1677, 2 vol. in-fol. PIERRE DE CHINIAC en avait entrepris en 1780 une réédition qui devait avoir 4 vol. in-fol. et qui n'en a eu que deux. — On trouve aussi les Capitulaires dans les 2ᵉ et 3ᵉ vol. de WALTER.

(³) Voy. l'excellente collection publiée par PERTZ : *Monumenta german. hist.* T. I et II des Lois hanov. 1835 et 1837.

14

Vers le milieu du neuvième siècle, l'empereur Lothaire fit faire, pour son royaume d'Italie, un recueil abrégé des Capitulaires de Charlemagne et de Louis le Débonnaire. Mais cette compilation n'eut pas de caractère officiel : on la trouve dans la *Collectio consuetudinum et legum imperialium* de Goldast.

3° Formulæ.

— 101 —

Des praticiens, et c'étaient en général des clercs, rédigeaient par écrit les actes ou protocoles (*instrumenta, formulæ*) tant judiciaires qu'extrajudiciaires : il n'y avait pas encore d'officiers ministériels. Ces actes parmi lesquels on peut aussi ranger les registres (*libri polyptici*) en usage surtout dans les couvents, et qui servaient de livres terriers ou de cadastre des fiefs et autres rétributions (*), sont des monuments qui ne laissent pas que d'avoir une certaine importance : ils présentent à celui qui les interroge d'utiles notions, et sur le Droit public et sur le Droit privé de cette époque. Demi-romaines et demi-barbares, les formules nous font connaître, mieux que les lois barbares elles-mêmes, l'état social des Gaules, où s'agitaient deux races aussi différentes de mœurs que de lois. On sent la lutte du Droit romain contre le Droit coutumier, et l'influence du clergé qui, nourri dans l'étude de la première de ces législations, cherche à

(*) M. GUÉRARD, *Polyptychum Irminonis abbatis, sive liber censualis antiquus monasterii sancti Germani Pratensis.* Paris, 1836.

en substituer les principes à ceux du Droit germanique importé par le vainqueur.

La plus ancienne collection de ces formules est celle que fit, au septième siècle, un moine appelé Marculfe. Elle est divisée en deux livres, dont le premier comprend les formules de Droit public, et le second celles de Droit privé (¹). A la suite se place ordinairement un appendice de Formules recueillies par un auteur inconnu. On trouve les formules de Marculfe dans les recueils précités de Canciani et de Walter.

Il y a aussi une collection de formules appelées *Formulæ Andegavenses*, parce qu'elles concernent surtout la ville d'Angers; elle date aussi du septième siècle; c'est Mabillon qui, le premier, l'a éditée. On trouve, à la suite les unes des autres, dans le *Baluze* de Chiniac et dans le recueil cité de Walter, les *Formulæ Sirmondicæ, Bignonianæ, Lindenbrogii* et *Baluzianæ*, etc., ainsi appelées du nom de ceux qui les ont éditées. Les unes sont antérieures, les autres postérieures à celles de Marculfe; on les connaît sous le nom général de *Formulæ Baluzianæ majores et minores.* On peut y ajouter les *Formulæ Arvernenses* et les *Formulæ exorcismorum*, publiées aussi par Baluze, les *Formulæ Alsaticæ* par Le Pelletier, les *Formulæ Longobardicæ* par Canciani, etc.

IV. — Du Droit coutumier.

— 102 —

On a vu plus haut (§ 61) que l'ancienne France était

______
(¹) SEIDENSTICKER, *De Marculfinis similibusque formulis.* Jéna, 1815.

divisée en provinces dans lesquelles le Droit romain
régnait exclusivement, et en provinces dont les populations étaient régies principalement par des coutumes. Le Droit coutumier est l'ensemble de ces coutumes conservées et transmises d'abord par la doctrine
et la jurisprudence, puis fixées par écrit sous le contrôle de l'autorité royale. Ces coutumes n'ont plus
aujourd'hui force de loi; elles ont été abrogées
par l'art. 7 de la loi du 30 ventôse an XII. Néanmoins nous devons encore les connaître et les étudier, au moins dans leurs dispositions principales.

D'une part, elles n'ont pas été abrogées de telle
sorte que le juge ne puisse absolument plus y avoir
égard et recours. Les coutumes, comme le Droit
romain, n'ont cessé d'avoir force de loi que dans les
matières qui font l'objet du Code civil. Mais quant
aux questions que le Code n'a point décidées, les tribunaux peuvent encore invoquer le Droit coutumier,
de même que le Droit romain, avec cette restriction
que la violation d'un article de coutume ou d'une
loi de Justinien ne saurait donner ouverture à cassation (1).

D'autre part, un très-grand nombre de dispositions
de notre Droit civil ont une origine purement coutumière ou mélangée de Droit coutumier. La coutume de Paris notamment est une des principales
sources du Code civil. « Dans le nombre de nos cou-
« tumes, il en est sans doute qui portent l'empreinte
« de notre première barbarie; mais il en est aussi qui

______

(1) Voy. les *Procès-verbaux des discussions au conseil d'État.*
LOCRÉ, I, p. 102, 103, 106-109.

« font honneur à la sagesse de nos pères, qui ont
« formé le caractère national et qui sont dignes des
« meilleurs temps. Nous n'avons renoncé qu'à celles
« dont l'esprit a disparu devant un autre esprit, dont
« la lettre n'est qu'une source journalière de contro-
« verses interminables, et qui répugnent autant à la
« raison qu'à nos mœurs. » (*Discours préliminaire des
rédacteurs du Code civil*). Dès lors la connaissance de
ce droit est indispensable pour l'intelligence et l'interprétation de notre Code actuel, même dans les
questions qui y ont été décidées.

Enfin, la loi n'ayant pas d'effet rétroactif, tous les
procès en pays coutumiers et dont la racine est antérieure à la publication du Code civil, doivent être encore décidés conformément aux anciennes coutumes.
Ainsi donc, et sous ce triple rapport, on aperçoit la nécessité imposée au jurisconsulte de ne pas
rester étranger à la connaissance des anciennes coutumes françaises. Les motifs d'étudier le Droit coutumier ont la même force que ceux qui rendent indispensable l'étude du Droit romain. A la vérité, le
Droit coutumier ne présente pas, comme le Droit
romain, les caractères d'un Droit modèle, et n'offre
pas cette perfection scientifique, cette logique uniformité, en un mot, cette richesse de doctrine qui a fait le
prodigieux succès du *Corpus juris civilis*. Néanmoins
le Droit coutumier a l'avantage d'être plus rapproché
des mœurs françaises : il est la véritable source des
antiquités de la législation nationale, et d'ailleurs il
a revêtu, sous la plume de ces illustres jurisconsultes
dont je citerai tout à l'heure quelques noms, une

14.

physionomie toujours originale et une stature souvent imposante. Si l'étude des coutumes est parfois laborieuse, souvent elle est pleine de charme et de poésie : nous ne saurions trop la recommander aux étudiants. Elle est d'ailleurs indispensable à quiconque veut parvenir à une large et complète intelligence de la jurisprudence française.

1° Des coutumes et de la rédaction par écrit qui a été faite officiellement (1).

— 103 —

Une des questions les plus controversées dans

(1) Il existe un recueil qui, pour n'avoir pas eu force obligatoire en France même, n'en est pas moins fort important pour la connaissance de notre ancien Droit coutumier : nous voulons parler des *Assises de Jérusalem*. On appelle ainsi le corps de statuts que Godefroi de Bouillon, élu par les croisés roi de Jérusalem, après la prise de cette ville en l'année 1099, fit accepter comme lois pour la Palestine, dans les assises (assemblées) des grands du nouveau royaume ; c'est une compilation des us et coutumes de France rédigée, dit-on, par Philippe de Navarre. On les a aussi appelées *Lettres du Saint-Sépulcre*, parce qu'elles étaient renfermées dans un coffre déposé en l'église du Saint-Sépulcre, d'où elles n'étaient retirées qu'avec un grand cérémonial lorsqu'il y avait quelque controverse sur la teneur de ces nouvelles tables de Moïse. La rédaction en fut retouchée vers 1250 par JEAN D'IBELIN, et en 1369, elles furent soumises à une dernière révision ordonnée par le roi de Chypre, dans les domaines duquel elles avaient étendu leur autorité. LA THAUMASSIÈRE en a donné, en 1690, une édition in-fol. sur un manuscrit incomplet. M. FOUCHER, de Rennes, publie en ce moment une édition complète de cette compilation, qui, quoique exotique, répand cependant un grand jour sur plusieurs points de l'ancien Droit français. Il y en a une édition récente de M. KAUSLER à Stuttgard, et une plus récente encore de M. BEUGNOT. Voy. un savant article bibliographique de M. GIRAUD, dans la *Revue de législation et de jurisprudence*, XVII, p. 22.

l'histoire du Droit français, c'est de savoir quelle fut la source de nos coutumes. Les uns leur ont attribué une origine gauloise; les autres en ont placé le berceau dans les ténèbres de la révolution féodale des neuvième, dixième et onzième siècles; d'autres enfin (et cette opinion me paraît la plus plausible) les ont fait découler de l'ancien Droit germanique (¹). En effet, nos coutumes, en y regardant de près, ne sont que les *leges Barbarorum*, tombées en désuétude comme Droit écrit, et redevenues ce qu'elles étaient avant la rédaction, c'est-à-dire un Droit non écrit que de nouveaux usages vinrent compléter et modifier en partie.

Quoi qu'il en soit, rien de plus désastreux que la variété et l'incertitude qui régnaient dans ces coutumes; rien de plus dangereux et de plus insuffisant que les moyens (*parloir des bourgeois et enquêtes par tourbes*) auxquels, en cas d'allégation ou de dénégation de la part des plaideurs, il fallait recourir pour constater que telle était ou n'était pas la coutume. Une pareille administration de la justice était devenue intolérable: aussi Charles VII, mu par les doléances des états généraux, ordonna la rédaction

---

(¹) On peut consulter sur ce problème historique : Bouhier, *Observations sur la coutume de Bourgogne*, I, ch. IX. — Bretonnier, *Préface des œuvres de Henrys*. 1708, 2 vol. in-fol. — Grosley, *Recherches pour servir à l'histoire du Droit français*. 1752, in-12. — Klimrath (*passim* dans ses œuvres). — Loger, *Préface de la bibliothèque des coutumes*. 1699, in-4°. — M. Pardessus, *Mémoire sur l'origine du Droit coutumier en France et sur son état jusqu'au treizième siècle* (*Mémoires de l'Académie des inscriptions*, 1833, p. 676).

par écrit des coutumes du royaume (¹). Ce travail occupa, d'une manière plus ou moins active, les règnes de Louis XI, Charles VIII, Louis XII, François Ier, Henri II, et ne fut achevé que sous Charles IX. La teneur de chaque coutume fut arrêtée dans une assemblée locale des représentants des trois ordres de chaque province, en présence des commissaires du roi. Soumise ensuite à l'examen du grand conseil et enregistrées parle parlement, elles furent promulguées par l'autorité royale, et défense fut faite aux juges et avocats d'en invoquer et alléguer d'autres (¹). Cette rédaction fut confiée à des hommes éminents; mais il est à croire qu'ils en abandonnèrent l'exécution à d'obscurs praticiens, car les coutumes manquent en général de style, de méthode et de clarté. Les imperfections et les lacunes furent même telles, qu'une révision devint indispensable.

Au seizième siècle, on en réforma plusieurs, sans cependant en améliorer la rédaction. Le nombre total de ces coutumes était très-considérable : «Un « homme qui voyage en France, écrivait Voltaire, « change de lois presque autant de fois qu'il change « de chevaux de poste. » On en comptait environ soixante générales, c'est-à-dire qui régissaient autant de provinces entières, et plus de trois cents locales, c'est-à-dire observées dans une seule ville, un seul bourg ou village (³). C'est après avoir ainsi re-

---

(¹) Art. 125 de l'ordonnance rendue à Montil-lès-Tours en 1453.

(²) Voy. les procès-verbaux de rédaction insérés au coutumier indiqué à la note suivante.

(³) Il en existe plusieurs recueils : le plus vaste, sans être ce-

vêtu, depuis les quinzième et seizième siècles, la forme d'un Droit écrit que le Droit coutumier s'est maintenu en vigueur jusqu'à la loi de ventôse. On a vu qu'il faut encore en étudier les principales dispositions ; mais, d'un autre côté, on doit rendre grâces au législateur de l'an XII d'avoir abrogé ces coutumes et de les avoir remplacées par la législation uniforme qui régit la France.

2° Coup d'œil sur l'histoire littéraire du droit coutumier.

— 104 —

Antérieurement à la rédaction officielle des coutumes au quinzième siècle, le droit coutumier avait été l'objet des travaux et des écrits de quelques jurisconsultes. Déjà au onzième siècle, Guido, qui vivait sous Philippe Ier (1060-1108), écrivait en vieux français sur les lois et coutumes de France. On a vu au § 85 que Pierre Défontaines rédigea en 1253 son *Conseil à un ami*, ouvrage dans lequel il traita du Droit romain dans ses rapports avec le Droit coutumier. Ce Pierre Défontaines est auteur d'un autre traité de Droit français connu sous le nom de *Livre de la reine Blanche*, parce qu'il le dédia à la mère de saint Louis. Ce livre, dont on ne faisait que supposer l'existence, a réellement existé : feu Klimrath en a retrouvé le manuscrit en l'année 183... à la bibliothèque royale sous le n° 9822. Je ne sache pas qu'il

pendant tout à fait complet, est celui de BOURDOT DE RICHEBOURG. Paris, 1724, 8 tomes in-folio, ordinairement reliés en 4 volumes.

ait été imprimé (¹). Trente ans après, Philippe de Beaumanoir, bailli de Clermont, écrivit son traité intitulé : *Des coustumes et usages de Biauvoisins selonc ce qu'il corrait au temps que cist livres fu fez : c'est assavoir en l'an de l'incarnation nostre Seigneur 1283.* On y trouve entremêlés, mais avec beaucoup de discernement, trois éléments principaux : le Droit canonique, le Droit romain et les coutumes de Beauvoisis, que l'auteur eut pour but principal de fixer par écrit et de mettre à l'abri des incertitudes de la tradition orale. C'est, sans contredit, le plus remarquable de tous nos vieux livres de Droit ; Montesquieu l'a appelé *un admirable ouvrage, et son auteur une grande lumière* (²).

Le quatorzième siècle fut passablement fécond à en juger par les travaux qui sont venus jusqu'à nous. Ainsi c'est au commencement de ce siècle qu'il faut placer le *Livre de Justice et de Plet* (³). Vers 1328, Jean Faber exposait avec soin, dans ses Commentaires de Droit romain, le Droit coutumier, dans la connaissance duquel il était profondément versé. A la même époque à peu près, Pierre Jacobi écrivait

---

(¹) Voy. le *Mémoire de* KLIMRATH *sur les monuments inédits du Droit français au moyen âge.* Paris, 1835.

(²) Voy. l'article de M. LABOULAYE dans la *Revue de législation et de jurisprudence,* XI, p. 433. L'ouvrage de BEAUMANOIR fut édité pour la première fois en 1690, in-fol. à Paris, par LA THAUMASSIÈRE. En 1842, M. BEUGNOT vient d'en donner une édition plus correcte. Paris, 2 vol. in-8°.

(³) Le manuscrit existe à la bibliothèque royale (Lancelot 70). Voyez-en l'analyse dans le mémoire cité de KLIMRATH.

sa *Practica aurea* (¹). En 1330, Guillaume Dubreuil, avocat au parlement de Paris, retraçait, dans un recueil appelé *Stylus parlamenti,* les us et coutumes du palais de ce temps-là. Comme tel, cet ouvrage ne laisse pas que d'être un monument curieux de notre ancien Droit coutumier. C'est Dumoulin qui nous l'a conservé : on le trouve dans les *OEuvres complètes* de ce jurisconsulte (édit. de 1681, t. II). Vinrent ensuite les *Décisions* de Jean Desmares, recueil de quatre cent vingt-deux arrêts, consultations et jugements sur arbitrages, rédigé par Jean Desmares ou Desmarets († 1383), conseiller au parlement, aussi célèbre par sa science que par sa fin tragique. Julien Brodeau les a éditées à la suite de son *Commentaire sur la coutume de Paris.* C'est aussi dans ce siècle qu'il faut placer l'origine de quelques vieux monuments qu'il est bon de connaître, sinon de consulter, tels que :

1° L'*Ancien coutumier d'Artois* (dans le t. Iᵉʳ des *Notes* de Maillard *sur la coutume d'Artois*), et l'*Ancien coutumier de Picardie,* publié en 1840 par M. Marnier.

2° Les *Anciennes constitutions du Châtelet,* recueil, dont l'auteur est inconnu, contenant en quatre-vingt-quatre articles les règles de la procédure civile et criminelle suivie devant ce tribunal. De Laurière les a fait imprimer dans le troisième volume de son *Commentaire sur la Coutume de Paris.*

3° Les *Olim,* collection des arrêts rendus par le

<hr>

(¹) Voy. l'art. de M. Esquiron de Parieu dans la *Revue de législation.* T. II, § XX, p. 453.

parlement de Paris de 1254 à 1318, et rédigée, vers 1313, par Jean de Monluc, greffier du parlement. Ces registres, si précieux par leur antiquité, sont en manuscrits aux archives judiciaires du palais de justice à Paris. Ils n'avaient pas encore été publiés. M. Beugnot les a édités en 1839, dans le *Recueil des documents inédits sur l'histoire de France, publiés par ordre du gouvernement* (¹).

4° Le *Songe du Vergier*, rédigé de 1370 à 1374 par ordre du roi Charles V, à qui il fut dédié. On n'en connaît pas l'auteur : les uns l'ont attribué à Raoul de Presles, les autres à Guillaume de Dormans, ceux-ci à Jean Desmares ou à Philippe de Maizières, ceux-là à Jean de Lignano ou à Charles de Louviers (²). C'est un plaidoyer en faveur de l'indépendance du pouvoir temporel contre les prétentions et les entreprises de la cour de Rome. Ce livre, écrit primitivement en langue romane, puis traduit en latin, a joui chez nos aïeux d'un succès prodigieux et renferme d'excellentes choses, bien que la manière de les dire se ressente du mauvais goût de l'époque : c'est un monument à placer dans la bibliothèque de tout jurisconsulte amateur des antiquités du Droit. La première édition a paru en 1491, in-fol. Paris. Il a été réimprimé dans les *Preuves de l'Église gal-*

(¹) Voy. KLIMRATH, *Mémoire sur les Olim*. Paris, 1837, et M. PARDESSUS, dans le *Journal des savants*. 1840, p. 683, et 1841, p. 78.

(²) Les plus grandes probabilités désignent PHILIPPE DE MAIZIÈRES. Voyez : *Nouvelles recherches sur le véritable auteur du Songe du Vergier*, par M. PARIS. 1843 (t. XV des Mémoires de l'Académie des inscriptions).

licane. Paris, 1731. La première édition latine (*Somnium Viridarii*) est de 1516 : depuis, il y en a eu plusieurs (¹).

5° *Les Coutumes notoires du Châtelet*, recueil, dont l'auteur est resté inconnu, d'actes de notoriété au nombre de cent quatre-vingt-six, concernant les principales difficultés des usages et coutumes de la prévôté et vicomté de Paris, décidées par sentences du prévôt, après enquêtes par tourbes, depuis 1300 jusqu'en 1387. Brodeau les a fait imprimer dans le deuxième volume de son *Commentaire sur la coutume de Paris*, à la suite des *Décisions* de Jean Desmares.

6° *Le Grand coutumier de France*, traité de Droit pratique que généralement l'on suppose écrit sous le règne de Charles VI (1380-1422). On ignore qui fut l'auteur de cet ouvrage d'ailleurs fort utile pour l'intelligence de l'ancienne procédure. Il n'est point aussi rare que certains bibliophiles l'ont dit : il y en a eu plusieurs éditions dont la moins ancienne est celle que Charondas le Caron a publiée à Paris en 1598. In-4°.

Tels sont les principaux vestiges des travaux sur le Droit coutumier aux treizième et quatorzième siècles. Le quinzième siècle paraît avoir été moins fécond : néanmoins c'est à cette époque qu'écrivait Masuer, célèbre par sa *Practica forensis*. Mais le seizième fut, comme pour le Droit romain, le point de départ d'une culture riche et fertile. Le Droit cou-

(¹) Voy. l'article intéressant de M. LABOULAYE dans la *Revue de législation et de jurisprudence*, XIII, p. 5.

tumier devait nécessairement, comme branche du savoir humain, se développer sous l'étonnante activité de l'esprit scientifique de cette époque : d'autant plus que la rédaction officielle des coutumes venait de créer des textes dont l'exégèse nécessitait, à cause même de leurs divergences, un redoublement d'efforts et de travaux. Nos jurisconsultes se mirent à l'œuvre : on les vit alors tour à tour professer et écrire sur le Droit coutumier, à côté de la grande école romaine, où presque tous avaient fait leur éducation. Impossible d'énumérer ici cette phalange d'hommes éminents : je me bornerai à citer : Boërius († 1532); — Bartholomaeus Chassaneus (1480-1541), si connu par son *Catalogus gloriæ mundi* (¹); — Tiraqueau (1480-1558), le Varron de son siècle; — Dumoulin (1500-1566), le plus profond commentateur du Droit coutumier, appelé par ses contemporains le Prince des jurisconsultes et regardé par les modernes comme le chef de l'école coutumière; —d'Argentré (1519-1590), esprit vigoureux et plein de verve;—Guy Coquille (1523-1603), excellent jurisconsulte, très-versé dans les antiquités du Droit; —Bacquet († 1597);—Loisel (1536-1617), disciple bien-aimé de Cujas; — Charondas le Caron (1536-1617);—Chopin (1537-1606);—Ragueau († 1605); — Loiseau (1566-1627), écrivain spirituel et caustique, etc.

L'école romaine brilla en France au seizième siècle d'un éclat plus vif que celui de l'école coutumière;

______

(¹) Il ne faut pas le confondre avec un romaniste ALEXANDRE CHASSANÆUS († 1560).

mais, en revanche, la première s'éteignit plus vite que la seconde. Au dix-septième siècle, l'école de Cujas avait pâli; au dix-huitième, elle n'existait plus : celle de Dumoulin se soutint au contraire jusqu'au dix-neuvième. Il semble même que la culture du Droit coutumier s'étendit en raison inverse de l'abandon dans lequel tomba celle du Droit romain. Ainsi, le dix-septième siècle vit écrire : Julien Brodeau († 1653), jurisconsulte érudit, profond commentateur; — Le Grand (1588-1664); — Auzanet (1591-1673), tenu en grande estime par d'Aguesseau; — Ricard (1622-1678); — Duplessis († 1683); — Basnage (1615-1695); — Automne (1587-1666); — Renusson (1632-1699); Boucheul († 1706); — Lebrun († 1708); — Thaumas de la Thaumassière († 1712);—De Laurière (1650-1728), profondément versé dans la connaissance des origines et des traditions nationales, etc.

Enfin, au dix-huitième siècle, nous pouvons encore nous enorgueillir des travaux de Berroyer († 1735); — de Bouhier (1673-1746), philologue, érudit, historien, poëte et excellent jurisconsulte;— de Poulain du Parc (1701-1782); — de Pocquet de Livonière († 1726); — de Pothier; — de Prévôt de la Janès (1695-1749);—de Jousse (1704-1781);— de Chabrol (1714-1792), etc.

V. — Du Droit féodal.

— 105 —

Le Droit féodal, l'une des parties les plus obscures de l'ancienne jurisprudence, est l'ensemble des règles et des principes relatifs aux rapports juridiques résultant du régime des fiefs. Le caractère de la féodalité, c'était la prédominance de la *réalité* sur la *personnalité*, de la terre sur l'homme. Le fief (*feudum*) était la concession gratuite, libre et perpétuelle d'une chose immobilière ou réputée telle, avec translation du domaine utile et rétention du domaine direct, à charge de fidélité et de secours. Originairement, les fiefs ne furent que de simples bénéfices révocables et temporaires (¹). Par la suite des temps, ils devinrent héréditaires. On appelait fief *dominant*, le corps de l'héritage duquel un propriétaire détachait une portion qu'il donnait en fief en se réservant le droit de seigneurie directe. La portion ainsi détachée s'appelait fief *servant*, et celui à qui elle avait été inféodée *vassal*. Le même fief pouvait être à la fois dominant et servant. Par exemple : Secundus, vassal de Primus, pouvait détacher une portion du fief qui relevait de Primus, la donner en fief à Tertius et devenir seigneur de ce dernier. On disait alors que Secundus tenait de Primus en *plein fief*, et que Tertius tenait de Primus en *arrière-fief*. Tertius était appelé *arrière-vassal* à l'égard de Primus, qui, à l'égard de Tertius, était appelé *seigneur suzerain*. Mais Tertius n'était pas vassal de Primus, suivant la règle féodale : *Vassallus mei vassalli non est vassallus meus*. Le vassal était

---

(¹) Il a été émis, sur l'origine des fiefs, divers systèmes. Voy. Montesquieu, dans l'*Esprit des lois*. — Mably, dans ses *Observations sur l'histoire de France*. — Ancillon, *Tableau des révolutions de l'Europe*, et M. Guizot, *Essais sur l'histoire de France*.

tenu, non-seulement de prêter foi et hommage au seigneur, mais encore de suivre la bannière de celui-ci quand il lui plaisait de guerroyer. C'est pourquoi, dit-on, les femmes et les roturiers étaient incapables de posséder des fiefs. Mais avec le temps et les progrès de l'autorité royale, la féodalité avait perdu sa physionomie primitive, et le dernier état des choses, qui a duré jusqu'en 1789, était le suivant :

Les fiefs étaient devenus des biens patrimoniaux dont le vassal pouvait disposer comme de toute autre propriété. Le domaine direct que le seigneur conservait sur l'héritage qu'il avait inféodé, n'était plus qu'une seigneurie purement honorifique. Elle consistait dans la prestation de foi et hommage, c'est-à-dire dans la promesse de porter au seigneur le respect qui lui était dû et de reconnaître solennellement sa supériorité féodale. La réception de foi s'appelait *investiture ;* c'était une formalité essentielle à l'existence du fief et qui devait être accomplie à chaque mutation de seigneur et de vassal. Tant que la prestation de foi n'avait pas été faite, le fief était dit *ouvert,* c'est-à-dire vacant, et jusqu'à ce qu'il fût *couvert,* le seigneur avait droit de saisie féodale, c'est-à-dire droit de se mettre en possession du fief mouvant de lui et de le réunir à son domaine. En cas de désaveu ou de félonie de la part du vassal, c'est-à-dire s'il déniait formellement au seigneur son droit de seigneurie, ou s'il commettait envers lui une injure atroce, le seigneur avait *droit de commise,* c'est-à-dire de confisquer et de réunir à perpétuité à son domaine le fief mouvant de lui. De son côté, le seigneur devait au vassal égards et amitié ; l'acte appelé *félonie* du vassal envers le seigneur devenait *déloyauté* du seigneur envers le vassal et ouvrait à celui-ci une action pour faire déclarer le seigneur déchu de son droit de dominance.

Le seigneur jouissait encore de différents autres droits, parmi lesquels il y a lieu de remarquer :

Le profit de quint, c'est-à-dire le droit d'exiger le cinquième du prix de vente lorsqu'un fief mouvant de sa seigneurie était vendu ;

Le profit de rachat, c'est-à-dire le droit de percevoir les revenus d'une année d'un fief relevant de lui, toutes les fois que ce fief changeait de main ;

Le retrait féodal, c'est-à-dire le droit qu'avait le seigneur, lorsque le fief mouvant de lui était vendu, de le prendre et de le réunir au fief dominant, à la charge de rendre à l'acheteur le prix qu'il avait payé et les loyaux-coûts ;

Les banalités de moulin, de four et de pressoir; les corvées, etc. (¹).

Il y avait aussi des règles spéciales sur les aveux et dénombrements, sur le jeu et le démembrement des fiefs, sur la succession féodale où le droit d'aî-

______

(¹) Il n'est que trop vrai qu'il a existé, au profit des seigneurs, certains droits immondes connus sous le nom de droits de cuissage, jambage, prélibation, marquette, etc. C'étaient les tristes conséquences de la main-morte ou servitude personnelle. Voy. BRODEAU, sur l'art. 37, nᵒ 11, de la coutume de Paris, et DELAURIÈRE, sur LOISEL, p. 101. Le président BOYER rapporte avoir vu un procès dans lequel *Rector seu curatus parochialis prætendebat, ex consuetudine, primam habere carnalem sponsæ cognitionem.* Decis. 297, nᵒ 17.

nesse jouait un rôle important, en un mot sur tous ces droits seigneuriaux qui étaient devenus autant de vexations pour les personnes que d'entraves pour la prospérité territoriale.

1° De l'utilité actuelle de l'étude du droit féodal.

— 106 —

Il est possible que le régime féodal ait été, dans l'origine, une puissante et salutaire institution, mais depuis longtemps la civilisation l'avait dépassée, et le nouveau progrès dont 1789 fut le signal dut nécessairement la détruire en France (¹). Le sacrifice commencé par la Constituante, dans la fameuse nuit du 4 août 1789, fut consommé par la Convention et renouvelé par tous nos législateurs qui se sont succédé jusqu'à présent. La Constituante avait supprimé, sans réserve et sans indemnité, tous les droits féodaux constitutifs ou représentatifs de la servitude personnelle ; mais elle avait maintenu, en les déclarant rachetables, les droits résultant des contrats d'inféodation et qui formaient le prix de la propriété concédée. C'était juste et équitable, mais aux yeux de la Convention ce n'était pas assez. Le décret du 17 juillet 1793 abolit complétement et sans indemnité toutes les redevances seigneuriales et tous les droits féodaux, même ceux que la Constituante avait maintenus avec la faculté de rachat. Aujourd'hui les personnes et les propriétés sont en France entièrement dégagées des

(¹) BONCERF, *Les inconvénients des droits féodaux*. Paris, 1789, in-8°.

liens de la féodalité ; aussi le droit féodal ne doit-il plus, comme avant la révolution, entrer en première ligne dans les études d'un jurisconsulte. Cependant il faut encore et nécessairement en acquérir une notion générale. D'un côté, parce qu'il est impossible de comprendre notre ancien Droit français, si l'on ne s'est pas familiarisé avec cette organisation féodale qui avait jeté de si profondes racines, surtout dans les provinces septentrionales de la France. Le Droit coutumier, appelé avec raison le Droit civil de la féodalité, serait une énigme pour celui qui ne connaîtrait pas, au moins dans ses principaux rouages, le jeu de cette puissante machine politique. Il y a même, dans le Code civil, tels articles qui resteront inintelligibles sans la connaissance du Droit féodal, par exemple, les art. 638, 686, 732, 745, etc. D'un autre côté, il s'élève journellement des procès au sujet de certaines redevances dont les débiteurs se prétendent libérés sous prétexte qu'elles sont mélangées de féodalité, et, comme telles, abolies par les lois révolutionnaires. Il faut nécessairement, pour la plaidoirie et la décision de ces procès, être versé dans la connaissance des matières féodales. En conséquence, nous conseillons de lire et de consulter :

Henrion de Pansey : *Traité des fiefs de Dumoulin, analysé et conféré avec les autres feudistes*. Paris, 1773, in-4°.

Le même : *Dissertations féodales*. Paris, 1789, 2 vol. in-4°.

Hervé : *Théorie des matières féodales et censuelles*. Paris, 1785, 8 vol. in-12.

Salvaing : *Traité de l'usage des fiefs et autres droits seigneuriaux.* Grenoble, 1731, in-folio [1].

2° Des sources du droit féodal.

— 107 —

On les trouve çà et là dans les capitulaires, dans le *Corpus juris canonici,* dans quelques chartes du moyen âge et surtout dans les coutumes. Ce sont les feudistes qui ont coordonné ces textes épars et en ont fait comme un corps de doctrine. Il paraît qu'en France, on travailla de très-bonne heure à cette partie de la jurisprudence ; car déjà en 1028, l'évêque Fulbert adressait au duc d'Aquitaine sa lettre *de formâ fidelitatis,* dont on retrouve un fragment dans le Décret de Gratien (C. 18. *caus.* 22. *quæst.* 5). Le monument le plus célèbre du Droit féodal, c'est la compilation connue sous le titre de *Libri* ou *Consuetudines feudorum,* et contenant les usages et coutumes féodaux usités dans la Lombardie. Ce recueil, dont la rédaction paraît devoir être fixée au douzième siècle, devint la loi de presque toute l'Europe féodale. On a cru pendant longtemps que les deux consuls de Milan, Obertus ab Orto et Gerhardus Niger, en avaient été les auteurs ; mais de nouvelles investigations bibliographiques sur ce point paraissent avoir établi que ce recueil ne fut pas l'œuvre exclusive de ces deux consuls, et qu'il est même incertain que Ger-

[1] Parmi les feudistes recommandables figurent encore Boutaric, Brussel, Chanterreau-le-Fèvre, Guyot, Pocquet de Livonière, etc.

15.

hardus Niger y ait travaillé (¹). Ces textes devinrent l'objet des travaux des glossateurs : Bassianus en **fit** une *summa*, Pilius un *apparatus*, et c'est Hugolinus, dit Presbyteri, qui les inséra au *Volumen parvum* du *Corpus juris civilis* comme dixième collation des Novelles de Justinien. Les *Libri feudorum* ont été ajoutés comme appendice dans presque toutes les éditions de la Compilation de Justinien. Dans les manuscrits et dans les anciennes éditions qui en furent faites, ils formaient deux livres divisés, le premier en vingt-huit et le second en cinquante-huit titres. En 1567, Cujas en donna une édition dans laquelle il partagea les *Libri feudorum* en cinq livres, en y ajoutant d'anciens textes féodaux empruntés à la *Somme* de Jacques de Ardizone (écrite vers 1230), à l'*Apparatus* de Jacques Columbi (écrit vers 1240), au *Commentaire* de Jacques Alvarotus (✝ 1451), etc. Les éditeurs postérieurs, s'emparant des additions de Cujas, reproduisirent l'ancien texte avec ses divisions et sans prendre la précaution de mettre de l'harmonie entre ces divisions et celles que Cujas avait introduites dans ses additions. De là la confusion qui règne dans la série de numéros des livres et des titres.

VI. — Des ordonnances royales.

— 108 —

Ces expressions réveillent la même idée que les mots latins *Constitutiones principum*, et désignent,

(¹) LASPEYRES, *Ueber die Entstehung und ælteste Bearbeitung der Libri feudorum.* Berlin, 1830. — PAETZ, *De verá librorum juris longobardici origine.* Gœtt. 1805.

sous nos rois de la troisième race, ce que l'on appelait *Capitularia* sous ceux de la première et de la seconde, c'est-à-dire les actes par lesquels nos monarques manifestaient leur volonté législative. Ces constitutions étaient *générales*, c'est-à-dire obligatoires pour tous les individus, ou *spéciales*, c'est-à-dire relatives seulement à telles personnes déterminées. Les constitutions générales étaient de trois espèces différentes :

1° Les *ordonnances*, qui étaient les lois émanées du prince sur les remontrances à lui faites. Ordinairement elles embrassaient plusieurs dispositions sur des matières différentes.

2° Les *édits* qui étaient rendus de propre mouvement et qui ne concernaient jamais qu'un seul objet.

3° Les *déclarations*, qui, au lieu de contenir une nouvelle loi comme les ordonnances et les édits, avaient pour objet d'interpréter, de modifier, d'étendre ou de restreindre les dispositions contenues dans quelque ordonnance ou dans quelque édit.

Il y avait aussi trois espèces de constitutions spéciales.

1° Les *rescrits*, lettres de chancellerie que le roi adressait à des juges pour faire exécuter quelque ordre donné en faveur de quelqu'un, telles que les lettres de grâce (rémission de peine) et les lettres de justice (restitution en entier).

2° Les *arrêts du conseil d'État*, jugements que le roi, siégeant en son conseil, prononçait sur les requêtes ou remontrances à lui faites par quelque sujet ou quelque magistrat.

3° *Les lettres patentes*, par lesquelles le roi accordait ou confirmait quelque droit ou privilége en faveur de certaines personnes physiques ou morales. Cependant ces termes étaient quelquefois employés dans un sens plus étendu, pour signifier toutes sortes de lettres du grand sceau, parce que toutes les lettres du sceau étaient ouvertes, à la différence des lettres de cachet qui étaient closes et dont l'usage était prohibé pour le fait de la justice, par l'art. 131 de l'ordonnance de Moulins.

Il existe plusieurs recueils généraux des ordonnances royales (¹) : mais le plus complet et le plus correct, jusqu'à l'époque où il est arrivé en ce moment, c'est le recueil connu sous le titre de : *Collection des ordonnances du Louvre.* Publiée à l'imprimerie royale depuis 1723, cette compilation fut entreprise par Loger, Berroyer et de Laurière. Loger étant mort pendant l'impression du premier volume, et Berroyer s'étant retiré de la collaboration, de Laurière publia le premier volume et mourut pendant l'impression du second. L'avocat Secousse fut chargé par le chancelier d'Aguesseau de continuer ce travail, qui, après la mort de Secousse, fut confié, par le chancelier de Lamoignon, à Villevault, auquel de Bréquigny fut adjoint. Après la mort de ces deux compilateurs, le

(¹) Tels que ceux de Pierre de Rebuffy (Lyon, 1573, in-fol.); de Fontanon (Paris, 1611, 3 vol. in-fol.); de Guesnois (Paris, 1660, 3 vol. in-fol.); de Blanchard (Paris, 1715, 2 vol. in-fol.); de Néron Paris, 1720, 2 vol. in-fol.), etc. Un recueil abrégé des principales ordonnances de nos rois de la troisième race jusqu'en 1789 a été publié par MM. Jourdan, Decrusy, Isambert et Taillandier, en 30 vol. in-8°. Paris, 1821-1830.

soin de continuer fut remis à Camus et à Pastoret : celui-ci, après la mort de son collaborateur, fut chargé seul de cette importante publication. Depuis le décès de M. Pastoret, c'est M. Pardessus qui l'a remplacé dans l'accomplissement de cette tâche. Le vingtième volume, comprenant les ordonnances jusqu'en 1497, a paru en 1840 (¹).

1° Depuis Hugues Capet jusqu'à Louis XIV.
(Du dixième au dix-septième siècle.)

— 109 —

Il y a eu plusieurs périodes bien marquées dans le développement de l'autorité royale en France. A l'époque où la féodalité existait dans toute la puissance de ses combinaisons aristocratiques, le roi n'était que le suzerain le plus amplement fieffé du royaume : législateur dans ses propres domaines, il ne l'était pas dans ceux de ses vassaux, et ses ordonnances, appelées *Establissements*, n'avaient aucune force obligatoire dans les pays dits *hors l'obéissance le roi*.

A dater du treizième siècle, commença contre la féodalité et contre les prétentions ultramontaines, une lutte achevée victorieusement sous Richelieu, et dont le résultat fut d'agrandir la royauté et de la constituer en un pouvoir central fort et indépendant. Durant cette période, les ordonnances apparaissent comme l'expression de la volonté royale tempérée, soit par les doléances des états généraux, soit par les remontrances des parlements. Les états généraux

(¹) Voy. les comptes rendus de tous ces volumes dans le *Journal des savants*. 1822, 1829, 1835 et 1842.

n'entraient avec le roi en partage de la puissance législative que lorsqu'il s'agissait de subsides et d'impôts. Pour le surplus, chacun des trois ordres (clergé, noblesse et tiers-état) remettait au roi son cahier de doléances, c'est-à-dire un exposé des améliorations et des réformes qu'il demandait. Mais les parlements, à une époque et d'une manière assez difficile à préciser, s'immiscèrent plus directement et plus amplement dans l'exercice du pouvoir législatif. Il s'introduisit, malgré les protestations du gouvernement, une coutume suivant laquelle une ordonnance royale n'obtenait force obligatoire dans le ressort d'un parlement, qu'autant que celui-ci avait consenti à l'enregistrer. Plus d'un parlement refusa cet enregistrement ou ne l'opéra qu'en faisant ses conditions à la royauté. Alors commença entre elle et les parlements une lutte dont l'issue fut la défaite de ces puissantes et ambitieuses corporations. Dès le seizième siècle, les ordonnances de Roussillon et de Moulins défendirent à ces assemblées judiciaires de modifier les dispositions des édits royaux, sauf à adresser au roi leurs remontrances *avant* l'enregistrement ; Louis **XIV** leur porta le dernier coup en ne leur permettant de lui faire des remontrances qu'*après* l'enregistrement.

Parmi les ordonnances royales de cette période, on peut citer comme les plus remarquables :

1° Les *Établissements* de saint Louis, c'est-à-dire les ordonnances que ce monarque promulgua, non point comme loi générale du royaume, mais spécialement pour les domaines qui étaient de son obéissance. C'est à tort que l'on a prétendu que ce recueil était un Code promulgué par le roi saint Louis lui-même ; ce ne fut que le travail privé d'un compilateur du treizième siècle (1270). C'est un monument fort curieux et que doivent visiter tous ceux qui veulent remonter aux sources de notre ancien Droit (¹).

2° Les ordonnances de Philippe IV contre l'usure (1311) ; de Louis X, pour l'abolition de la servitude (1315) ; de Philippe V (1318) et de Jean II (1363), sur la procédure ; de Charles VII, rendue à Montil-lès-Tours (1453), etc.

3° L'édit de Crémieu (1536) et l'ordonnance de Villers-Cotterets (1539), rendus par François Ier, l'un pour régler la juridiction des bailliages, sénéchaussées et autres justices inférieures ; l'autre, pour l'abréviation des procès.

4° L'ordonnance de Roussillon (1563) et celle de Moulins, rédigée la même année par le chancelier Michel de Lhospital, promulguées toutes deux par Charles IX.

5° L'ordonnance de Blois (1578), rendue par Henri III. Ce même roi avait chargé le président Brisson de faire un recueil systématique des ordonnances royales. Le projet de ce Code fut publié en

___

(¹) La première édition a été donnée par Ducange en 1658, à la suite de l'*Histoire de saint Louis par le sir de Joinville*. Celle que de Laurière a insérée dans le t. Ier des *Ordonnances du Louvre* est plus correcte. En 1786, l'abbé de Saint-Martin en a donné une édition dans laquelle il a accompagné l'idiome textuel d'une traduction en français moderne. — On trouve aussi les Établissements de saint Louis dans la collection de MM. Jourdan et Decrusy déjà citée.

1587, sous le titre de : *Basilique et Code Henri*, mais il n'a jamais reçu force législative (¹).

6° Le Code Marillac (appelé dédaigneusement par les nobles *Code Michaud*), du nom du rédacteur Michel de Marillac, garde des sceaux sous Louis XIII. Cette ordonnance, rédigée en 1629, renfermait un grand nombre de dispositions utiles, qui l'ont fait appeler par Pothier la *belle ordonnance*. Mais elle choquait l'aristocratie, et les parlements l'annulèrent par leur résistance.

2° Depuis Louis XIV jusqu'à la révolution de 1789.

— 110 —

L'esprit de résistance de l'antique noblesse féodale n'existait plus : Louis XIV, aspirant au pouvoir absolu, avait réduit les parlements au silence, et relégué les états généraux dans l'oubli. Aux premiers, ainsi qu'on vient de le dire, il avait enjoint, par l'ordonnance de 1667, d'enregistrer ses édits, non plus à titre d'*exequatur*, mais comme simple mode de publication, et il n'avait laissé à ces corporations que le droit illusoire de lui adresser des remontrances *après* l'enregistrement. Quant aux états généraux, ils n'avaient pas été formellement abolis ; mais leur réunion était tellement tombée en désuétude, qu'ils n'existaient plus que comme souvenirs historiques. La royauté avait donc atteint l'apogée de sa puis-

---

(¹) *Code du roi Henri III, etc.*, avec les annotations de CHARONDAS LE CARON. Paris, 1603, in-fol. — DELAROCHE-MAILLET en a donné une édition revue en 1622.

sance : absolue de fait, elle ne reconnaissait plus d'autre frein que les mœurs et l'opinion publique. *Si veut le roi, si veut la loi.* Ce fut un accident heureux en ce qu'il rendit possible l'exécution d'une partie de la réforme législative dont le règne du grand roi fut le point de départ. Le premier président de Lamoignon, de concert avec les avocats Auzanet et Fourcroy, conçut et entreprit, de l'agrément de Louis XIV, le vaste projet de codifier les coutumes de France et d'en faire une loi générale et uniforme. Cette tentative, dont l'exécution était encore impossible à cette époque, n'aboutit, après deux années de travail, qu'à une compilation privée, connue sous le titre de : *Arrêtés de Lamoignon,* et qui ne fut jamais revêtue de la sanction publique. C'est alors que Colbert créa, sous le nom de : *Conseil pour la réformation de la justice,* une commission de douze membres, dont deux conseillers d'État, quatre maîtres des requêtes et six avocats au parlement de Paris, chargée de préparer les projets d'ordonnances [1]. Louis XIV lui-même présida certaines séances du conseil d'État, dans lesquelles ces projets, rédigés avec le plus grand soin, furent examinés, discutés et agréés. Les procès-verbaux de ces discussions ont été imprimés et forment un lumineux commentaire de ces ordonnances qui ont mérité de devenir le type d'une notable portion de notre législation actuelle. « En examinant

[1] Voy., en tête des *OEuvres de* M⁰ Auzanet (Paris, 1708, in-fol.), une lettre dans laquelle cet avocat raconte à un de ses amis, avec des détails pleins de naïveté, la composition de cette commission et sa manière de travailler.

« les dernières ordonnances royales, nous en avons
« conservé tout ce qui tient à l'ordre essentiel des
« sociétés, au maintien de la décence publique, à la
« sûreté des patrimoines, à la prospérité générale »
(Disc. prélim. des rédacteurs du Code civil). Il y a
lieu de distinguer surtout :

1° L'ordonnance de 1667 sur la procédure civile,
à laquelle il faut rattacher, comme complément,
celle de 1669 sur les évocations et *committimus*;

2° Celle de 1669 sur le régime des eaux et forêts,
l'un des plus admirables monuments de l'administration de Colbert;

3° Celle de 1670 sur l'instruction criminelle. Cette
ordonnance ne mérite pas autant d'éloges que les autres grands travaux législatifs de Louis XIV;

4° Celle du commerce, de 1673, appelée dans les
premiers temps *Code Savary*, du nom de l'un de
ceux qui y ont le plus coopéré;

5° Celle de la marine, de 1681, qui a eu l'honneur d'être adoptée comme loi par toutes les nations
de l'Europe et de former le Droit commun des peuples maritimes;

6° Le Code noir de 1685, c'est-à-dire un ensemble d'ordonnances qui ont réglé le sort et l'état des
esclaves dans les colonies;

7° L'édit de 1695 sur la juridiction ecclésiastique,
préparé par de longues conférences entre les délégués du clergé et ceux du parlement de Paris, et revu
avec soin par Louis XIV lui-même, etc.

Cette impulsion de réforme continua sous le règne
de Louis XV; le chancelier d'Aguesseau entreprit

l'achèvement de ce grand œuvre, et, après s'être entouré de l'avis et des lumières des parlements et des jurisconsultes les plus éminents de l'époque, il rédigea en grande partie les ordonnances suivantes, auxquelles notre Droit actuel a fait plusieurs emprunts : (¹).

1° L'ordonnance de 1731 sur les donations ;

2° Celle de 1735 sur les testaments ;

3° Celle de 1737 sur le faux principal et incident et sur les reconnaissances d'écritures ;

4° Le règlement du conseil de 1738, qui est encore à présent le fondement de la procédure suivie au conseil d'État et à la cour de cassation ;

5° L'ordonnance de 1747 sur les substitutions, fruit d'un grand travail et d'une longue méditation ;

6° L'édit de 1771 sur les hypothèques, qui a ébauché le système de publicité qui a fini par triompher dans notre législation actuelle, etc.

Avec d'Aguesseau s'arrête la réforme des lois par les lois : la fin du dix-huitième siècle, signalée par une reprise d'hostilités entre la royauté mal exercée et les parlements devenus plus remuants, enfanta cette révolution qui, bouleversant l'ancien régime, en reconstruisit un autre et renouvela l'édifice de la législation. Cependant, il y a lieu de remarquer encore parmi les actes législatifs de Louis XVI :

1° L'édit du mois d'avril 1779, portant abolition

(¹) Voy., dans le t. VII des *OEuvres de* d'AGUESSEAU, les lettres écrites par ce savant magistrat sur les ordonnances par lui rédigées.

du servage et de la main-morte dans les domaines du roi ;

2° La déclaration du 24 août 1780, portant abolition de la question préparatoire ; et quelques autres actes dont le but était plus politique que civil.

VII. — Des arrêts de règlement.

— III —

Outre les arrêts d'*enregistrement* par lesquels les parlements participaient à l'exercice de la puissance législative, ces corps judiciaires arrivaient encore au même résultat par la voie des arrêts de *règlement*. On appelait ainsi certaines décisions solennelles par lesquelles un parlement, toutes ses chambres assemblées, fixait une question de procédure, de Droit civil ou canonique, etc. Tant que le roi n'ordonnait rien de contraire, ces arrêts faisaient loi pour tous les tribunaux ecclésiastiques et séculiers du ressort du parlement qui les avait rendus. Ils étaient publiés dans ces tribunaux comme les ordonnances royales, et formaient, comme celles-ci, une source de Droit français. Mais cet état de choses dut cesser avec la chute des parlements, et pour éviter qu'à l'avenir aucun corps judiciaire n'usurpât cette ancienne prérogative des parlements, le législateur a expressément défendu aux juges, dans l'art. 5 du Code civil, de prononcer par voie de disposition générale et *réglementaire* sur les causes qui leur sont soumises. Reconnaître aux tribunaux le pouvoir que s'étaient arrogé les parlements, c'eût été exposer la France à retomber dans cette diversité de statuts locaux dont l'abolition fut un des bienfaits de la révolution de 1789.

SECTION DEUXIÈME.

DES SOURCES DU DROIT FRANÇAIS POSTÉRIEURES A 1789, MAIS ANTÉRIEURES A LA CHARTE DE 1814.

I. — Des Lois, des Décrets et des Arrêtés.

1° De l'Assemblée constituante.

— **112** —

Les états généraux n'avaient plus été réunis depuis 1614 : on a vu que cette représentation nationale avait disparu sous le despotisme de Richelieu et de Louis XIV. Mais en présence de la crise politique et financière qui signala la fin du dix-huitième siècle, Louis XVI crut devoir en appeler aux états généraux de la nation. Convoqués en 1788, sur la demande même du parlement, ils se proclamèrent, le 17 juin 1789, *assemblée nationale*, et reçurent depuis, pour avoir édifié la constitution de 1791, le titre d'Assemblée nationale constituante. Les décrets de cette assemblée étaient soumis à la sanction du roi, et lorsqu'ils en avaient été revêtus, ils prenaient le nom et l'intitulé de *lois*. La Constituante, composée d'un grand nombre d'hommes éminents par le talent et par le caractère, a osé entreprendre et a su accomplir une œuvre gigantesque : après avoir tout détruit, elle a tout réédifié. C'est elle qui a passé le niveau de l'égalité partout où était le privilége; — qui a complétement changé les conditions de la propriété foncière et l'a dégagée de ces droits seigneuriaux utiles et honorifiques qui constituaient des abus enracinés depuis dix siècles ; — qui a creusé entre le pouvoir temporel et le pouvoir spirituel une séparation profonde et infranchissable ; dépouillé les communes de leurs chartes et les provinces de leurs priviléges; détruit les maîtrises et jurandes, aboli la vénalité des charges, adouci la législation criminelle, renversé la puissance des parlements, balayé ces mille juridictions qui ruinaient les justiciables et, à la place, fondé une belle et imposante organisation judiciaire; — c'est elle enfin qui a posé les grandes bases de Droit consacrées plus tard par le Code civil. Ses travaux législatifs forment un imposant monument : plusieurs de ses décrets sont encore en vigueur, et c'est toujours aux inspirations de l'Assemblée constituante qu'il faut remonter pour saisir l'esprit et l'idée mère de la plupart de nos lois modernes. Plusieurs décrets sont accompagnés de commentaires : ce sont des traités plutôt que des lois ordinaires. Quelques-uns de ces décrets organiques sont accompagnés de longues instructions qui étaient elles-mêmes rédigées, délibérées et votées comme les décrets. C'est le 30 septembre 1791 que cette assemblée déclara que sa mission était finie et ses séances terminées.

2° De l'Assemblée législative.

— 113 —

A l'Assemblée nationale constituante succéda l'Assemblée nationale législative, nommée en exécution de la constitution de 1791. Aux termes de cette constitution, le pouvoir législatif appartenait exclusivement à cette assemblée, formant une seule chambre, composée de sept cent quarante-cinq représentants, choisis tous les deux ans par les assemblées électorales, élues elles-mêmes par les assemblées primaires. L'initiative n'appartenait qu'à l'assemblée législative ; le pouvoir exécutif suprême résidait exclusivement dans la main du roi. Les décrets de l'assemblée législative étaient présentés au roi, qui pouvait refuser son consentement. Ce refus n'était que suspensif et le décret qui l'avait subi pendant trois législatures successives, avait force obligatoire sans la sanction du roi. Les décrets sanctionnés par le roi et ceux qui lui avaient été présentés en vain par trois législatures successives, portaient le nom et l'intitulé de *lois*. Les décrets concernant les impôts étaient dispensés de la sanction royale.

L'Assemblée législative fut inférieure en mérite et en droiture à la Constituante. Comme corps politique, elle prépara, par ses faiblesses et ses irrésolutions, la plupart des excès de la révolution : c'est elle qui suspendit la royauté à la suite de l'insurrection du 10 août, et elle est coupable des massacres des 2 et 3 septembre pour ne les avoir pas empêchés et punis. Comme législatrice, elle a laissé peu de monuments d'une importance et d'une durée remarquables. On rencontre dans le bulletin de ses actes, un grand nombre de mesures de circonstance contre les prêtres, contre les émigrés, sur les assignats, sur les passe-ports, sur le service de la gendarmerie, etc., mais peu de lois qui aient eu une grande portée politique et sociale. — Il faut cependant excepter la loi abolitive des substitutions, celle qui a établi le di-

vorce, celle qui a fixé à vingt et un ans la majorité et
qui a modifié la puissance paternelle ; celle qui a as-
similé le mariage à un contrat purement civil ; enfin
celle qui a ordonné le partage de tous les biens communaux, et la vente des biens de tous les établissements
de main-morte, des fabriques et de toutes les con-
grégations religieuses et même laïques.

3° De la Convention nationale.

— 114 —

Elle remplaça la Législative et s'installa le 20 septembre 1792. Dès le lendemain, elle décréta à l'unanimité l'abolition de la royauté, organisa la république, et réunit entre ses mains la puissance de faire
la loi et de la mettre à exécution. La Convention offrit
alors l'exemple de la dictature transportée au sein
même d'un corps délibérant : aussi, dans plusieurs
de ses décrets, le ridicule le dispute à l'atroce. Pour
le ridicule, il suffit de rappeler le calendrier républicain, la reconnaissance de l'Être suprême et de l'im-
mortalité de l'âme ; pour l'atroce, le bannissement
à perpétuité des émigrés français, la condamnation à
mort de ceux qui rentreraient en France, la confiscation et la vente de leurs biens ; le tribunal révolutionnaire ; la loi contre les prétendus accapareurs ; la
loi du *maximum*, la réquisition, les emprunts forcés ;
la loi des suspects et toute cette horrible législation
de la terreur.

C'est la loi du 4 juin 1793 qui avait accordé aux
enfants naturels et même adultérins, les mêmes droits
de successibilité qu'aux enfants légitimes.

4° Du Directoire.

— 115 —

La Convention nationale changea l'organisation des pouvoirs publics par la constitution du 5 fructidor an III (22 août 1795). Aux termes de cette constitution, le pouvoir de faire la loi était exercé par le corps législatif, composé d'un conseil dit des Cinq-Cents, chargé de proposer la loi, et d'un conseil dit des Anciens (deux cent cinquante membres), chargé d'approuver ou de rejeter les résolutions des Cinq-Cents. Le pouvoir exécutif, chargé de la promulgation des lois, était délégué à un directoire de cinq membres, nommés par le corps législatif. On appelait spécialement *arrêtés*, les règlements faits par le directoire pour l'exécution des lois et l'administration de la république.

La machine constitutionnelle ainsi arrangée commença à fonctionner le 8 brumaire an IV (30 octobre 1795).

5° Du Consulat.

— 116 —

Le 18 brumaire an VIII (9 novembre 1799), le conseil des Anciens, en présence de l'émeute, transféra le corps législatif dans la commune de Saint-Cloud. Bonaparte le culbuta avec ses grenadiers, et le 19 brumaire le directoire fut remplacé par une commission consulaire exécutive, composée de Sieyès, Roger-Ducos et Bonaparte. Le conseil des Anciens et celui des Cinq-Cents furent remplacés par deux commissions, composées chacune de vingt-cinq membres. La constitution du 22 frimaire an VIII vint définitivement organiser le gouvernement consulaire ; le pouvoir législatif s'exerça de la manière suivante :

Le gouvernement, remis entre les mains de trois consuls, avait l'initiative ; ses projets, élaborés en conseil d'État, étaient soumis au corps législatif, puis communiqués officiellement au tribunat, composé de cent membres. Là, le projet était discuté, admis ou rejeté sans amendement ; des tribuns allaient ensuite, contradictoirement avec les orateurs que le gouvernement choisissait dans le sein du conseil d'État, débattre et soutenir le vote du tribunat devant le corps législatif, espèce de jury national, chargé de prononcer, sans discussion et sans amendement, sur l'admission ou le rejet du projet.

6° De l'Empire.

— 117 —

La constitution du 22 frimaire an VIII avait chargé Napoléon de faire les règlements nécessaires pour l'exécution des lois ; mais, enhardi par sa puissance sans bornes, il outre-passa très-souvent les pouvoirs que lui avait conférés cette constitution. Toutefois, tous ses décrets, à l'exception de ceux qui ont été abrogés, sont encore en vigueur aujourd'hui, quelque inconstitutionnels que soient certains d'entre eux, parce qu'ils n'ont pas été cassés par le sénat conservateur, chargé de conserver la constitution et d'annuler les actes qui lui seraient déférés, dans les dix jours de leur émission, comme contraires à cette constitution (¹).

Le 28 floréal an XII (18 mai 1804), un sénatus-consulte organique établit le gouvernement impérial. Bonaparte fut proclamé empereur. L'exercice du pouvoir législatif fut le même que sous le consulat ; toutefois un autre sénatus-consulte du 19 août 1807 supprima le tribunat et en conféra les fonctions à trois sections du corps législatif. C'est dans la forme prescrite par la constitution du 22 frimaire an VIII qu'ont été créés les Codes qui nous régissent actuellement et sur la rédaction desquels il faut avoir au moins les notions suivantes :

1º Du Code civil.

— 118 —

Rendre uniforme la législation civile de la France, c'était non-seulement une amélioration à introduire, mais encore une nécessité à satisfaire. La Constituante avait, dans un article de la constitution de 1791, promis la confection d'un Code civil commun à tout le royaume. Mais l'Assemblée législative n'accomplit pas cette promesse. La Convention, dans l'intérêt de son œuvre démocratique, voulut se mettre au travail de la codification : le 9 août 1793, Cambacérès lui présenta un projet du Code civil qui, quoique fortement empreint de l'esprit de l'époque, fut

(¹) Sur la constitutionnalité des décrets de l'empire, voy. l'art. de M. DEMANTE, dans la *Revue étrangère*, VII, p. 117.

repoussé comme n'étant pas assez révolutionnaire (¹). Après le régime de la terreur, Cambacérès présenta, le 23 fructidor an II, un nouveau projet (²), que la difficulté des circonstances ne permit point de discuter, pas plus que celui qu'il présenta le 24 prairial an IV (³). Il était réservé au consulat de doter la France de ce bienfait. Le 24 thermidor an VIII (12 août 1800) un arrêté des consuls créa une commission composée de Tronchet, président du tribunal de cassation ; Bigot-Préameneu, commissaire du gouvernement près le même tribunal, et Portalis, commissaire au conseil des prises. Maleville, membre du tribunal de cassation, fut adjoint pour remplir les fonctions de secrétaire rédacteur. Cette commission fut chargée de comparer l'ordre suivi dans la rédaction des projets de Code civil présentés par Cambacérès, de déterminer le plan le plus convenable à suivre et de discuter ensuite, dans l'ordre des divisions adoptées, les principales bases de la législation en matière civile. On se mit immédiatement à l'œuvre : l'ordre des titres fut bientôt convenu, les matières partagées, les jours de réunion fixés chez le président Tronchet pour l'examen de l'ouvrage de chacun des commissaires, et, à force de travail, la commission parvint à terminer en quatre mois le

____

(¹) *Plan de Code civil et uniforme pour toute la république française.* Paris, 1793, in-8°.

(²) *Rapport sur le Code civil*, par CAMBACÉRÈS. Paris, 2 vol. in-8.

(³) *Projet de Code civil*, présenté au conseil des Cinq-Cents, au nom de la commission de classification des lois, par CAMBACÉRÈS. Paris, 4 vol. in-8°.

projet de Code civil (¹). Il fut soumis de suite au tribunal de cassation et aux tribunaux d'appel, qui rédigèrent leurs observations (²), et mis immédiatement en discussion, suivant la forme indiquée au paragraphe précédent. Ainsi il passa d'abord à la section de législation du conseil d'État (³). Après y avoir subi les modifications jugées convenables par cette section, il fut discuté, titre par titre, dans l'assemblée générale du conseil d'État, présidée par le premier ou le second consul (⁴). Les commissaires rédacteurs assis-

(¹) *Projet du Code civil*, présenté par la commission nommée par le gouvernement le 24 thermidor an VIII. Paris, an IX. 1 vol. in-8°.

(²) *Observations des tribunaux d'appel et du tribunal de cassation sur le projet de Code civil*. Paris, ans IX-X, 5 vol. in-4°.— *Analyse des observations des tribunaux d'appel et du tribunal de cassation rapprochée du texte*, par CRUSSAIRE. Paris, 1801, in-4°.

(³) Elle était alors composée de BOULAY (de la Meurthe), BERLIER, EMMERY, PORTALIS, RÉAL et THIBAUDEAU.

(⁴) NAPOLÉON exerça personnellement une grande influence dans les discussions du Code civil. Cet homme si merveilleusement organisé s'était élevé, sans les étudier, jusqu'à l'intelligence des problèmes les plus ardus de la législation ! « Le premier consul, as- « sistant à chacune des séances, avait déployé, en les présidant, « une méthode, une clarté, souvent une profondeur de vues qui « étaient, pour tout le monde, un sujet de surprise.— Habitué à di- « riger des armées, à gouverner des provinces conquises, on n'était « pas étonné de le trouver administrateur, car cette qualité est in- « dispensable à un grand général; mais la qualité de législateur avait « chez lui de quoi surprendre. Son éducation, sous ce rapport, avait « été promptement faite. S'intéressant à tout parce qu'il comprenait « tout, il avait demandé au consul Cambacérès quelques livres « de Droit et notamment les matériaux préparés sous la Conven- « tion pour la rédaction du nouveau Code civil. Il les avait dévorés « comme ces livres de controverse religieuse dont il s'était pourvu « lorsqu'il s'occupait du concordat. Bientôt classant dans sa tête « les principes généraux du Droit civil, joignant à ces quelques

fèrent à cette double opération pour y défendre leur
œuvre. Les titres jugés défectueux par l'assemblée
générale étaient renvoyés à la section de législation
pour être retouchés. Les titres définitivement adoptés
par le conseil entier étaient aussitôt portés au corps
législatif par des orateurs du gouvernement chargés
d'en exposer les motifs (¹). Le corps législatif, après
avoir donné acte de la présentation, renvoyait ces
projets de loi au tribunat, qui les discutait et les rejetait ou admettait, sans pouvoir proposer d'amendement. Puis des tribuns allaient soutenir le vote du
tribunat devant le corps législatif (²), qui admettait

« notions rapidement recueillies sa profonde connaissance de
« l'homme, sa parfaite netteté d'esprit, il s'était rendu capable de
« diriger ce travail si important, et il avait même fourni à la dis-
« cussion une large part d'idées justes, neuves, profondes. Quel-
« que fois une connaissance insuffisante de ces matières l'exposait
« à soutenir des idées étranges, mais il se laissait bientôt ramener
« au vrai par les savants hommes qui l'entouraient, et il était leur
« maître à tous, quand il fallait tirer, du conflit des opinions con-
« traires, la conclusion la plus naturelle et la plus raisonnable. Le
« principal service que rendait le premier consul, c'était d'apporter
« à l'achèvement de ce beau monument un esprit ferme, une vo-
« lonté de travail soutenue, et par là de vaincre les deux grandes
« difficultés devant lesquelles on avait échoué jusqu'alors, la di-
« versité infinie des opinions et l'impossibilité de travailler avec
« suite au milieu des agitations du temps. Quand la discussion,
« comme il arrivait souvent, avait été longue, diffuse, le premier
« consul savait la résumer, la trancher d'un mot, et de plus, il obli-
« geait tout le monde à travailler, en travaillant lui-même des
« journées entières. » M. THIERS. Histoire du Consulat et de l'Empire. Tome III, livre XIII.)

(¹) Ces orateurs furent alternativement : BERLIER, BIGOT-PRÉA-
MENEU, EMMERY, GALLI, PORTALIS, RÉAL, THIBAUDEAU et TREILHARD.

(²) Les orateurs du tribunat furent : ALBISSON, BERTRAND DE
GREUILLE, BOUTEVILLE, CARION-NISAS, CHABOT, DUVEYRIER, FAURE,

ou rejetait le projet de loi au scrutin secret et sans délibération préalable (¹).

Un incident vint suspendre ces travaux : il y avait, au sein du tribunat et du corps législatif, de ces hommes toujours prêts à faire de l'opposition *quand même*. Dans ce but, le tribunat avait voté et le corps législatif avait prononcé le rejet du titre préliminaire du Code civil : le même sort était réservé au titre *de la jouissance et de la privation des droits civils*, lorsque Bonaparte prit une mesure qui déconcerta les factieux. Le 12 nivôse an X il adressa au corps législatif un message, dans lequel il lui annonçait que le gouvernement retirait les projets de loi du Code civil, en ajoutant : « C'est avec peine qu'il se trouve « obligé de remettre à une autre époque les lois

FAVARD, GARY, GILLET, GOUPIL-PRÉFELN, GRENIER, HUGUET, JAUBERT, LAHARY, LEROY, MALHERBE, MOURRICAULT, PERREAU, SAVOIE-ROLLIN, SIMÉON, TARRIBLE et VEZIN.

(¹) On trouve ces travaux préparatoires du Code civil dans les collections suivantes : FENET, *Recueil complet des travaux préparatoires du Code civil, contenant, etc.* Paris 1827-1828. 15 vol. in-8°. — LOCRÉ, *Législation civile, criminelle et commerciale de la France.* Paris, 1827-1832. 31 vol. in-8°.

La connaissance et l'emploi de ces travaux préparatoires sont indispensables pour l'intelligence du Code civil, mais il faut faire une distinction quant à l'autorité relative de ces travaux. Les plus importants sont les procès-verbaux du conseil d'État et les observations du tribunat : c'est là que, prenant à sa naissance la pensée des auteurs de la loi et la suivant dans son développement, on voit clairement ce que le législateur a voulu, et n'a pas voulu, et pourquoi il l'a voulu ou ne l'a pas voulu. — Quant aux exposés des motifs faits par les orateurs du gouvernement et aux discours des tribuns, ils ne sont que l'expression des opinions de leurs rédacteurs, et ne méritent, comme tels, d'autre autorité que celle d'un avis individuel.

« attendues avec tant d'intérêt par la nation ; mais
« il s'est convaincu que le temps n'est pas venu où
« l'on portera, dans ces grandes discussions, le
« calme et l'unité d'intention qu'elles demandent. »

Les travaux du Code restèrent suspendus pendant quelques mois : pour lever ces fâcheux obstacles, le tribunat prit, le 11 germinal an X, un arrêté en vertu duquel tous ses membres furent divisés en trois sections permanentes : une de législation, une de l'intérieur, une des finances. Le 18 du même mois les consuls prirent aussi un arrêté par lequel il fut décidé qu'avant d'être communiqués officiellement au tribunat, les projets de loi seraient soumis à la section de législation de cette assemblée politique, qui fournirait ses observations à l'amiable. C'est ce que l'on a appelé la communication *officieuse*. On se remit à l'œuvre : les divers titres du Code furent successivement présentés, discutés, adoptés et promulgués comme formant autant de lois distinctes. Ils furent réunis, par la loi du 30 ventôse an XII, en un seul Code, qui reçut le nom de *Code civil des Français*, et fut divisé en trois livres précédés d'un titre préliminaire. Chaque livre fut divisé en titres, les titres en chapitres, et ainsi de suite ; il y a en tout 2281 articles.

Le premier consul étant devenu empereur, il fallut faire disparaître du Code les expressions républicaines et quelques dispositions qui n'étaient plus d'accord avec le nouveau régime. D'ailleurs Napoléon désirait donner son nom à cet ouvrage. Ce fut le double objet de la loi du 3 septembre 1807. Ce Code conserva jusqu'à la restauration le titre de Code Napoléon et n'éprouva, pendant cette période, d'autre modification importante que l'introduction des majorats et la réduction du taux illimité dans le prêt à intérêt (Loi du 3 septembre 1807). La Charte de 1814 lui restitua le titre de Code civil, et une ordonnance royale du 17 juillet 1816 fit disparaître les anciennes dénominations impériales et les remplaça par des expressions conformes au nouvel ordre de choses. Mais pendant la restauration, le système du Code civil a éprouvé quelques graves modifications, notamment par la suppression du droit d'aubaine et de détraction (loi du 14 juillet 1819), par l'abolition du divorce (loi du 8 mai 1816), et par le rétablissement des substitutions jusqu'au deuxième degré inclusivement (loi du 17 mai 1826).

Depuis la révolution de 1830, le Code civil n'a éprouvé d'autres modifications que celles qu'ont introduites et la loi du 16 avril 1832 qui a permis au roi de lever, pour causes graves, la prohibition de mariage entre beau-frère et belle-sœur, contenue dans l'art. 164 du Code civil, et la loi du 21 mars 1832 sur le recrutement qui a incidemment modifié l'art. 374 de ce Code.

— 119 —

« Aujourd'hui que le temps a valu à ce Code l'es-
« time universelle, on n'imaginerait pas toutes les
« critiques dont il fut l'objet à cette époque. Les
« opposants exprimaient d'abord un grand étonne-
« ment de trouver ce Code si simple, si peu nou-
« veau. Comment! ce n'est que cela, disaient-ils :

« mais il n'y a dans ce projet aucune conception nou-
« velle, aucune grande création législative, qui soit
« particulière à la société française, qui puisse lui im-
« primer un caractère propre et durable : ce n'est
« qu'une traduction du Droit romain ou coutumier.
« On a pris Domat, Pothier, les Institutes de Justi-
« nien ; on a rédigé en français tout ce qu'ils con-
« tenaient ; on l'a divisé en articles, on a lié ces
« articles par des numéros bien plus que par une
« déduction logique, et puis on vient présenter
« cette compilation à la France comme un monu-
« ment qui a droit à son admiration et à ses respects!
« —MM. Benjamin Constant, Chénier, Guinguené,
« Andrieux, tous dignes de mieux employer leur
« esprit, raillaient les conseillers d'État, disaient
« que c'étaient des procureurs conduits par un sol-
« dat qui avaient fait cette plate compilation fas-
« tueusement appelée le Code civil de la France.
« M. Portalis et les hommes de sens qui étaient
« ses collaborateurs répondaient qu'en fait de lé-
« gislation il ne s'agissait pas d'être original, mais
« clair, juste et sage ; qu'on n'avait pas une société
« nouvelle à constituer, comme Lycurgue et Moïse,
« mais une vieille société à réformer en quelques
« points, à restaurer en beaucoup d'autres ; que le
« Droit français se faisait depuis dix siècles ; qu'il
« était tout à la fois le produit de la science romaine,
« de la féodalité, de la monarchie et de l'esprit
« moderne, agissant ensemble pendant une longue
« durée de temps sur les mœurs françaises ; que le
« Droit civil de la France, résultant de ces causes

« diverses, devait être assorti aujourd'hui à une
« société qui avait cessé d'être aristocratique pour
« devenir démocratique ; qu'il fallait, par exemple,
« revoir les lois sur le mariage, sur la puissance pa-
« ternelle, sur les successions pour les dépouiller de
« tout ce qui répugnait au temps présent ; qu'il
« fallait purger les lois sur la propriété de toute ser-
« vitude féodale, rédiger cet ensemble de prescrip-
« tions dans un langage net, précis, qui ne donnât
« plus lieu aux ambiguïtés, et mettre le tout dans
« un bel ordre ; que c'était là le seul monument à
« élever, et que si, contrairement à l'intention de
« ses auteurs, il arrivait qu'il surprît par sa struc-
« ture, qu'il plût à quelques lettrés par des vues
« nouvelles et originales, au lieu d'obtenir la froide
« et silencieuse estime des jurisconsultes, il manque-
« rait son but véritable, dût-il plaire à quelques
« esprits plus singuliers que sensés.

« Tout cela était parfaitement raisonnable et vrai.
« Le Code, sous ce rapport, était un chef-d'œuvre
« de législation. De graves jurisconsultes, pleins de
« savoir et d'expérience, sachant parler la langue du
« Droit et dirigés par un chef, soldat il est vrai,
« mais esprit supérieur, habile à trancher leurs
« doutes et à les soumettre au travail, avaient com-
« posé ce beau résumé du Droit français purgé de
« Droit féodal. Il était impossible de faire autrement
« ni mieux (¹). »

Oui, notre Code civil est un chef-d'œuvre, et il

____

(¹) M. Thiers, *Histoire du Consulat et de l'Empire*, Tome III,
livre XIII.

finira par servir de modèle dans le monde entier, malgré les imperfections inséparables d'une œuvre humaine. Il a été introduit, à la suite des armes françaises, dans les pays conquis par l'empereur en Italie, en Hollande, dans les départements anséatiques et dans le grand-duché de Berg. Il a été admis par la ville libre de Dantzig et par plusieurs États de l'Allemagne, tels que les grands-duchés de Bade, de Francfort, de Nassau, et par le royaume de Westphalie. Il est resté en vigueur, après la conquête, dans plusieurs de ces contrées; dans quelques-unes, il existe encore à l'état de loi, et là où il a été remplacé, on l'a pour ainsi dire copié. Partout son influence s'est fait sentir.

Nous ne relèverons pas ici les critiques amères entassées contre notre Code civil, il y a une trentaine d'années, par quelques jurisconsultes étrangers qui furent inexcusables d'être injustes, même envers Napoléon déchu. Ils ont jugé son Code, les uns sous l'impression des blessures de leur amour-propre national, les autres avec les vues étroites d'esprits systématiques. A toutes ces attaques, qui se reproduisent encore de temps à autre, il n'y a qu'une réponse à faire : c'est d'appliquer au Code civil le magnifique emblème du génie éclairant les hommes, tandis qu'il en est persécuté :

> Cris impuissants ! fureurs bizarres !
> Tandis que ces *pédants* barbares
> Poussaient d'insolentes clameurs,
> Le Dieu, poursuivant sa carrière,
> Versait des torrents de lumière,
> Sur ses obscurs blasphémateurs.

2° Du Code de procédure civile.

— 120 —

Quand la révolution de 1789 éclata, on était sous l'empire de l'ordonnance civile de 1667 complétée par quelques règlements postérieurs. La Constituante décréta le maintien de cette ordonnance jusqu'à ce que la procédure civile ait été rendue plus simple, plus expéditive et moins coûteuse. La Convention crut atteindre ce but en supprimant les avoués et la procédure. Le consulat vint encore débarrasser la France de cette funeste innovation. Il rétablit les avoués et remit en vigueur, jusqu'à la formation d'un Code spécial, l'ordonnance de 1667 et les règlements postérieurs. Un arrêté des consuls du 3 germinal an X chargea une commission, composée de Treilhard, conseiller d'État, Try, Berthereau, président du tribunal de la Seine, Séguier, premier président du tribunal d'appel de Paris, Pigeau, ancien avocat au Châtelet, et Fondeur, secrétaire, de préparer un projet de Code de procédure civile. Le travail de cette commission fut publié (¹) et soumis aux observations des tribunaux d'appel et de cassation (²). Le projet fut ensuite soumis à la même élaboration que celui du Code civil. Chaque titre, examiné d'abord par la section de législation du conseil d'État, fut discuté par l'assemblée entière, communiqué of-

____

(1) *Projet de Code de procédure civile*, présenté par la commission nommée par le gouvernement. Paris, an XII, in-4°.

(2) Le travail de la cour de cassation est extrêmement remarquable. On le trouve dans SIREY, t. IX, I, 1.

ficieusement au tribunat, présenté au corps législatif, avec exposé de motifs, communiqué officiellement au tribunat qui émit son vote, et enfin discuté devant le corps législatif (1).

La discussion de ce Code fut en général moins soignée et moins approfondie au conseil d'État que celle du Code civil : la matière était aride, la plupart des membres ne la possédaient pas parfaitement, et d'ailleurs la discussion n'eut pas lieu sous l'œil du maître occupé alors à guerroyer au loin. Néanmoins nous maintenons le jugement que nous avons cru pouvoir émettre au § 52, sur le mérite relatif de notre Code de procédure civile. Achevé en 1806, il ne fut rendu obligatoire qu'à dater du 1er janvier 1807. Il est divisé en deux parties, dont la première est subdivisée en cinq livres et la seconde en trois ; il contient mille quarante-deux articles. Il fut soumis à la même révision que le Code civil, en vertu de la loi du 3 septembre 1807 et de l'ordonnance royale du 17 juillet 1816, relatées au paragraphe précédent. Le Code de procédure civile n'a subi d'autres modifications importantes que celles qu'ont introduites l'article 643 du Code de commerce, le décret du 2 février 1811 relatif au délai d'intervalle en matière d'adjudications sur saisie immobilière, l'art. 27 de la loi du 2 mars 1832 sur la liste civile, l'art. 1 de celle du 11 avril 1838 sur les tribunaux civils de première instance, la loi du 25 mai 1838 sur les justices de

(1) Ces travaux préparatoires se trouvent dans l'ouvrage précité de LOCRÉ.

paix, celle du 2 juin 1841 sur les ventes judiciaires des biens immeubles, et celle du 24 mai 1842 relative à la saisie des rentes constituées sur particuliers. Une nouvelle édition officielle en a été donnée en vertu d'une ordonnance royale en date du 12 octobre 1842.

3°. — Du Code de commerce.

— 121 —

Les ordonnances de 1673 sur le commerce terrestre, et de 1681 sur le commerce maritime, formaient, avant la révolution, les principales sources du Droit commercial. Ces deux ouvrages, préparés et publiés sous l'influence du génie de Colbert, comptaient parmi les plus beaux monuments de la législation française. Mais le nouvel ordre de choses ayant détruit la plupart des institutions qui se rattachaient au commerce, il fallut reviser la législation commerciale. Le 13 germinal an IX (3 avril 1801), le gouvernement consulaire confia la rédaction d'un projet de Code de commerce à une commission composée de Vignon, président du tribunal de commerce; Gorneau, juge au tribunal d'appel; Boursier, ancien juge de commerce; Le Gras, jurisconsulte; Vital-Roux, négociant; Coulomb, ancien magistrat, et Mourgue, administrateur des hospices. Le projet fut soumis aux observations des conseils (chambres) et tribunaux de commerce, ainsi qu'à celles des tribunaux d'appel et de cassation (1). Revu

(1) *Observations des tribunaux de cassation et d'appel, des tribunaux et conseils de commerce sur le projet de Code de commerce.* Paris, an XI, 3 vol. in-4°.

et amendé par une commission composée de Gorneau, Le Gras et Vital-Roux, le projet fut ensuite, par une singulière anomalie, communiqué, non point à la section de législation du conseil d'État, mais à celle de l'intérieur. Les travaux de ce Code éprouvèrent alors une suspension : le projet dormit plusieurs années dans les archives du conseil d'État, et l'on ne s'en serait peut-être plus occupé, si le premier consul, indigné du scandale de quelques faillites qui avaient éclaté dans la capitale, n'avait manifesté la volonté d'arrêter de pareils désordres par la législation. C'est ce qui fit que le 4 novembre 1806, on reprit, au conseil d'État, la discussion du projet de Code de commerce. Il y eut, comme pour les deux Codes précédents, communication officieuse, discussion au tribunat après la communication officielle et débats solennels devant le corps législatif (¹).

Le Code de commerce, entièrement voté dans le cours de l'année 1807, ne reçut force obligatoire qu'à dater du 1ᵉʳ janvier 1808. Il est divisé en quatre livres et contient six cent quarante-huit articles. C'est de tous nos Codes celui qui laisse peut-être le plus à désirer. Depuis, il a éprouvé quelques changements et améliorations, notamment par les lois des 19 mars 1817, relative aux lettres de change ; 31 mars 1833, relative à la publicité des actes de société ; 28 mai 1838, sur les faillites et banqueroutes ; 3 mars 1840, sur les tribunaux de commerce. Une édition officielle du Code de commerce ainsi modifié a été

____

(¹) On trouve aussi ces travaux préparatoires dans LOCRÉ, *loc. cit.*

donnée le 1er janvier 1841 : depuis lors, une nouvelle modification a eu lieu par la loi du 15 juin 1841 sur la responsabilité des propriétaires de navires.

4° Du Code pénal et du Code d'instruction criminelle.

— 122 —

Nous avons déjà eu occasion de dire que l'ancienne France était loin de jouir d'un bon système de législation criminelle; que l'instruction était secrète, les peines arbitraires et d'une sévérité réprouvée par l'opinion publique et par les progrès de la philosophie. Une réforme immédiate était un impérieux besoin : on s'empressa de le satisfaire en promulguant, sous la date du 25 septembre 1791, un Code pénal, qui fut suivi, le 3 brumaire an IV, d'un Code d'instruction criminelle, appelé Code des délits et des peines. Ces deux Codes, faits à la hâte, présentaient des lacunes et des imperfections : il fallut les reviser. Le 7 germinal an IX (28 mars 1801), un arrêté du gouvernement nomma une commission, composée de Viellart, président de la section criminelle à la cour de cassation; Target, le même qui eut l'indigne faiblesse de décliner l'honneur de défendre Louis XVI à la Convention; Oudard, Treilhard et Blondel, pour rédiger un *Code criminel*, c'est-à-dire un Code pénal et d'instruction criminelle. Le projet, renfermant onze cent soixante-neuf articles, fut divisé en deux parties, dont la première contenait les dispositions pénales, et la seconde, les règles de la procédure criminelle (¹). Soumis aux observations de la cour de cassation et des cours tant criminelles que d'appel (²), il fut ensuite envoyé au conseil d'État, où la discussion dura de mai en décembre 1804. Puis, pendant quatre années, on n'y songea plus; ce ne fut qu'en 1808 qu'on en reprit la discussion. C'est alors aussi que, séparant les dispositions pénales de celles qui réglaient la procédure, on trancha le projet originaire en deux Codes distincts : Code pénal et Code d'instruction criminelle. Celui-ci, soumis le premier à la discussion, fut adopté en 1808; on s'occupa ensuite du Code pénal, dont l'adoption n'eut lieu qu'en 1810.

Le tribunat n'existant plus lors de la confection de ces deux Codes, c'est à la commission de législation du corps législatif que les projets furent communiqués (³). Quoique votés par le corps législatif dès 1808 et 1810, ils ne furent rendus exécutoires qu'à dater du 1ᵉʳ janvier 1811. Depuis cette époque, ils ont subi quelques améliorations: le Code pénal, par suite de la révision de 1832; et le Code d'instruction criminelle, par l'effet des lois des 9 septembre 1835 et 13 mai 1836. De nouvelles modifications au Code d'instruction criminelle sont en ce moment proposées aux chambres.

____

(¹) *Projet de Code criminel, correctionnel et de police,* présenté par la commission nommée par le gouvernement. Paris, an XII, 1 vol. in-4°.

(²) *Observations, etc.* Paris, an XIII, 8 vol. in-4°.

(³) On trouve dans LOCRÉ, *loc. cit.,* vol. 24 à 31, les discussions de ces deux Codes.

II. — Des avis du conseil d'État.

— 123 —

Le conseil d'État, supprimé par les diverses constitutions nées pendant la tourmente révolutionnaire, fut rétabli par celle du 22 frimaire an VIII. Il était composé de trente à quarante membres et avait, entre autres attributions déterminées par le règlement du 5 nivôse an VIII, celle de développer le sens des lois, sur le renvoi qui lui était fait par les consuls des questions à eux présentées (¹). Puis la loi du 16 septembre 1807 ayant décidé que l'interprétation des lois serait donnée dans la forme des règlements d'administration publique, c'est le conseil d'État, instrument plus ou moins passif de la volonté impériale, qui fut investi de ce pouvoir. Ses décisions, appelées *avis*, devenaient obligatoires comme la loi quand elles avaient été approuvées par le chef du gouvernement et insérées au Bulletin des lois. Aussi ces avis portent-ils ordinairement une double date : celle du jour où ils ont été arrêtés par le conseil d'État, et celle du jour où ils ont été approuvés. Aujourd'hui le conseil d'État est rentré dans ses véritables attributions : il prépare et élabore les projets de loi que présente le gouvernement, mais ses avis n'ont plus force de loi. Voyez la loi du 19-21 juillet 1845, qui règle définitivement les attributions du conseil d'État et tout ce qui s'y rattache.

(¹) M. Cormenin, *Du conseil d'État envisagé comme conseil et comme juridiction.* Paris, 1818, in-8°. — Gaetan de la Rochefoucault, *Des attributions du conseil d'État.* Paris, 1829, in-8°.

SECTION TROISIÈME.

DES SOURCES DU DROIT FRANÇAIS POSTÉRIEURES A LA CHARTE DE 1814.

— 124 —

Dans l'état actuel de notre constitution, et sauf ce qui a été dit au §32 sur la coutume et la jurisprudence des arrêts, il n'y a plus que deux sources desquelles puissent jaillir des règles ayant autorité législative: la LOI et l'ORDONNANCE ROYALE. Les *circulaires* ou *instructions ministérielles* n'obligent pas les citoyens et ne font pas loi pour les tribunaux : les employés du gouvernement sont seuls tenus de se conformer à celles qui émanent du chef hiérarchique auquel ils sont subordonnés. Quant aux *règlements administratifs*, ils ne sont obligatoires pour les citoyens et ne lient les tribunaux que dans les cas où ils sont conformes à la loi, c'est-à-dire lorsque l'administrateur qui les a faits en avait le pouvoir et n'a statué que sur des objets placés par la loi dans ses attributions.

I. — De la loi.

— 125 —

On appelle ainsi (*sensu stricto*) le précepte obligatoire émané de la volonté libre et collective du roi, de la majorité de la chambre des pairs et de la majorité de la chambre des députés (art. 14 et 16 de la Charte de 1830). Il importe de savoir comment la loi prend naissance et comment elle cesse d'exister : voyons d'abord ce qui est relatif à la confection, nous nous occuperons ensuite de l'abrogation.

1° De la confection de la loi (¹).

— 126 —

Une loi existe comme telle dès qu'elle a été élaborée, conformément à la Charte, par le roi et par les deux chambres qui exercent collectivement la puissance législative. Mais pour que cette loi ne reste pas à l'état de simple résolution législative, en d'autres termes, pour qu'elle devienne exécutoire, il faut la coopération de la puissance exécutive. Aussi peut-on dire que ces deux puissances concourent, comme deux agents distincts, à la confection de la loi. — C'est la puissance législative qui crée, suivant les formes constitutionnelles, la règle à laquelle tout Français sera tenu de se conformer, quels que soient d'ailleurs ses titres et son rang. Cette action se compose des trois opérations suivantes :

1° *Proposition de la loi.* D'après l'art. 16 de la Charte de 1814, le roi seul avait l'initiative des lois; les chambres n'avaient que la faculté de supplier le roi de proposer une loi sur quelque objet que ce soit, et d'indiquer ce qu'il leur paraissait convenable que la loi contînt (art. 19 de la Charte de 1814). Maintenant et depuis la révision de la Charte en 1830, la proposition des lois appartient indistinctement au roi et aux deux chambres. Néanmoins aujourd'hui, comme avant 1830, toute loi d'impôt doit être d'abord votée par la chambre des députés (art. 15,

(¹) *Traité de la Confection des lois*, par MM. VALETTE et BENAT SAINT-MARSY. 1 vol. in-18, 1839.

17.

Charte de 1830). Chaque pair, chaque député peut présenter personnellement un projet de loi. Quand c'est le roi qui le présente, le projet est rédigé en forme de loi, signé par le roi, contre-signé par un ministre et adressé à la chambre à laquelle le roi l'envoie. Il est porté aux chambres par les ministres, qui peuvent être assistés de commissaires royaux, et la présentation est ordinairement précédée d'un discours ministériel en guise d'*exposé des motifs* [1].

2° *Discussion de la loi.* Si la chambre le juge convenable, le projet de loi est imprimé et distribué à chaque membre. S'il a été présenté de la part du roi, il est, dans l'une et l'autre chambre, transmis par le président à chacun des *bureaux* pour y être discuté [2]. On appelle *bureaux* le résultat de la division faite, au commencement de chaque session, par la voie du sort et renouvelée mensuellement, savoir : des députés, en neuf sections égales (art. 56 du règlement), et des pairs, en autant de sections qu'il y a de fois vingt-cinq membres (art. 4 du règlement). Chaque bureau, après avoir discuté séparément le projet, nomme dans son sein, à la majorité absolue, un rapporteur. Les neuf rapporteurs (la commission) se réunissent, discutent encore et nomment parmi eux, à la majorité absolue, un rapporteur chargé de faire à la chambre un rapport qui est imprimé et distribué

----

[1] Art. 1 et 2, tit. III du règlement du 13 août 1814, concernant les relations des chambres avec le roi et entre elles.

[2] Art. 39 de la Charte. — Art. 15 du règlement intérieur de la chambre des pairs du 2 juillet 1814, et art. 36 de celui de la chambre des députés du 25 juin 1814.

trois jours francs avant la discussion. Cette discussion a lieu en assemblée générale et publiquement, à moins que cinq membres ne demandent le huis clos (art. 27 et 38 de la Charte). La loi doit être librement discutée (art. 16 *ibid.*).

3° *Vote de la loi.* La loi doit être votée librement par la majorité de chacune des deux chambres. Le vote a nécessairement lieu au scrutin secret (art. 32 du règlement de la chambre des députés, et 48 du règlement de celle des pairs). Si le projet est adopté par l'une ou l'autre des deux chambres, minute en est dressée, signée par le président et les quatre secrétaires, et déposée dans les archives de la chambre; expédition en est adressée au roi et lui est portée par le président et les secrétaires (art. 5, titre III, règlement de 1814). Le roi, s'il le juge à propos, fait transmettre le projet à l'autre chambre. Si le projet n'est pas adopté, il n'y a lieu à aucun message, ni à aucune mention sur les registres de la chambre qui n'a pas adopté (art. 4 *ibid.*); et en général, toute proposition de loi rejetée par l'un des trois pouvoirs, ne peut plus être représentée dans la même session (art. 17 de la Charte).

— 127 —

Une loi proposée, discutée et votée n'a pas encore une existence complète; il faut, pour que les membres de l'État soient tenus de l'observer, qu'elle ait été *sanctionnée, promulguée* et *publiée.* C'est l'œuvre de la puissance exécutive.

1° *Sanction de la loi.* Ce mot, appliqué aux lois, a

deux acceptions. L'une, empruntée à l'antiquité, signifie la peine prononcée contre l'infracteur d'une loi prohibitive. *Ideo et legum eas partes quibus pœnas constituimus adversus eos qui contra leges fecerint* SANCTIONES *vocamus* (Inst. II, 1, § 10). L'autre acception date de 1790. *Sanction* signifiait alors l'approbation solennelle du roi donnée aux décrets de l'Assemblée constituante. Aujourd'hui la sanction, qui appartient au roi seul (art. 18 de la Charte), participe du double caractère dont il est revêtu. Si l'on considère le roi comme un des trois ordres de la puissance législative, la sanction qui émane de lui n'est que son mode de voter la loi ; si on le considère comme agent suprême de la puissance exécutive, la sanction est l'acte qui donne existence à la loi relativement au corps social ; c'est en quelque sorte l'ordonnance d'*exequatur* de la loi.

Le roi refuse sa sanction par cette formule : *le roi s'avisera.* Cette déclaration de la volonté du roi est notifiée à la chambre des pairs par le chancelier, et à celle des députés, par une lettre ministérielle, adressée au président (art. 1 et 2, titre IV du règlement, 14 août 1814). Le roi accorde sa sanction en apposant sa signature sur la minute originale de la loi, au-dessous de la formule suivante : « La présente « loi, discutée, délibérée et adoptée par la chambre « des pairs et par la chambre des députés, et sanc- « tionnée par nous cejourd'hui, sera exécutée « comme loi de l'État » (art. 3, tit. IV *ibid.*). Il est en outre deux formalités accessoires : l'apposition du sceau de l'État et le contre-seing du garde des sceaux.

2° Promulgation de la loi. Quoique sanctionnée, la loi n'existe pas encore pour les citoyens ; elle ne commence à exister relativement à eux, et en d'autres termes, elle ne devient *exécutoire* qu'en vertu de la promulgation qui en est faite par le roi (art. 1er du Code civil), auquel seul appartient le droit de promulguer (art. 18 de la Charte). La promulgation consiste dans :

1° L'apposition sur la minute de la loi, de la formule exécutoire suivante : « Donnons en mandement « à nos cours et tribunaux, préfets, corps adminis- « tratifs et tous autres, qu'ils gardent et maintien- « nent, fassent garder, observer et maintenir la pré- « sente loi ; et pour la rendre plus notoire à tous (1), « ils la fassent publier et enregistrer partout où be- « soin sera (2), et pour que ce soit chose ferme et sta- « ble à toujours, nous y avons fait mettre notre « sceau. »

2° L'insertion de la loi au bulletin officiel créé par la loi du 14-16 frimaire an II (3).

---

(1) Depuis 1830 on a supprimé les mots *nos sujets* qui se trouvaient dans la formule usitée sous la Restauration.

(2) On a aussi rayé ces autres mots : *car tel est notre plaisir.*

(3) Ordonnance du 27 novembre 1816. — Le Bulletin officiel des lois et actes du gouvernement comprend aujourd'hui neuf séries ; chaque série est divisée par bulletins et numéros d'ordre. Pour indiquer d'une manière bien précise l'endroit où se trouve, dans le Bulletin des lois, tel ou tel acte de pouvoir législatif ou exécutif, on se sert, par exemple, de l'abréviation suivante : VII, B. 294, n° 6986. Les chiffres romains désignent la série, les premiers chiffres arabes précédés d'un B., le bulletin, et les seconds chiffres arabes le numéro d'ordre. D'ailleurs, chaque volume étant accompagné d'une table alphabétique des matières et

Telle est la promulgation qui, attestant au corps social que la loi existe revêtue des formes constitutionnelles, rend bien celle-ci *exécutoire,* mais **pas** encore *obligatoire.* Cet effet ne résulte que de la *publication.*

3° ***Publication de la loi.*** Cette opération, qui devrait être un acte matériel et solennel par lequel les agents du gouvernement porteraient l'existence de la loi à la connaissance de tous les citoyens, n'est, dans le système du Code civil, que l'expiration d'un certain délai à partir du moment de la promulgation, délai après lequel le législateur suppose la loi connue. Ainsi publication et promulgation ne sont pas une seule et même chose. La Convention nationale les confondait ; car, aux termes de l'art. 9 de la loi du 14-16 frimaire an II, promulgation et publication s'opéraient en même temps par la lecture publique faite dans chaque commune à son de trompe ou de tambour, dans les vingt-quatre heures de la réception du bulletin officiel. Ce mode assez satisfaisant fut remplacé par celui de la loi du 12 vendémiaire an IV qui, supprimant les publications à son de trompe et de tambour, ordonna que les lois et actes du corps législatif obligeraient dans l'étendue de chaque département du jour où le bulletin officiel serait distribué au chef-lieu. Ce mode de publication était à la fois vicieux

d'une table chronologique des actes, rien de plus facile que la recherche de ceux même qui ne sont indiqués que par leur date. Depuis 1836, les lois et ordonnances d'intérêt général sont publiées dans une seule et même partie. Une autre partie, appelée *partie supplémentaire,* contient les ordonnances d'intérêt local ou individuel.

et dangereux : la constitution de frimaire an VIII y remédia en ajoutant à la publicité de la loi des formalités introduites dans un autre but. Les actes du corps législatif ne pouvaient être promulgués que dix jours après leur émission, afin de laisser au tribunat et au gouvernement la faculté de les attaquer devant le sénat, pour cause d'inconstitutionnalité. De cette manière les citoyens pouvaient d'avance, par les papiers publics, connaître l'existence de la loi, calculer l'époque de sa promulgation et se mettre en mesure. Le Code civil, ayant été rédigé sous l'empire de cette constitution, et admettant l'époque de la promulgation comme certaine et de notoriété publique, présuma la loi connue des citoyens après un délai suffisant à partir de la promulgation. C'était rationnel. Mais par suite du changement que la Charte de 1814 apporta dans le mode d'élaborer la loi, la promulgation n'eut plus date certaine ; on dut la lui rendre afin de fixer le point de départ des délais mentionnés par l'article 1er du Code civil. Ce fut le but de l'ordonnance royale du 27 novembre 1816, qui a voulu, d'une manière peu heureuse, que la promulgation prenne date du jour où le bulletin qui contient la loi a été envoyé de l'imprimerie royale au ministère de la justice. Ainsi c'est à dater du jour de cette réception constatée sur un registre par le garde des sceaux, c'est-à-dire à partir d'une époque déterminée uniquement par un acte secret, arbitraire et non susceptible de contrôle, que courent les délais après l'expiration desquels la loi est réputée publiée et connue. Ces délais, dont l'expiration constitue aujourd'hui la publication, sont : dans le département de la Seine, d'un jour franc après celui de la réception du bulletin par le ministre de la justice, et, dans les autres départements, d'un jour franc augmenté d'autant de jours qu'il y a de fois dix myriamètres entre Paris et le chef-lieu de chaque département (¹). Ces délais que l'on calcule d'après le tableau des distances dressé spécialement par le gouvernement le 25 thermidor an XI, peuvent être abrégés en cas d'urgence (art. 4 de l'ord. roy. du 27 novembre 1816) ; mais alors, aux termes de l'ordonnance du 18 janvier 1817, le préfet doit incontinent faire faire l'impression et l'affiche partout où besoin est, et la publication, par conséquent la force obligatoire de la loi ne datent que du jour où ces formalités ont été remplies.

2º. De l'application de la loi.

— 128 —

C'est le pouvoir législatif qui fait la loi, c'est le pouvoir judiciaire qui l'applique. Le juge est l'organe et l'esclave de la loi. Le silence de celle-ci, son obscurité ou son insuffisance ne l'autorisent jamais à refuser de juger (art. 4 C. c.). Il doit toujours rendre un jugement, bon ou mauvais, sauf le recours des parties, s'il est possible. Le refus de juger s'appelle

____

(¹) Art. 1ᵉʳ du Code civil et avis du conseil d'État du 24 février 1817. — Les fractions de dix myriamètres comptent pour dix myriamètres. Avis du conseil d'État susrelaté, et arrêt de la cour de cassation du 16 avril 1831 : il n'est pas exact de tirer argument pour l'avis contraire d'un sénatus-consulte du 15 brumaire an XIII.

Déni de justice, et ce fait donne lieu à la prise à partie (art. 508 C. de pr.), et à une poursuite criminelle (art. 185 C. pénal.)

Il est défendu au juge dans l'application de la loi: 1° De prononcer par voie de disposition générale et réglémentaire (art. 5 C. c.); 2° d'attribuer à la loi un effet rétroactif. L'art. 2 du Code civil qui décide que la loi ne dispose que pour l'avenir et ne peut rétroagir, s'adresse non point au législateur, toujours maître de faire, si la raison d'État l'exige, des lois rétroactives, mais cet article contient l'injonction au juge et à tous ceux qui sont chargés d'appliquer la loi, de n'imprimer à celle-ci un effet rétroactif que dans le cas où le législateur l'a voulu (¹).

3° De l'abrogation de la loi.

— 129 —

Abroger une loi, c'est la réduire au néant. *Lex aut rogatur, id est fertur; aut abrogatur, id est prior lex tollitur ; aut derogatur, id est, pars primæ legis tollitur ; aut subrogatur, id est, adjicitur aliquid primæ legi; aut obrogatur, id est, mutatur aliquid ex primâ lege* (Fragm. d'Ulpien. I, 3). Dans l'ancienne France, on admettait qu'un simple usage prévalût contre une loi écrite, et l'on attribuait aussi à la désuétude la puissance d'abroger une loi. C'est

---

(¹) Sur l'effet rétroactif des lois, matière très-difficile, on peut consulter M. BLONDEAU, *Bibliothèque du barreau,* 1809, 1, 97. — CHABOT DE L'ALLIER, *Questions transitoires,* 2ᵉ édit. Dijon, 1829. — MERLIN, *Répert.,* vᵒ *Effet rétroactif.* — M. DUVERGIER, dans la *Revue du Droit français et étranger,* II, p. 1 et 91.

qu'alors il régnait sur les sources du Droit un vague et un défaut de précision qui ont été dissipés par les différents pactes constitutionnels de la France moderne. Aujourd'hui, dans un État constitué comme le nôtre, il nous paraît impossible qu'un usage contraire à une loi écrite enlève à celle-ci sa force obligatoire. D'un autre côté, quelque long que soit le temps pendant lequel on aura négligé d'appliquer ou d'exécuter une loi, elle ne continuera pas moins à exister, et cette désuétude n'aura pas pour résultat de l'abroger. Il n'y a qu'un seul pouvoir capable de détruire l'œuvre du législateur, c'est le législateur lui-même : la loi ne peut être abrogée que par la loi.

II.—De l'ordonnance royale.

— 130 —

C'est l'acte émané du roi, sur la proposition d'un ministre responsable, pour régler l'administration de l'État ou pour déterminer le mode d'exécuter une loi. L'ordonnance, signée par le roi, est rendue sur le rapport du ministre dont elle intéresse spécialement le département. Celui-ci la contre-signe et assume ainsi sur lui la responsabilité politique de l'acte émané du roi, dont la personne est inviolable et sacrée (art. 12 de la Charte). L'ordonnance royale est insérée, comme la loi, au bulletin officiel ; sa promulgation et sa publication sont les mêmes (ordonnance du 27 novembre 1816), et elle est obligatoire pour tous, lorsqu'elle est générale et ne blesse ni la constitution, ni la loi pour l'exécution de laquelle elle a été rendue.

Le droit de faire des ordonnances est un des attributs de la puissance exécutive; il n'appartient, par conséquent, qu'au roi, à qui il a été conféré par l'article 13 de la Charte en ces termes : « Le roi fait les rè- « glements et ordonnances nécessaires pour l'exécu- « tion des lois (¹). » Mais jusqu'où s'étend ce droit? La Charte de 1814 ne l'avait pas limité d'une manière plus précise ; aussi le gouvernement de Charles X crut y trouver la légalité des ordonnances de 1830. Pour prévenir désormais cette interprétation anti-constitutionnelle, l'on a stipulé plus clairement dans la Charte de 1830, et l'on a ajouté à l'art. 13 ces mots : « sans pouvoir jamais ni suspendre les lois « elles-mêmes, ni dispenser de leur exécution. » Ainsi l'ordonnance ne peut et ne doit être que le développement naturel et nécessaire de la loi qui pose le principe sans régler les détails. La ligne de démarcation entre les attributions des pouvoirs législatif et exécutif ne laisse pas que d'être délicate, et il n'est pas toujours très-facile de la saisir (²). Du reste, il est généralement admis qu'une ordonnance royale qui empiéterait sur le domaine du pouvoir législatif, ne serait obligatoire ni pour les tribunaux ni pour les citoyens (³).

(¹) La Charte de 1814 ajoutait, « et la sûreté de l'État. » Ces mots élastiques ont été rayés en 1830 à cause de l'abus qu'en fit alors le pouvoir exécutif.

(²) Voy. la dissertation de M. ISAMBERT : *Sur les limites qui séparent le pouvoir législatif du pouvoir réglémentaire ou exécutif (Recueil des lois, 1819-1821. Préface).*

(³) Voy. ISAMBERT, *Recueil des lois,* 1820. Préface, p. 16, et les autorités citées. — Arrêt du conseil d'État du 29 mars 1832. DALLOZ, XXXIII, 3, 73.

TROISIÈME PARTIE.

DE LA JURISPRUDENCE

ET

DES CONNAISSANCES NÉCESSAIRES OU UTILES AU JURISCONSULTE.

CHAPITRE PREMIER.

DE LA JURISPRUDENCE.

— 131 —

Les jurisconsultes romains disaient : *Jurisprudentia est divinarum atque humanarum rerum notitia : justi atque injusti scientia* (¹). La seconde partie de cette définition est exacte : la première ne doit être envisagée que comme une *descriptio ad laudem.* Que ces jurisconsultes aient voulu faire allusion au caractère primitif de leur science qui, dans les commencements de Rome, exista à l'état de symbole religieux et eut pour seuls adeptes les prêtres et les pontifes, ou bien qu'ils aient eu en vue le *jus sacrum* (*feciale, pontificium* et *augurale*), il n'en est pas moins vrai que cette première partie de la définition s'applique bien plus à la science universelle qu'à la science du Droit (²). Chez nous, ce mot *jurisprudence* a deux acceptions bien distinctes. Dans le sens le plus large, il signifie la science du Droit naturel et positif, c'est-

______

(¹) Inst. § 1, *de just. et jure.* — Fr. 10, § 2, *ibid.* — Const. 1, § 1, *De veteri jure enucl.*, 1, 17.

(²) Voy., sur les vices de cette définition, la *Chrestom.* **de** M. BLONDEAU, Introduction, p. 57.

à-dire la connaissance théorique et pratique des préceptes dont l'ensemble et l'enchaînement forment ce que j'ai appelé le Droit en général (*scientia juris*). Dans une acception plus restreinte et presque habituelle chez les juristes français, le mot *jurisprudence* sert à désigner l'habitude où l'on est dans les tribunaux de décider de telle ou telle manière les questions de Droit qui y sont soulevées (*usus fori*). C'est dans ce sens que l'on dit : *la jurisprudence des arrêts, la jurisprudence de telle cour.*

SECTION PREMIÈRE.

DE LA JURISPRUDENCE (*Scientia juris*).

— 132 —

La connaissance du Droit est d'une nécessité indispensable : le besoin s'en fait sentir à chaque pas dans la vie ; l'application en est de tous les instants : *in jure enim vivimus et movemur et sumus.* Mais cette connaissance est aussi difficile à acquérir qu'importante à posséder ; car, d'une part, savoir les lois, ce n'est pas seulement en connaître le texte, c'est principalement en saisir le sens et l'esprit. *Scire leges non est verba earum tenere, sed vim ac potestatem* (Fr. 17. *De legibus,* 1, 3). D'autre part, la jurisprudence ou la science des lois ne consiste pas simplement dans la connaissance théorique et dans la combinaison abstraite des règles et des principes de Droit ; elle consiste encore et surtout dans l'art si difficile d'appliquer exactement le droit au fait, c'est-à-dire de mettre la loi en action, d'en restreindre ou d'en étendre l'application aux innombrables questions que font naître le choc des intérêts et la variété des relations sociales. Dans le plus grand nombre des cas, il n'y a point de texte précis à appliquer ; il faut alors en combiner plusieurs qui conduisent à la décision, bien plus qu'ils ne la renferment. Le législateur, en effet, n'a pu ni tout régler, ni tout prévoir. « L'office de la loi est de fixer par de grandes « vues, les maximes générales du Droit, d'établir « les principes féconds en conséquences, non de des- « cendre dans le détail des questions qui peuvent « naître sur chaque matière. C'est au magistrat et « au jurisconsulte, pénétrés de l'esprit général des « lois, à en diriger l'application » (Disc. prélim.). C'est cette opération que l'on appelle la *pratique du Droit*. Il ne faut la confondre ni avec *la pratique des affaires* (voy. le § 144), ni avec ce que nous avons appelé plus haut le *Droit pratique*, c'est-à-dire la procédure. But final de la science du Droit, qui sans cela ne serait qu'une vaine utopie et qu'une abstraction inutile, la pratique du Droit exige, outre la connaissance approfondie des textes, une grande rectitude de jugement, beaucoup de sagacité et de pénétration dans l'esprit, en un mot, une tête bien organisée. Les textes sont à peu près en jurisprudence ce que la table de Pythagore est en arithmétique ; il est indispensable de les savoir, mais cela ne suffit pas pour résoudre les problèmes ; la solution de ces derniers est une œuvre de logique et de raisonnement.

« Gardons-nous de cette erreur vulgaire qui fait « consister le talent du jurisconsulte dans la connais- « sance du texte de la loi, de la disposition législa-

» « tive. A ce compte, l'auteur de la mnémotechnie,
» « M. Aimé Paris, serait, sans contredit, le premier
» « jurisconsulte du siècle ! Évidemment, il n'en sau-
» « rait être ainsi : le talent du jurisconsulte présup-
» « pose, il est vrai, la connaissance du texte de la loi ;
» « il ne pourrait même s'exercer sans cette connais-
» « sance indispensable ; mais elle n'en est qu'un élé-
» « ment tout à fait secondaire, que l'*instrument* en
» « quelque sorte. Ce talent a en soi quelque chose de
» « plus élevé : il prend sa source dans le concours et
» « la combinaison de qualités supérieures qui ne se
» « trouvent que rarement réunies, savoir : cette
» « droiture de sens et de jugement qui, servant de
» « guide, et, en quelque sorte, de fil conducteur, au
» « milieu du labyrinthe des opinions opposées, des
» « décisions contraires, fait pressentir tout d'abord
» « de quel côté se trouve le vrai ou le faux, et ne
» « permet pas de s'y méprendre ; ce coup d'œil ra-
» « pide et sûr qui embrasse toutes les faces d'une
» « question, toutes les parties d'un sujet, et en do-
» « mine l'ensemble ; cette pénétration qui va au fond
» « des choses ; cette sagacité qui ne laisse rien échap-
» « per et au milieu des raisons de douter distingue sur-
» « le-champ et signale la raison de décider ; cet art
» « profond d'argumentation qui enchaîne systéma-
» « tiquement une suite de propositions et arrive, par
» « des déductions rigoureuses, à une démonstration
» « évidente, à une conclusion irrécusable ; cette puis-
» « sance et cette hauteur de logique enfin qui tire
» « d'un principe général et abstrait toutes les espèces

« particulières qu'il renferme et en déroule hardi-
« ment les conséquences » (¹).

Et quoique la jurisprudence ne soit pas une science
exacte, elle comporte cependant dans ses déductions
presque autant de rigueur que les mathématiques;
témoin les jurisconsultes romains que Leibnitz com-
parait avec raison à des géomètres : *Dixi sæpius post
scripta geometrarum nihil exstare quod vi ac subti-
litate cum Romanorum jurisconsultorum scriptis
comparari possit : tantùm nervi inest, tantùm pro-
funditatis!* (Op., vol. IV, P. 3, p. 267). Ainsi donc,
il ne faut jamais, en jurisprudence, séparer la théorie
de la pratique. Il n'y a pas de pratique possible sans
une connaissance approfondie de la théorie du Droit,
et la théorie sans la pratique ne mène qu'à de vaines
et obscures abstractions. Celui-là seul, en conséquence, mérite le titre de jurisconsulte, qui connaît
la loi et qui sait l'appliquer.

— 133 —

Le vulgaire, attribuant à la science du Droit les
abus et les vices de quelques-uns de ceux qui en font
métier, ose appeler la jurisprudence la science de
la chicane (²). C'est blasphémer contre la religion,

(¹) M. BRAVARD-VEYRIÈRES, *De l'étude et de l'enseignement du
Droit romain*, p. 16.

(²) Il en était déjà de même chez les Romains : *Dolus malus
abesto*, disait-on, *et jurisconsultas* (GRUTER, *Corp. inscrip.*,
p. 662, nᵒ 5). En Allemagne, on dit : *Juristen sind böse Christen.*
Dans l'hymne de la fête du jurisconsulte SAINT-YVES, évêque de
Chartres (voy. § 91, note 3), on chante :

Advocatus, et non latro,
Res miranda populo.

parce qu'il y a de mauvais prêtres. *Potius ignoratio juris litigiosa est quam scientia* (Cicéron, *De legibus*, I, 6). Loin de là, l'étude de la science du Droit est une excellente école de mœurs. Les anciens confondaient à peu près le Droit avec la morale : pour eux, le Droit était l'art du bon et du juste, *ars boni et æqui*, la mise en pratique des trois préceptes *honeste vivere, neminem lædere, suum cuique tribuere* (Inst. § 3, *De just. et jure*). Aujourd'hui cette confusion n'existe plus : aussi le jurisconsulte moderne ne peut-il plus se regarder comme revêtu d'un sacerdoce moral et dire avec Ulpien : *Justitiam namque colimus, et boni et æqui notitiam profitemur, æquum ab iniquo separantes, licitum ab illicito discernentes ; bonos non solùm metu pœnarum, verùm etiam præmiorum quoque exhortatione efficere cupientes* (Fr. 1, *De just. et jure*). Mais maintenant encore l'étude du Droit élève l'âme de ceux qui s'y vouent, leur inspire un profond sentiment de la dignité humaine et leur apprend la justice, c'est-à-dire le respect pour les droits de chacun. Parmi les sciences morales et politiques, la jurisprudence occupe en dignité l'une des premières places, et présente à l'esprit humain une des plus nobles occupations. C'était l'avis de Grotius : *Sed plane rogo*, écrivait-il à un de ses amis, *quod dicere multis soleo, verissimum credas, nihil esse homini nobili dignius, quàm cognitionem juris*. A la vérité, elle ne conduit pas directement ses adeptes à la fortune, mais elle les mène toujours à d'honorables fonctions et leur ouvre certaines carrières dans lesquelles, avec du bonheur et du talent, on peut parvenir à une honnête opulence. « Dans l'état de nos sociétés, « a dit Portalis, il est trop heureux que la jurispru- « dence forme une science qui puisse fixer le talent, « flatter l'amour-propre et réveiller l'émulation. « Une classe entière d'hommes se voue dès lors à « cette science, et cette classe consacrée à l'étude « des lois, offre des conseils et des défenseurs aux ci- « toyens qui ne pourraient se diriger et se défendre « eux-mêmes, et devient comme le séminaire de la « magistrature. »

On peut étudier la jurisprudence dans l'université ou hors de l'université, en ce sens qu'il y a certai- nes carrières juridiques dans lesquelles on peut en- trer sans être tenu d'avoir fréquenté une école de Droit (¹), et d'autres qui ne sont ouvertes qu'à ceux qui ont suivi les cours d'une faculté et qui ont obtenu le diplôme, soit de licencié, soit de docteur en Droit (²). Mais, quelque voie que l'on choisisse pour ap-

(¹) Par exemple, le notariat, la postulation devant les tribunaux, les fonctions de juge de paix et de commerce, de greffier, d'huis- sier, etc.

(²) Ainsi, nul n'est appelé aux fonctions judiciaires dans les tri- bunaux et cours de justice, ni admis à exercer la profession d'avo- cat, s'il n'est licencié en Droit (L. 22 vent. an XII). Nul n'est admis à concourir pour une chaire ou une place de professeur suppléant dans une faculté de Droit, s'il n'est docteur (même loi). Le même grade est exigé pour être attaché à la chancellerie du ministère de la Justice (art. 4 de l'ord. roy. du 24 décembre 1844). — Il faut être licencié en Droit pour devenir auditeur au conseil d'État (ordon. roy. du 26 août 1824), élève-consul (ordon. roy. du 20 août 1833), adjoint à l'inspection des finances (ord. roy. du 28 mars 1842), attaché au ministère de l'intérieur (ordon. roy. du 15 dé- cembre 1844), surnuméraire ou attaché au ministère des affaires

prendre la jurisprudence, cette étude mérite et exige que l'on s'y voue exclusivement; il ne suffit pas d'y apporter d'heureuses facultés intellectuelles, il faut encore y consacrer tout son temps. L'homme le plus heureusement doué de la nature n'obtiendra que des résultats imparfaits sans un travail opiniâtre et une incubation continue. *Ferreum caput et plumbeas nates* (¹). Ant. Faber a dit:

Si quis forte velit jurisconsultus haberi
Continuet studium, velit a quocunque doceri,
Invigilet, nec vincat eum tortura laboris,
Fortior insurgat, cunctisque recentior horis.

— 134 —

La science du Droit n'a pas été cultivée avec le même succès chez tous les peuples. Si les pays orientaux ont toujours été et sont encore en retard dans cette culture, c'est que la jurisprudence ne saurait fleurir là où le Droit n'est qu'une émanation de la Religion, là où les prêtres sont jurisconsultes. La théocratie exclut même l'idée d'une science du Droit. —Autrefois chez les Grecs, le Droit ne formait pas non plus une science à part et *sui generis* : la politique absorbait le Droit, de même que l'intérêt général absorbait les intérêts individuels et privés : il y

étrangères (ordon. roy. du 13 août 1844), chef de bureau, sous-chef ou rédacteur au ministère de la justice art. 7 de l'ord. roy. du 24 décembre 1844), et des cultes (art. 7 d'une autre ordon. roy. du même jour).

(¹) Camus et Dupin exigent des jeunes gens qui se livrent à l'étude de la jurisprudence, douze ou treize heures de travail par jour (*Deuxième lettre sur la profession d'avocat*).

eut d'éminents publicistes et pas de jurisconsultes proprement dits. On a cru en trouver les causes dans le caractère national de ce peuple dont l'imagination mobile et poétique ne se prêtait pas au développement d'une science aussi sévère et aussi mathématique que celle du Droit. — Chez les Romains, ce fut tout le contraire ; et ce peuple qui emprunta à la Grèce sa philosophie, sa littérature, ses sciences et ses beaux-arts, a véritablement créé la science du Droit et l'a portée au plus haut degré de perfection. Cette grande supériorité des Romains sur les Grecs, comme jurisconsultes, semble pouvoir s'expliquer par la différence du caractère national des deux peuples. Le Romain, avare et cupide, essentiellement positif et pratique, estimait l'*utile* par-dessus tout, et comme la jurisprudence est une des sciences qui s'occupent le plus directement de ce qui est *utile* dans les relations sociales, il était tout naturel que les Romains s'y adonnassent tout particulièrement. Mais par cela même, ils ont dépensé toute leur activité à perfectionner le Droit privé, c'est-à-dire la science du *Tien* et du *Mien*. Ils ont complétement négligé le Droit public et se sont bien gardés de poser des règles de Droit international qui auraient pu gêner le peuple-roi dans ses conquêtes.

Les modernes ont comblé ces lacunes dans la jurisprudence. Ils ont donné une large place au Droit international ; l'esprit philosophique a examiné de plus près le fondement de tous les préceptes législatifs, et toutes les branches du Droit public, notamment le Droit criminel, ont été l'objet d'investigations et d'améliorations dont les jurisconsultes d'autrefois n'ont pas même eu l'idée. En France et en Angleterre, il y a des hommes de loi qui, dans l'application du Droit privé, ont autant de finesse et d'habileté que ceux de Rome ; il y a dans ces mêmes pays, ainsi qu'en Allemagne et en Italie, des publicistes et des criminalistes plus complets et plus profonds que ceux de l'antiquité.

SECTION DEUXIÈME.

DE LA JURISPRUDENCE DES ARRÊTS (*Usus fori*) (¹).

— 135 —

Lors même que la loi est obscure, muette ou insuffisante, le juge ne peut pas refuser de juger (article 4 C. civ.) ; de là, la nécessité absolue d'interpréter la loi pour l'appliquer aux questions spéciales qui lui sont soumises. Telles sont l'origine et la cause de ce que l'on appelle la jurisprudence des arrêts. Il est indubitable, comme l'a dit Portalis, qu'*on ne peut pas plus se passer de jurisprudence que de lois* ; mais ce qui est moins hors de controverse, c'est le degré d'autorité doctrinale qu'il convient d'accorder à la jurisprudence (²).

Il y a des hommes de loi qui, remplis d'une aveugle déférence pour la jurisprudence des arrêts, humilient servilement leur raison devant les décisions

(¹) Voy. dans le *Traité de* BACON, *De augmentis scientiarum*, le chapitre intitulé : *De exemplis et usu eorum*, et dans le *Manuel des étudiants*, par M. DUPIN, l'opuscule : *De la jurisprudence des arrêts à l'usage de ceux qui les font et de ceux qui les citent*.

(²) Voy., dans le journal de BOUILLON (mois de septembre 1763, p. 141), l'exposé d'une discussion qui eut lieu à ce sujet dans une conférence de l'ordre des avocats au parlement de Metz.

judiciaires. Il est, au contraire, des jurisconsultes qui, dans un superbe dédain pour la pratique des affaires, refusent toute autorité à la jurisprudence et excluent, pour ainsi dire, la connaissance des arrêts de la science du Droit. Ces deux manières de voir sont extrêmes et partant fausses. *Inter utrumque tene.* Qu'une décision judiciaire ait, entre les parties qu'elle intéresse, le caractère d'une irréfragable vérité, cela ne fait pas le moindre doute. Mais, aux yeux de la doctrine, cette décision n'a d'autre force que celle des motifs qui ont déterminé les juges. Si un arrêt n'est point ou est mal motivé, refusez-lui toute autorité; mais s'il repose sur une solide et nerveuse argumentation, s'il renferme une lumineuse démonstration d'un problème juridique, accordez à cette décision l'autorité que mérite une consultation bien faite. Un arrêt n'est que l'avis sur telle ou telle question, d'une réunion plus ou moins nombreuse de magistrats instruits ou présumés tels. Il faut attribuer à cet arrêt une valeur plus ou moins grande, non pas parce qu'il émane de tel ou tel corps judiciaire, mais parce qu'il est plus ou moins fort de logique et de raisonnement, parce qu'il est plus ou moins conforme aux principes. Tel jugement d'un tribunal d'arrondissement peut l'emporter de beaucoup en valeur doctrinale sur tel arrêt d'une cour royale, et plus d'un arrêt de cour royale vaut mieux que tel arrêt émané de la cour de cassation.

Ce qui vient d'être dit sur la valeur des décisions judiciaires, ne s'applique qu'aux arrêts envisagés isolément. Il faut reconnaître que, lorsque, dans le si-

lence, l'obscurité ou l'insuffisance de la loi, les tribunaux ont décidé certaines questions de droit pur,
d'une manière uniforme et par une longue suite
d'arrêts, cette jurisprudence passe, pour ainsi dire, à
l'état de coutume juridique et devient comme le supplément de la législation. *Imperator rescripsit in am-
biguitatibus igitur quæ ex legibus proficiscuntur....
rerum perpetuò similiter judicatarum auctorita-
tem, vim legis obtinere debere* (Fr. 38, *De legibus*, I, 3). Et c'est juste ; car il est raisonnable d'admettre comme vrai ce qui a été plusieurs fois examiné et constamment décidé de même par un grand
nombre d'hommes réputés probes et instruits. Cependant une jurisprudence, quelque longue et uniforme qu'elle soit, n'est pas la loi même, et si elle
méconnaissait le vœu du législateur, ce serait aux
défenseurs des vrais principes à la combattre et à
tâcher de l'y ramener. La jurisprudence n'a d'autorité que parce qu'elle est le juste développement de
la volonté législative ; un arrêt ne doit jamais usurper la place de la loi, et il faut rappeler à ceux qui
mettent une excessive confiance dans les décisions
judiciaires et qui oublient la maxime romaine : *Non
exemplis sed legibus judicandum* (¹), le conseil suivant de l'avocat général Servan : « La jurisprudence
« ressemble à ces déserts sablonneux de l'Afrique
« où tandis qu'un voyageur suit péniblement la
« trace du voyageur qui le précède, survient un
« souffle de vent qui l'efface. Il vaut mieux se diri-

______

(¹) Const. 13, *De sententiis et interlocution.*, VII, 45.

« ger sur le cours du soleil ; c'est la LOI » (*OEu-vres compl.*, I, p. 247).

— 136 —

Il résulte de ce qui précède qu'une étude sérieuse et suivie de la jurisprudence des arrêts peut être du plus haut intérêt. C'est là, qu'après les leçons de l'école, on s'élève à la vraie connaissance du Droit, c'est-à-dire à l'application exacte du Droit aux faits. Dumoulin a dit avec raison : *Leges in scholis deglutiuntur, in palatiis digeruntur.* La pratique du Droit s'apprend bien mieux dans les recueils de jurisprudence que dans les traités scientifiques. Sans doute, les livres élaborés dans le silence du cabinet présentent plus d'érudition ou de rigueur dans les déductions ; mais les débats judiciaires et les sentences qui les décident nous forment plus sûrement le sens pratique et développent bien mieux en nous le talent du jurisconsulte, c'est-à-dire la justesse du coup d'œil dans l'appréciation des faits et la sagacité dans l'application de la loi. Rester étranger à l'étude de la jurisprudence des arrêts, c'est pour un jurisconsulte se condamner à demeurer perdu dans les spéculations d'une science morte et presque inutile. Les avantages que l'on peut retirer aujourd'hui de l'étude de la jurisprudence des arrêts, sont plus grands qu'autrefois, parce que les arrêts sont motivés, parce que la loi est uniforme dans tout le royaume, et enfin, parce que la cour de cassation ramène à l'unité les interprétations divergentes de la loi, émanées des différentes autorités judiciaires. De bons recueils d'arrêts seraient donc de précieux ouvrages. Ceux de l'ancienne jurisprudence des parlements étaient rédigés avec une exactitude, une érudition et des développements que n'offrent malheureusement plus les recueils modernes ([1]).

En général, celui qui consulte un recueil d'arrêts doit opérer avec défiance et prendre les précautions suivantes :

1° Ne pas s'en tenir à la lecture du sommaire mis par l'arrêtiste en tête de l'arrêt, car plus d'un sommaire contient une énonciation défectueuse de la question jugée par l'arrêt ;

2° Conférer les arrêtistes entre eux relativement au point de fait qui est la clef de l'intelligence des arrêts, car, comme l'a dit Dumoulin (T. I, p. 755, n° 164) : *Modica enim circumstantia facti inducit magnam juris diversitatem ;*

3° Préférer parmi les arrêts de la cour suprême, les arrêts de *cassation* à ceux de *rejet*, et, parmi les arrêts de rejet, préférer ceux de la section civile à ceux de la section des requêtes. La Cour, en effet, ne casse que pour violation de la loi, et non pour fausse appréciation des faits ou fausse interprétation des actes, à moins que ces actes n'aient été caractérisés

---

([1]) Ces anciens recueils sont très-nombreux : chaque parlement en avait plusieurs. PROST DE ROYER, au mot *Arrêtiste*, en énumère cent dix-huit, et termine par un *et cetera*. Voy. *Bibliothèque de Droit*, par CAMUS et DUPIN, p. 289. — Les recueils généraux pour la jurisprudence moderne sont le *Recueil général de* SIREY, la *Jurisprudence générale du royaume*, par M. DALLOZ, et le *Journal du Palais*, par M. LEDRU-ROLLIN. En outre, il y a près de chaque cour royale un arrestographe particulier.

par la loi. D'où il suit qu'un arrêt de rejet, bien qu'émané de la section civile, ne prouve pas toujours que la cour ou le tribunal dont le jugement est maintenu se soit conformé aux vrais principes, tellement qu'une décision contraire serait infailliblement censurée, tandis qu'un arrêt de cassation est une improbation nécessaire de la doctrine admise par l'arrêt cassé. Quant à la supériorité des arrêts de rejet de la section civile sur ceux de la section des requêtes, elle résulte de ce que les premiers ne sont rendus qu'après une discussion contradictoire, qui ne précède pas les seconds.

A propos des arrêts de la cour de cassation, il est à remarquer qu'ils n'ont et ne doivent avoir sur les décisions des autres corps judiciaires que l'influence résultant de la supériorité de ses lumières. Mais la loi du 1ᵉʳ avril 1837 a apporté une importante innovation à cet état de choses. Elle veut d'abord que la cour de cassation prononce toutes les chambres réunies, lorsqu'après la cassation d'un premier arrêt ou jugement rendu en dernier ressort, le deuxième arrêt ou jugement rendu dans la même affaire, entre les mêmes parties, procédant en la même qualité, est attaqué par les mêmes moyens que le premier. Puis, si le deuxième arrêt ou jugement est cassé pour les mêmes motifs que le premier, la loi de 1837 veut que la cour royale ou le tribunal auquel l'affaire est renvoyée se conforme à la décision de la cour de cassation sur le point de droit jugé par cette cour. Mais remarquez bien que l'arrêt interprétatif n'a force de loi que dans l'espèce où il est intervenu ; la cour et le tribunal de renvoi sont seuls tenus de s'y conformer, et les autres cours et tribunaux, qui seraient ultérieurement saisis de la même question, ne sont pas liés par cet arrêt, qui n'a à leurs yeux que l'autorité doctrinale de la jurisprudence de la cour suprême. Cela réfute suffisamment l'objection de ceux qui ont dit que la loi de 1837 violait la Charte en associant la cour de cassation à la puissance législative. Mais il n'en résulte pas moins que cette loi a élevé à une haute puissance l'autorité de la jurisprudence de cette cour, et, dans l'intérêt bien entendu des justiciables, il est à désirer que les juridictions de tous les degrés se rangent de prime abord à l'opinion de la cour suprême sur telle ou telle question, puisqu'en définitive et après les frais énormes d'une cassation géminée, cette opinion doit finir par triompher.

CHAPITRE SECOND.

DES CONNAISSANCES NÉCESSAIRES OU UTILES AU JURIS-CONSULTE.

— 137 —

« Pour peu qu'on ait un vrai goût pour les scien-
« ces, la première chose qu'on sent en s'y livrant,
« c'est leur liaison qui fait qu'elles s'attirent, s'aident,
« s'éclairent mutuellement, et que l'une ne peut se
« passer de l'autre. Quoique l'esprit humain ne puisse
« suffire à toutes et qu'il en faille toujours préférer
« une comme la principale, si l'on n'a quelques no-
« tions des autres, dans la sienne même on se trouve

« souvent dans l'obscurité (¹) ». Cette vérité que, nous avons déjà signalée dans notre avant-propos, s'applique surtout à la jurisprudence qui se trouve, avec les autres sciences morales, dans une si grande multitude de points de contact, que le jurisconsulte ne saurait trop agrandir et soigner la culture de son esprit. *Etsi alterum pedem in tumulo haberem*, disait le jurisconsulte Julianus, *non pigeret aliquid addiscere* (Fr. 20, *De Fideic. Hered.*, XL, 5.)

Une excursion dans le domaine des sciences physiques est aussi indispensable, car elle est innombrable la variété des faits sur lesquels des procès peuvent s'élever, et le jurisconsulte aura d'autant moins besoin d'emprunter les lumières d'autrui que son instruction personnelle sera plus vaste et plus variée; et lors même que sur telle ou telle question de fait il croira devoir recourir à l'avis d'hommes spéciaux, du moins trouvera-t-il dans son propre savoir le moyen de contrôler cet avis et de ne pas l'accepter aveuglément.

Mais si le jurisconsulte doit tâcher de développer dans toutes les directions ses facultés intellectuelles, il est certaines connaissances qu'il lui importe d'acquérir dans le but spécial d'atteindre à une plus grande puissance dans l'exercice de son art. Ces connaissances sont les suivantes :

I. — Études classiques.

— 138 —

L'université de France exige de celui qui veut faire

____
(¹) Rousseau, *Confess.*, liv. 6.

son Droit le diplôme de bachelier ès lettres. C'est qu'en effet le savoir que suppose ce grade académique est d'une nécessité absolue au futur jurisconsulte. Que les étudiants se pénètrent profondément de cette vérité, et, au lieu de rompre avec leurs études classiques dès qu'ils ont franchi le seuil de l'école de Droit, qu'ils en continuent avec ardeur la culture et le développement. Ces connaissances vont, en effet, devenir les auxiliaires indispensables de leurs nouveaux travaux; aussi doivent-ils mener de front, avec l'étude du Droit, la répétition approfondie des matières suivantes :

1° *Étude des langues.* Il y en a dont la connaissance est fort utile au jurisconsulte ; d'autres, dont l'usage lui est indispensable. Parmi celles-ci, se placent le français et le latin. On apprend sa langue maternelle par l'exercice et l'habitude ; mais le jurisconsulte ne peut pas se borner à une connaissance aussi superficielle (¹). Il doit pénétrer plus avant dans le génie de notre langue nationale, s'en rendre le mécanisme familier et acquérir cette clarté et cette précision qui font de la langue française un excellent idiome juridique. Pour cela, il doit se maintenir dans un milieu littéraire, relire les ouvrages de nos grands maîtres et se façonner à leur manière d'écrire.

(¹) « Il y a peu de personnes qui sachent la langue française par
« principes. On croit que l'usage seul suffit pour s'y rendre habile;
« il est rare qu'on s'applique à en approfondir le génie et à en
« étudier toutes les délicatesses. Souvent on en ignore jusqu'aux
« règles les plus communes : ce qui paraît quelquefois dans les
« lettres même des plus habiles gens. » (ROLLIN, *Tr. des Études,*
I, p. 173.)

Il est faux de croire qu'il y ait incompatibilité entre les belles-lettres et la jurisprudence (1). Le jurisconsulte ne doit pas encore s'arrêter là ; afin de pouvoir interroger les monuments de l'ancien Droit français, il faut qu'il soit à même de comprendre la langue romane, c'est-à-dire l'idiome national en usage aux treizième et quatorzième siècles, et dans lequel ont été rédigés les livres de Défontaines, de Beaumanoir, etc., et quelques-unes de nos vieilles coutumes (2).

Quant à la langue latine, qui pourrait douter de la nécessité pour le jurisconsulte d'en posséder la complète intelligence ? *Themidi romanæ quicumque vestem latinam detrahere studet, id operam dare mihi videtur, ut non tam denudet eam quàm deglubat.* (*Lettre de Voorda à Richter.*)

Non-seulement c'est dans cette langue qu'ont été rédigées les lois romaines, mais c'est aussi l'idiome dans lequel ont écrit, à une certaine époque, les jurisconsultes et, en général, les savants de tous les pays, supprimant ainsi, au profit de la science, les fâcheuses entraves que la nationalité des langues impose à la circulation des idées. L'étudiant doit donc revoir, de temps à autre, Tite-Live, Tacite, Cicéron et Quintilien. Et comme, à partir de ces écrivains, la langue latine a subi une décadence progressive, qui, au moyen âge, dégénéra en barbarie, il faut que

(1) Voyez plutôt Cujas, Voet, Heinneccius et M. Troplong.

(2) Sur ce point voyez : L'introduction par M. Le Roux de Lincy au volume de la *Collection des documents inédits relatifs à l'histoire de France.*

le jurisconsulte se livre à l'étude d'une latinité en dehors du domaine de la philologie classique. Il doit se familiariser avec le latin de Constantinople et avec ce jargon appelé basse-latinité, dans lequel ont été rédigés quelques monuments de Droit au moyen âge, tels que les lois des Barbares, les capitulaires, les formules, etc.

Parmi les langues dont la connaissance, sans être indispensable au jurisconsulte, peut cependant lui être éminemment utile, il faut ranger le grec et l'allemand. L'utilité de ces deux langues est immense, surtout pour celui qui veut faire une étude approfondie du Droit romain. Car ce droit étant encore en vigueur en Allemagne, les jurisconsultes de ce pays ont poussé très-loin leurs travaux sur le *Corpus juris civilis*, et il y a, dans leurs livres, beaucoup et d'excellentes choses à apprendre.

Quant au grec, il est à remarquer que c'est moins avec l'harmonieux langage d'Homère et de Platon qu'avec l'idiome grec du Bas-Empire que le jurisconsulte doit se familiariser. C'est, en effet, dans cette langue dégénérée qu'ont été rédigées certaines constitutions du Code, les Novelles, la Paraphrase de Théophile, les Basiliques et d'autres monuments fort importants pour l'étude du Droit romain [1].

— 139 —

2° *Histoire*. Elle démontre le lien qui unit le présent au passé, et en déroulant sous nos yeux la des-

---

[1] HOLTIUS, *De literarum studio imprimis græcarum cum Jurisprudentia conjungendo.* Daventr. 1817.

tinée des peuples, le sort de leurs institutions et le rôle des hommes marquants qui ont figuré sur la scène du monde, l'histoire fait acquérir une précoce expérience, dissipe les préventions de notre esprit et nous forme le jugement. L'étude de cette branche des connaissances humaines est pleine d'utilité pour tout le monde, mais elle convient surtout au jurisconsulte. Le Droit, chez toutes les nations, se lie intimement à leur développement social : c'est donc un préliminaire indispensable pour apprendre à connaître le Droit d'un peuple donné, que de s'initier dans son histoire politique et d'interroger les fastes de son existence. En conséquence l'étudiant, après un coup d'œil synoptique sur l'histoire universelle, afin de connaître la marche de l'humanité entière, devra concentrer et approfondir ses études sur l'histoire romaine (¹) et sur l'histoire de France (²), en dirigeant ses investigations vers les faits historiques qui ont créé les sources du Droit et influé médiatement ou immédiatement sur les rapports juridiques. « Interrogeons l'histoire, a dit Portalis, elle est la phy-« sique expérimentale de la législation. »

3° *Philosophie.* Le bachelier ès lettres ne possède qu'une notion très-superficielle de la philosophie :

(¹) Lisez NIEBUHR, *Rœmische Geschichte,* traduite en français par M. DE GOLBÉRY, et l'*Histoire romaine de* MICHELET, mais revenez toujours et sans cesse à TITE-LIVE, à TACITE, à SUÉTONE, à SALLUSTE, en un mot aux historiens latins. Relisez souvent le bon et savant ROLLIN.

(²) Lisez les chroniques, et, sans vous arrêter aux historiens des XVIIe et XVIIIe siècles, abordez de suite les travaux des THIERRY, GUIZOT, MICHELET, DE CAPEFIGUE, DE BARANTE, DE SISMONDI, etc.

son entrée à l'école de Droit doit être le point de départ d'une étude sérieuse et pratique de cette vaste branche des connaissances humaines. C'est indispensable s'il veut devenir jurisconsulte. Ainsi la *logique* lui apprendra à penser avec clarté, à raisonner avec solidité et à faire passer dans l'esprit d'autrui ses propres convictions. La logique est l'art du raisonnement ; or le raisonnement, comme nous l'avons vu au § 132, est une partie essentielle du talent du jurisconsulte. Sans doute l'étude de la logique ne rendra pas juste un esprit naturellement faux, mais celui qui n'aura été doué que d'une justesse d'esprit ordinaire la doublera par l'usage des règles de la logique. On raisonne mieux quand on possède le mécanisme du syllogisme, de même que l'on écrit mieux quand on sait les tropes. Mais nous parlons ici de la logique générale et nous repoussons cette prétendue logique spéciale qui a reçu le nom de *logique judiciaire*, et sur laquelle on a écrit des traités *ex professo* dont le moindre défaut est de ravaler le grand art du raisonnement aux mesquines proportions de la scolastique *bartoliste* (¹).

Quant à la branche de la philosophie appelée *morale*, l'utilité de l'étudier n'est pas moins évidente. Le Droit et la morale, bien qu'essentiellement différents, ont néanmoins entre eux des points de contact nombreux ; le Code civil a pris soin de régler l'influence que la violation des *bonnes mœurs* peut

---

(¹) M. Hortensius Sᵗ-Albin, *Logique judiciaire suivie de la logique de la conscience.* Paris, 1841. — Spruyt, *Introduction à la dialectique légale.* Bruxelles, 1816.

exercer sur le sort de certains actes juridiques (exemples: art. 6, 900, 1133, 1172, 1387, etc.). Le jurisconsulte doit donc avoir (et l'étude de la morale les lui fournira) des idées exactes et bien arrêtées sur ce qu'il faut entendre par *bonnes mœurs*. D'ailleurs, lors même que l'éthique ne servirait pas immédiatement à l'interprétation des textes du Droit positif, il faudrait encore que le jurisconsulte fît une étude sérieuse de cette partie de la philosophie, car elle est indispensable pour la déduction et pour l'intelligence du Droit naturel. Enfin la *psychologie*, autre branche de la philosophie, réclame également une place parmi les connaissances nécessaires au jurisconsulte. Ainsi, certains chapitres du Droit criminel, tels que l'imputabilité d'un fait pénal, l'appréciation des causes qui ont pu gêner ou même annihiler le libre arbitre de l'auteur de ce fait, les nuances de la criminalité, etc., nécessitent la connaissance des vérités psychologiques.

4° *Sciences physiques et mathématiques.* — Le bachelier ès lettres possède nécessairement quelques notions de ces sciences: l'étudiant en Droit fera bien d'en continuer l'étude. La géométrie et l'algèbre lui formeront le jugement: et un jour, quand il arrivera à l'une des professions auxquelles conduit la jurisprudence, il aura besoin à chaque instant d'appliquer ses connaissances d'arithmétique. Dans presque toutes les affaires, il y a des chiffres.

Quant aux sciences physiques, il est urgent pour le jurisconsulte de connaître les éléments de la physique, de l'histoire naturelle et de la chimie.

(Voy. *Lettres sur la profession d'avocat* par Camus et M. Dupin, I, p. 489 et suiv.)

II. — Histoire du Droit [1].

— 140 —

L'état social d'un peuple ne se transforme que par des modifications lentes et successives : ce qui existait hier, existe encore en partie aujourd'hui : si vous voulez trouver de grands contrastes dans la civilisation d'une nation, il faut nécessairement comparer des époques fort éloignées. Le Droit, n'étant que l'expression de cet état social, subit les mêmes transformations et de la même manière : jamais les transitions ne sont brusques ; un peuple ne peut pas, d'un jour à l'autre, changer et renouveler toute sa législation. Or, en pareille matière, pour bien comprendre ce qui existe maintenant, il faut savoir ce qui a existé antérieurement, c'est-à-dire remonter au berceau de chaque institution pour la suivre pas à pas à travers toutes les vicissitudes qui l'ont faite ce qu'elle est aujourd'hui. Tel est le but et l'objet de l'histoire du

[1] Sur l'histoire du Droit romain, lisez : M. BERRIAT SAINT-PRIX, *Histoire du Droit romain*. Paris, 1821, in-8°. — M. GIRAUD, *Introduction historique aux Éléments* d'HEINNECCIUS. 1835, in-8°. — M. ORTOLAN, *Histoire de la législation romaine*, 3° édit., 1845, 1 vol. in-8°. — Consultez aussi les ouvrages historiques de CREUZER, FUSS, HAUBOLD, HEINNECCIUS, HOLTIUS, MACIEIOWSKI, DE SAVIGNY, SCHWEPPE, ZIMMERN, etc.

Sur l'histoire du Droit français, lisez : le *Précis historique*, par l'abbé FLEURY, avec continuation jusqu'en 1789, par M. DUPIN. Paris, 1826, in-18. — *L'Histoire du Droit civil de Rome et du Droit français*, par M. LAFERRIÈRE. 2 vol. sont en vente, l'ouvrage aura 5 ou 6 vol. in-8. — Le *Précis de l'histoire du Droit civil en*

Droit : celle-ci enseigne l'origine, le développement
et les transformations de la législation d'un peuple
donné. Il est impossible qu'un jurisconsulte exclue du
cadre de ses travaux l'étude historique du Droit dont
il veut devenir l'interprète (¹). Mais il doit se garder
de l'étudier à la manière de ceux qui s'y perdent dans
des recherches minutieuses et qui s'imaginent avoir
obtenu de riches résultats quand ils ont exhumé quelque débris d'archéologie ou de philologie, quelque
rareté juridique sans utilité et sans valeur d'application. L'histoire du Droit doit servir de flambeau pour
éclairer l'interprétation et l'application des lois actuelles : elle est un puissant auxiliaire de la jurisprudence, mais elle n'est pas la jurisprudence même,
et le jurisconsulte ne doit l'employer que comme
instrument de critique et d'appréciation.

La plupart des historiens modernes du Droit di-
visent l'histoire en *externe* et *interne*. Ils appellent
histoire *externe* du Droit ce qu'autrefois on nommait simplement histoire du Droit, c'est-à-dire
l'histoire de la puissance législative chez un peuple, les différentes formes que cette puissance a
revêtues et des divers actes et monuments qu'elle a
produits. L'histoire *interne*, au contraire, qui a remplacé ce que jadis on appelait les *Antiquités du Droit*,
a pour objet non plus l'histoire des textes mêmes,
mais celle des principes qui en sont éclos : elle en
expose le commencement, les modifications succes-

France, par M. Poncelet. Paris, 1838, et les *Travaux sur l'histoire du Droit français*, par Henri Klimrath, 2 vol. in-8°, 1843.

(¹) Voy. Klimrath, *Essai sur l'étude historique du Droit.*
Strasb. 1833. — M. Rossi, dans les *Annales de la législation.* —
M. Troplong, *De la nécessité de restaurer les études historiques*

sives et la fin. Ainsi, par exemple, raconter quand et comment ont été rédigés la loi des XII Tables et le Code civil, c'est de l'histoire externe du Droit. Au contraire, rechercher quelles ont été les destinées de la faculté de tester ou d'adopter, c'est faire de l'histoire interne. On peut étudier séparément et isolément l'histoire externe du Droit, mais l'étude de l'histoire interne paraît ne pas pouvoir être détachée de celle des textes mêmes.

L'histoire interne peut être *spéciale* ou *universelle ; spéciale,* si elle expose l'origine et les modifications successives de telle institution juridique d'après la législation de tel pays; *universelle,* si elle recherche cette origine et en poursuit les modifications dans les législations du monde entier (¹).

III. — Bibliographie et histoire littéraire du Droit.

— 141 —

Il n'y a pas un homme au monde, quelle que soit d'ailleurs la force de son intelligence, qui, réduit au seul texte de la loi, puisse en devenir profond interprète. « *Nous ne pouvons voir d'un peu loin sans* « *monter sur les épaules les uns des autres;* » ce mot de Fontenelle est vrai appliqué à l'étude de toutes les sciences. Tout jurisconsulte doit nécessairement se familiariser avec les travaux, bons ou mauvais, de ceux qui l'ont précédé; car, pour découvrir la rami-

applicables au Droit français. *Revue de législation et de jurisprudence,* I, p. 1.

(¹) Les Allemands ont conçu ce programme : GANS s'était mis à l'œuvre et a laissé quatre volumes : *Das Erbrecht in weltgeschichtlicher Entwickelung,* qui forment à peine une page de ce gigantesque livre.

fication et la généalogie des idées, il faut des recherches nombreuses et variées dont la condition indispensable est la connaissance des principaux docteurs, de leurs écoles et de leurs ouvrages. On arrive à cette connaissance par deux espèces d'étude : la bibliographie et l'histoire littéraire du Droit.

La bibliographie du Droit (*litteratura juris*) est l'indication des ouvrages de jurisprudence. Ce serait folie que de se livrer à la mnémonique de tous les livres qui ont été écrits sur le Droit, mais nous devons nécessairement connaître, afin d'y recourir au besoin, les ouvrages de jurisprudence ancienne et moderne les plus importants et les plus utiles à consulter. Et pour cela il ne suffit pas d'en apprendre simplement la rubrique dans des catalogues (¹) : il est bon de fréquenter les bibliothèques, de voir de ses yeux et de feuilleter de ses mains les volumes qui en garnissent les rayons. C'est tout à la fois la plus agréable et la plus fructueuse manière d'étudier et d'apprendre la bibliographie. Cela ne suffit point encore : pour pouvoir remonter par lui-même jusqu'aux sources de l'ancien Droit et y puiser à la clarté de la critique, le

(¹) Il en existe de plus ou moins étendus. Le plus ancien est celui de Ziletti : *Index librorum omnium juris tam pontificii quam cæsarei*. Venise, 1566, in-4°. Le plus complet est le recueil alphabétique de Lipénius : *Bibliotheca realis juridica*. Leips. 1676. Struve et Jenich l'ont augmenté en 1757 et porté à deux volumes in-fol. En 1775, Schott y a ajouté un troisième volume in-fol.; en 1789, Senkenberg un quatrième, et, de 1817 à 1830, Madihn en a ajouté trois autres. — En France, nous avons en ce genre, mais dans de moins grandes proportions, la *Bibliothèque choisie* de Camus et Dupin, dans le deuxième volume de leurs *Lettres sur la profession d'avocat*.

jurisconsulte doit se familiariser avec le manuscrit et les incunables. Il doit par conséquent faire quelques études paléographiques sur les idiomes et écritures du moyen âge, sur la clef des lettres, signes et abréviations usitées à cette époque, afin de pouvoir lire, comprendre et traduire les vieux titres, anciennes chartes et manuscrits antiques, en déterminer l'âge, soit par la forme de l'écriture, soit par la matière sur laquelle ils sont écrits, etc. C'est l'objet de la *Diplomatique* (¹).

L'histoire littéraire du Droit a pour objet d'exposer la culture et le développement de la jurisprudence ; d'indiquer quelles directions les écrits juridiques ont imprimées à la marche de cette science, quels progrès et quels temps d'arrêt ils lui ont fait éprouver ; de caractériser les tendances scientifiques des jurisconsultes des diverses époques, et de déterminer l'in-

---

(¹) Cet art qui puise dans la Paléographie une grande partie de ses règles est une création du génie et de la patience des religieux Bénédictins de la Congrégation française de Saint-Maur. C'est à Dom MABILLON qu'appartient la gloire immortelle d'avoir le premier, dans son beau traité intitulé : *De re diplomatica, etc.*, et publié en 1681 (1 vol. in-fol. maj.), posé un ensemble de règles certaines et précises sur la diplomatique. Avant lui le P. PAPENBROCH, jésuite belge, n'avait fait que tâtonner. (Voy. le Recueil des Bollandistes. Propylœum du deuxième vol. du mois d'avril 1675.) — En 1703, Dom BERNARD DE MONTFAUCON fit, pour les MSS. et les diplômes grecs, ce que Mabillon avait fait, pour les diplômes et les MSS. latins : il publia sa *Palœographia grœca*, 1 vol. in-fol. — En 1747, Dom CARPENTIER mit au jour son *Alphabetum tironianum*. Enfin, Dom TOUSTAIN et Dom TASSIN publièrent à Paris, de 1750 à 1765, en 6 vol. in-4°, le *Nouveau traité de diplomatique*, qui est sans contredit l'œuvre en ce genre la plus riche et la plus complète qui existe au monde. Nous engageons vivement les étudiants à parcourir ce merveilleux travail.

fluence qu'ont exercée leurs doctrines et leurs
écoles.

La biographie des jurisconsultes fait naturellement
partie de l'histoire littéraire du Droit; car pour bien
apprécier l'impulsion que tel livre a dû donner à la
science, il faut savoir non-seulement à quelle époque
l'auteur l'a écrit, mais encore quel était le mérite de
cet écrivain, dans quel esprit il a travaillé, à quelle
école il appartenait, etc. D'ailleurs, rien n'est plus
intéressant et plus instructif à la fois que de s'enquérir de tout ce qui se rapporte à la vie privée et publique de ceux qui se sont adonnés à la profession que
l'on a soi-même embrassée; de connaître le lieu de
leur naissance, les emplois qu'ils ont remplis, les luttes qu'ils ont soutenues, leur caractère, leurs actes,
leurs vices et leurs vertus, en un mot, quel chemin
ils ont suivi pour arriver à la postérité (¹).

IV. — Médecine légale (²).

— 112 —

La médecine légale est l'art d'appliquer les notions
révélées par les sciences physiques et médicales, à la
confection de certaines lois, ainsi qu'à la connaissance
et à l'appréciation des faits médicaux en matière judiciaire.

(¹) On peut consulter : les *Éloges des jurisconsultes*, par PAPIRE
MASSON. — Les *Feriæ forenses*, de MORNAC. — La *Vie des plus
célèbres jurisconsultes*, par TAISAND. — La *Vie des jurisconsultes les plus célèbres de France*, par BRETONNIER. — L'*Histoire
de la jurisprudence romaine*, de TERRASSON, etc.

(² Les ouvrages sont nombreux, soit sur l'ensemble de la médecine légale, soit sur des branches spéciales de cette science,

La partie de cette science qui a trait à la confection des lois a reçu des uns le nom de *médecine législative* ou *gouvernementale*, des autres, celui de *police médicale*. C'est elle qui dirige l'administrateur dans ses actes relatifs, par exemple à l'hygiène publique, et qui éclaire le législateur quand il s'agit de statuer sur des matières dominées par des principes physiologiques, telles que, par exemple, la nubilité, la légitimité de la naissance, l'âge du discernement, etc. Du reste, l'application de la police médicale est moins fréquente que celle de la médecine légale proprement dite ou *médecine judiciaire* : presque tous les jours le juge a recours à celle-ci pour la vérification de certains faits soumis à son appréciation. Aussi doit-elle être envisagée comme une science auxiliaire et accessoire de la jurisprudence, non-seulement en matière criminelle, mais encore en matière civile. Les tribunaux, en effet, interrogent les médecins légistes non-seulement quand il s'agit d'éclaircir les mystères relatifs à un corps de délit ou d'apprécier la gravité d'une blessure, mais encore dans les problèmes de grossesse, de viabilité, d'impuissance, d'aliénation mentale, etc. La médecine légale suppose un savoir extrêmement développé; car elle consiste à observer, dans le but d'éclairer la justice, tous les faits qui res-

telles que la toxicologie. Les deux traités généraux les plus saillants sont ceux de M. Devergie, *Médecine légale, théorique et pratique, etc.*, revue et annotée par M. Dehaussy de Robécourt, conseiller à la cour de cassation. Paris, 1840, 2ᵉ édit., 3 vol. in-8ᵒ. — M. Orfila, *Traité de médecine légale*, 3ᵉ édit. suivie du *Traité des exhumations juridiques*. Paris, 1836, 4 vol. in-8ᵒ. Atlas.

sortissent du domaine de plusieurs sciences combinées.

Néanmoins le jurisconsulte ne doit pas y rester complétement étranger : non pas qu'il s'agisse pour lui d'en approfondir l'étude et de se substituer complétement à l'homme de l'art, mais afin de pouvoir apprécier, en connaissance de cause, les réponses du médecin légiste. Celui-ci n'est jamais qu'un expert dont le juge n'est pas tenu d'adopter l'avis si sa conviction s'y oppose ; or, pour qu'il ait une conviction, il faut qu'il trouve en lui-même des lumières pour s'éclairer. Il les puisera dans l'étude de la médecine légale, que les jurisconsultes, et même les criminalistes, négligent beaucoup trop en France.

V. — Art d'interpréter les lois (¹).

— 143 —

Il y a des règles relatives à l'art d'interpréter les lois, c'est-à-dire de rechercher et de déterminer, sous le voile des expressions ambiguës et obscures, l'intention du législateur. Il n'y a lieu à interprétation, dans l'acception propre du mot, que lorsque le sens d'une loi est équivoque et douteux : *lex clara non eget interpretatione*. Dans ce cas, le jurisconsulte doit, au préalable, examiner si le texte à interpréter

---

(¹) C'est ce que les Allemands appellent l'*herméneutique*. Consultez : ECKHARDT, *Hermeneutica juris*, 8ᵉ édit. par WALCH. Leips. 1802. — M. MAILHER DE CHASSAT, *Traité de l'interprétation des lois*. 3ᵉ édit. Paris, 1836.— THIBAUT, *Theorie der logischen Auslegung*. Traduit en français par MM. BITTINGHAUSEN et DE SANDT. Bruxelles, 1837.— ZACHARIÆ, *Versuch einer allgemeinen Hermeneutik des Rechts*. 1805.

est exempt d'altérations, de lacunes ou d'interpolations provenant soit des copistes, soit des typographes. C'est l'objet de cette partie de l'art d'interpréter que l'on appelle la *critique* (1) : on en fait un fréquent usage quand il s'agit des anciens textes, tels que ceux du Droit romain, du Droit coutumier, etc.; mais elle peut souvent ne pas être inutile relativement au texte des lois modernes (2). Après qu'il est bien certain qu'un texte est sorti des mains du législateur dans l'état matériel où il se présente, le jurisconsulte doit, si ce texte est obscur, l'éclairer et en fixer le sens, soit à l'aide de la grammaire, soit à l'aide de la logique : en d'autres termes, il doit rechercher l'intention du législateur, soit en consultant l'acception que la grammaire ou l'usage ont donnée aux locutions employées par le rédacteur de la loi (3), soit en

(1) CLERICUS, *Ars critica*. Amsterd. 1530, 3 vol. — MOREL, *Éléments de critique*. Paris, 1766.

(2) Ainsi, par exemple, le texte vicieux, dans le Bulletin des lois, de la loi du 14 décembre 1830 (DALLOZ, XXXI, 1, 131); — la virgule qui, dans l'édition officielle du Code de procédure civile, s'est glissée après les mots : « *sans citation préalable* » de l'article 878, et en a complétement altéré le sens, etc.

(3) Pour cela, voyez : BRISSON, *De verborum quæ ad jus pertinent significatione*. Hale, 1743. 2 vol. in-fol. — DIRKSEN, *Manuale latinitatis fontium juris civilis Romanorum*, etc. Berlin 1837. — DUCANGE, *Glossarium ad scriptores mediæ et infimæ latinitatis*. Paris, 1733-36, 6 vol. in-fol. (Édition des Bénédictins de Saint-Maur).

DUCANGE. *Glossarium ad scriptores mediæ et infimæ græcitatis*. Lyon, 1682, 2 vol. in-fol. — RIGALTIUS, *Glossarium μιξοβάρβαρον de verbis in Novellis*. Paris, 1601, in-4°.

SCHERTZ : *Glossarium germanicum medii ævi*. Strasb. 1784, 2 vol. in-fol. — RAGUEAU et DE LAURIÈRE : *Glossaire du Droit français*. Paris, 1704, 2 vol. in-fol.

recherchant dans les travaux préparatoires et dans la discussion de la loi, les raisons et les motifs qui ont déterminé le législateur. C'est sous ce rapport, c'est-à-dire relativement aux moyens intellectuels dont l'interprète peut faire usage, que l'on divise l'interprétation en *grammaticale* et *logique* (¹). Cette dernière est *déclarative*, *extensive* ou *restrictive*, selon qu'elle a pour objet d'exposer simplement le sens naturel et régulier de la loi, d'étendre ou de restreindre la portée d'une disposition légale. L'interprétation extensive a pour base ce principe qu'une loi est applicable à tous les cas qui, quoique non littéralement exprimés dans le texte de cette loi, s'y trouvent néanmoins renfermés d'après son esprit. C'est ce que l'on exprime par ce brocard : *Ubi eadem est legis ratio, ibi eadem esse debet legis dispositio.* Ainsi, par exemple, dans l'art. 14 du Code civil, *obligations contractées* doit s'entendre aussi des obligations résultant d'une autre source que du *contrat.* C'est principalement au moyen de l'analogie que l'on arrive à l'interprétation extensive. L'analogie repose, comme l'interprétation extensive, sur la règle citée : *Ubi eadem est legis ratio, ibi eadem esse debet legis dispositio :* elles mènent au même résultat, qui est d'é-

---

(¹) Considérée par rapport à celui qui interprète la loi, l'interprétation est *publique* ou *privée.* La première est celle qui émane d'une autorité, soit législative, soit judiciaire. On l'appelle *authentique* ou *usuelle*, selon qu'elle est faite par le législateur ou par le juge. — La seconde est celle qui émane des jurisconsultes dans leurs livres, des professeurs dans leurs leçons, des avocats dans leurs consultations et plaidoiries, des arbitres dans leurs sentences, etc.

tendre à tous les cas semblables, quoique non prévus expressément, les règles que le législateur a établies pour un cas déterminé. Elles exigent l'une et l'autre que la disposition légale qu'il s'agit d'étendre ne soit pas exceptionnelle ou spéciale, mais de Droit commun, sans quoi il y aurait lieu d'appliquer les règles, *Exceptio firmat regulam in casibus non exceptis; Exceptio est strictissimæ interpretationis.* Néanmoins, si l'on veut établir une différence entre l'interprétation extensive et l'analogie, on peut dire que celle-là est le but et celle-ci le moyen.

Parallèlement à la règle citée, *Ubi eadem est legis ratio*, il en existe une autre que l'on formule ainsi : *Cessante ratione legis, cessat ejus dispositio.* Cela ne veut pas dire, comme on le croit assez généralement, qu'une loi cesse d'être obligatoire dès que l'état de choses en vue duquel elle a été établie vient à cesser. Une loi existe tant qu'elle n'a été ni expressément ni tacitement abrogée, et sa force obligatoire, résultant de la seule sanction du législateur, est indépendante de la cessation des circonstances qui l'ont provoquée. Ainsi, par exemple, dira-t-on que parce que l'émeute est assoupie, la loi sur les détenteurs d'armes de guerre a cessé d'être obligatoire?... Non, la maxime : *Cessante ratione legis, cessat ejus dispositio*, est la base de l'interprétation restrictive : elle ne veut dire autre chose, si ce n'est qu'il faut soustraire à l'application d'une loi générale les cas spéciaux dans lesquels ne se présentent pas les motifs qui ont déterminé le législateur à promulguer sa loi. Car, de même qu'une loi est applicable à toutes les hypothèses qui, quoique non littéralement exprimées dans le texte de cette loi, s'y trouvent néanmoins renfermées d'après son esprit, de même une loi n'est pas applicable aux cas que son texte paraît comprendre, mais que son esprit exclut. Ainsi, par exemple, le fameux passage du Fr. 31, *De legibus*, I, 3, *princeps legibus solutus est,* doit être restrictivement interprété en ce sens que le mot *legibus* s'entend, non pas des lois en général, mais seulement des lois Julia et Papia Poppæa.

Enfin, il ne faut pas confondre avec l'herméneutique la déduction des conséquences qu'on tire du texte ou de l'esprit des lois à l'aide de l'argumentation. Celle-ci, comme on vient de le dire, est à l'interprétation ce que le moyen est au but. — Les principaux arguments sont : celui de l'analogie, l'argument *a contrario sensu*, et l'argument *a fortiori*.

L'argument *a contrario sensu* se résume dans ces deux brocards : *Qui dicit de uno negat de altero;* — *Inclusio unius est exclusio alterius*. Il n'a de valeur qu'autant que celui qui s'en sert part d'une disposition exceptionnelle pour retourner aux principes du Droit commun. Il faut en user sobrement et avec discernement, car, mal employé, il peut mener aux résultats les plus absurdes.

L'argument *a fortiori* sert à provoquer l'application d'une loi à des cas qu'elle n'a pas formellement prévus, mais dans lesquels les motifs qui ont déterminé le législateur se rencontrent d'une manière plus sensible encore que dans les cas qu'il a énoncés. Ainsi, par exemple, l'art. 482 du Code civil ne permet à un mineur émancipé d'intenter une action immobilière qu'avec l'assistance de son curateur. Cet article ne parle pas des actions qui intéresseraient l'état du mineur : néanmoins, et par argument *a fortiori*, il faut décider que cette assistance serait nécessaire à l'émancipé pour intenter une action intéressant son état. — L'argument *a fortiori* est *a minori ad majus*, comme dans l'exemple cité, ou *a majori ad minus*.

Au surplus, soit que l'on interprète, soit que l'on argumente, il ne faut ni restreindre la portée d'une disposition que le législateur a posée d'une manière illimitée, ni soumettre cette disposition à des distinctions que repousse sa généralité. *Ubi lex non distinguit, nec nos distinguere debemus.*

VI. — Pratique des affaires.

— ※ —

La pratique des affaires exige en général, outre la connaissance approfondie du Droit, une aptitude spéciale qui ne se développe que par l'expérience et des hommes et des choses. Le temps et l'usage seuls peuvent donner cette habileté honnête et cette prudence adroite qui déjouent les manœuvres de la ruse, détruisent les piéges de la mauvaise foi et préparent le succès. A ces qualités, qui conviennent à tout praticien, il en est quelques-unes que doivent joindre spécialement l'avocat et le notaire. — Ainsi l'on peut être excellent jurisconsulte et fort mauvais orateur : mais on ne doit paraître à la barre des tribunaux pour y plaider, qu'autant que l'on possède un certain talent oratoire (¹). Il suffit d'être *disert*, c'est-à-dire de s'exprimer avec facilité, clarté, pureté et élégance; mais le triomphe sera plus fréquent pour celui qui saura être *éloquent*, c'est-à-dire discourir avec nerf, chaleur, noblesse et sentiment. L'éloquence judiciaire, de même que celle de la chaire ou de la tribune, est soumise à des règles qu'il faut étudier et observer. Il est vrai que l'on rencontre des hommes que la nature seule a faits éloquents : mais ces hommes n'ont et ne peuvent avoir que l'éloquence des passions : ils entraînent sans convaincre. Devant les tribunaux, c'est tout autre chose : le raisonnement d'abord, la passion ensuite ; il faut convaincre avant d'émouvoir. Pour cela, il y a des préceptes : c'est la rhétorique qui les donne. Sans doute, pour devenir éloquent, il faut apporter en naissant le germe de certaines facultés physiques et intellectuelles dont la nature seule peut nous douer : mais ce germe ne peut se développer que sous l'influence des règles de la rhétorique. Aussi celui qui veut entrer dans les luttes judiciaires doit étudier à fond les secrets de l'art de bien dire (²); et pour cela, il faut tout à la

(¹) Cela est vrai aussi de ceux qui aspirent à monter sur le siége du ministère public. — Voy., sur la profession d'avocat, les *Lettres de* Camus *et* Dupin. Paris, 1832, 2 vol. in-8.— Voy. aussi, au t. Ier des *OEuvres de* D'Aguesseau, les instructions adressées par ce grand homme à son fils sur les études propres à former un magistrat.

(²) A la lecture de l'*Orateur de* Cicéron, de la *Rhétorique ad Herennium*, des *Instituts oratoires de* Quintilien, etc., on peut joindre celle de M. Berville, *Fragments oratoires et littéraires*. 1 vol. in-8, 1845. — Delamalle, *Essai d'institutions oratoires à l'usage de ceux qui se destinent au barreau*. Paris, 1822, 2 vol.

fois méditer les chefs-d'œuvre des maîtres (¹) et rechercher le spectacle de ceux qui ont acquis une assez grande supériorité dans l'art oratoire pour pouvoir servir de modèles.

Quant au notaire, il doit, aux qualités générales du praticien, joindre spécialement l'art de bien rédiger par écrit les déclarations de volonté de ceux qui recourent à son ministère. Fidélité, précision et clarté, tels devraient être les caractères essentiels du *style* notarial, et les notaires ne sauraient y apporter trop de soins, puisque la manière de rédiger leurs actes peut avoir, dans un grand nombre de cas, une influence décisive sur la fortune des citoyens et sur la paix des familles (²).

in-8. — Phelippes de Tronjoly, *Essais historiques et philosophiques sur l'éloquence judiciaire.* Paris, 1829, 2 vol. in-8. — De Roosmalen, *L'orateur, ou Cours de débit et d'action oratoires.* Paris, 1841.

(¹) *OEuvres du chancelier* d'Aguesseau. Nouv. édit. Paris, 1819, 16 vol. in-8. — *Collection des chefs-d'œuvre de l'éloquence judiciaire en France,* recueillis par Clair et Clapier. Paris, 1823-27, 18 vol. — *Annales du barreau français.* Paris, 1823-31, 16 vol. in-8. — *Leçons et modèles d'éloquence parlementaire et judiciaire,* par M. Berryer. Paris, 1837, 2 vol.

(²) Les ouvrages sur le notariat sont nombreux : Voy., entre autres, M. Augan, *Cours de notariat.* 3ᵉ édit., 1841, 2 vol. in-8. — M. Cellier, *La philosophie du notariat, ou Lettres sur la profession de notaire.* 1832, in-8. — M. Favier-Coulomb, *Traité de l'admission au notariat.* 1841, in-8. — M. Gagneraux, *Commentaire de la loi du 25 ventôse an XI.* 1834, 2 vol. in-8. — M. Ledru, *La clef du notariat.* 4ᵉ édit., 1838, in-8. — Massé, *Le parfait notaire.* 6ᵉ édit., 1828, 3 vol. in-4. — Massé et Lherbette, *Jurisprudence et style du notaire.* 1825-30, 9 vol. in-8. — M. Rolland de Villargues, *Répertoire de la jurisprudence du notariat.* 1810 à 1844, 9 vol. in-8.

Étude comparative des législations étrangères (1).

— 145 —

La connaissance des lois et des institutions des autres peuples anciens et modernes est aussi utile au législateur qu'avantageuse au jurisconsulte. On ne saurait en recommander trop vivement l'étude, et à celui qui est appelé à faire des lois et à celui qui est chargé de les interpréter ou de les appliquer (2). Nulle part, en effet, le premier n'apprendra mieux que par l'étude comparative des législations étrangères, quels sont les défauts et les lacunes de la législation nationale, quels remèdes il faut appliquer, quelles réformes introduire. En parcourant la législation des autres peuples, il verra comment fonctionne telle loi, comment joue telle institution; il pourra en calculer les avantages et les inconvénients, et s'éclairer par une expérience qui n'aura rien coûté à son pays. Puis, quand le moment sera venu d'innover, il le fera sans ces tâtonnements et ces hésitations si préjudiciables aux intérêts privés: il opérera à coup sûr et

(1) On se tiendra au courant par la lecture de la *Revue étrangère et française de législation et de jurisprudence* (qui depuis 1844 a pris le titre de : *Revue du droit français et étranger*), publiée par MM. FOELIX, VALETTE et DUVERGIER; du *Kritische Zeitschrift für Rechtswissenschaft und Gesetzgebung des Auslandes*, publié par MM. MITTERMAIER et DE MOHL, et par celle de la *Revue de législation et de jurisprudence*, publiée par MM. WOLOWSKI, TROPLONG, GIRAUD, FAUSTIN-HÉLIE et ORTOLAN.

(2) Voy. la haute importance qu'attachent à cette étude MM. PORTALIS (*Revue de législation*, VII, p. 204), DUPIN aîné (*ibid.*, VIII, p. 23), et TROPLONG (préface de son *Commentaire sur les hypothèques*).

avec prescience des résultats. Ainsi, pour choisir un exemple entre mille, faut-il, comme le demandent certains critiques de notre loi hypothécaire, abolir l'art. 2154 du Code civil, qui exige le renouvellement de l'inscription après dix ans?... Que notre législateur regarde ce qui s'est passé en Belgique : une loi du 22 décembre 1828 y avait abrogé cet art. 2154, mais il en est résulté tant d'inconvénients que, quelques années après, le gouvernement belge a présenté un projet de loi pour abroger la loi de 1828 et remettre en vigueur l'art. 2154 de notre Code (1).

Quant au jurisconsulte chargé d'interpréter ou d'appliquer la loi, il y a double avantage à étudier les législations étrangères. D'un côté, ce travail de comparaison agrandit et développe les idées, apprend à généraliser, facilite l'interprétation et imprime plus de portée et de puissance à la logique judiciaire. Sans doute la législation nationale doit être l'objet principal de nos travaux et de nos méditations ; mais nous devons aussi, quittant la sphère trop circonscrite du simple praticien, nous élever à l'étude philosophique du Droit, et, pour y atteindre, il faut promener les yeux de l'observation sur ce qui se passe au delà des frontières. Il faut s'enquérir des lois qui gouvernent parallèlement les autres nations, ne fût-ce que pour multiplier les points de vue sous lesquels il convient d'étudier et d'apprécier le Droit français, ne fût-ce que pour aimer et admirer davantage l'uniformité et la simplicité de notre législation française en la

(1) Voy. *Revue étrangère*, VII, p. 274.

comparant au dédale des lois, statuts et coutumes de la plupart des autres peuples. On sait quels immenses progrès l'anatomie comparée a fait faire aux sciences médicales ! D'ailleurs, les relations civiles et commerciales des nations ont pris aujourd'hui un tel développement, que le juge ou l'avocat français peuvent être appelés à chaque instant à décider une contestation relative à des conventions faites, à des actes rédigés ou à des jugements rendus à l'étranger. La loi de ce pays est alors applicable (Voyez sur ce point le traité spécial de M. Fœlix, *Traité de Droit international privé,* Paris, 1843) : il est donc, même sous le point de vue pratique, avantageux de connaître la législation des pays étrangers avec lesquels le commerce et les voyages multiplient nos relations. Non pas qu'il faille étudier jusqu'au fond de ses détails le Droit de chacun des peuples qui ont figuré ou qui figurent encore sur la scène du monde : la plus puissante intelligence ne pourrait suffire à ce travail, la plus forte tête y trouverait le vertige. Mais il suffit d'en saisir les traits caractéristiques et les principaux délinéaments, et surtout d'en connaître les monuments et les sources, afin d'y pouvoir recourir et puiser le cas échéant. Tel est le but des indications contenues aux paragraphes suivants (1).

----

(1) Sur la législation des Hindous, dont le Code, rédigé en sanscrit par Menou, sous le titre de *Manava-Dharma-Sastra*, a été traduit en français par M. Loiseleur-Deslongchamps. Paris, 1833, voy. le *Journal des savants*, 1826, p. 586, et 1831, p. 19. *Revue étrangère*, I, p. 122.

M. Orianne, conseiller à la cour royale de Pondichéry, a publié à Paris, 1844, 1 vol. in-8, le *Traité original des successions d'après le Droit hindou,* extrait du *Mitacshara de Vijnyaneswara,* suivi

Mais auparavant il est à propos de faire remarquer la ressemblance et l'air de famille qui existent entre les législations civiles des différents peuples de l'Europe actuelle. Le fond de ces législations est presque partout le même : elles ne diffèrent que dans les détails. Quelle en est la cause? Est-ce parce que l'Europe moderne n'est composée que de descendants de ces peuplades du nord qui vinrent, il y a une douzaine de siècles, renouveler les populations du vieil empire romain, et semer ainsi, sur toute la surface de l'Europe, des mœurs, des lois et des coutumes presque identiques ? Est-ce parce que le Droit romain et le Droit canonique, ayant été en vigueur pendant une longue suite de siècles chez ces différents peuples ont plus ou moins à la longue remplacé ou modifié leur Droit national et introduit ainsi chez eux un système presque uniforme de législation civile? Est-ce

d'un traité de l'Adoption, le *Dattaca* de *Derandha-Bhatta*.

Voy. la concordance des lois hindoues et du Code civil français dans la *Revue de législation*, t. XX, p. 52, par M. GIBELIN, procureur général à Pondichéry.

Sur la législation des Persans, dont le Code, rédigé en dialecte zend par Zoroastre, sous le titre de *Zend-Avesta*, a été traduit en français par ANQUETIL DUPERRON. Paris, 1771, voy. les notes et remarques qui accompagnent cette traduction et le livre de M. DE PASTORET, *Zoroastre, Confucius et Mahomet*. Paris, 1787, in-8. — Sur la législation des Perses depuis Cyrus jusqu'à Zoroastre, voy. l'*Histoire de la législation*, par M. DE PASTORET, IX, p. 295-528.

Sur la législation des Chinois, qui remonte à Confucius, voyez ce même ouvrage, *Zoroastre, Confucius et Mahomet*, et surtout la *Scientia Sinensis, latinè exposita, studio PP. societatis Jesu*. Paris, 1687, in-fol. Le Code criminel chinois, appelé *Ta-Tsing-Leu-Lee*, a été traduit en français par MM. STAUNTON et DE SAINTE-CROIX. Paris, 1812, 2 vol. in-8.

parce que les législations modernes se rapprochent davantage des principes du Droit naturel? Est-ce enfin parce que les législateurs auraient compris qu'il fallait, dans l'intérêt des relations internationales, que les lois des différents peuples réglassent de la même manière les faits juridiques les plus importants?

Quelle qu'en soit la cause, c'est un phénomène digne d'observation que cette uniformité des législations européennes en matière, par exemple, de mariage, de puissance paternelle, de tutelle, de propriété et de démembrements de ce droit, de testaments, d'hypothèques, de contrats, etc. Et ce serait un très-intéressant problème à résoudre que d'en rechercher toutes les causes (¹).

1° Législation hébraïque (²).

— 146 —

On ne peut s'empêcher d'arrêter son attention sur l'espèce de nationalité et sur la physionomie spéciale conservées par les Juifs, malgré leur dispersion sur toute la surface de la terre. Dix-huit cents ans de

(¹) M. Warnkoenig, *Oratio de jurisprudentia gentium Europaearum una*, etc. Louvain, 1829.

(²) On a beaucoup écrit sur cette importante matière : Zepperus, Pfeifferus, Selden, Cunæus, Menochius, Sigonius, Spencerus et d'autres encore, ont fait, au dix-septième siècle, des travaux qui ont été surpassés par ceux de Michaelis, *Mosaisches Recht*. 6 vol. in-18. Francf. 1770-1775. — De Pastoret, *Histoire de la législation*. Paris, 1817, t. III et IV. — M. Salvador, *Histoire des institutions de Moïse et du peuple hébreu*. Paris, 1828, 3 vol. in-8.

souffrances et de persécutions n'ont pas pu les abattre ; leur contact avec les autres peuples pendant cette longue série de siècles n'a pas pu les changer. Les causes de ce phénomène historique sont multiples ; mais l'une des plus puissantes gît dans le système de législation que Moïse fit accepter par le peuple hébreu. Révolté contre l'idolâtrie et le fétichisme de l'Orient, cet homme extraordinaire s'éleva jusqu'à la conception de JÉHOVAH, l'Être invisible, le Dieu d'équité, de vérité et de toute-puissance ; et c'est au nom et comme ministre de ce Dieu qu'il dicta aux Hébreux, dans un style oriental qui touche au sublime, cet ensemble de lois dont chacune mérite de fixer l'attention du penseur. Moïse est, sans contredit, un des plus grands génies qui aient honoré l'humanité ; son œuvre, subsistant encore après des milliers d'années, est frappée au coin d'une intelligence éminemment supérieure. Tout homme sérieux doit la lire avec respect, car les plaisanteries et les fureurs de l'école de Voltaire contre la Genèse ou le Deutéronome n'ont abouti qu'à dévoiler son ignorance, sa frivolité ou sa mauvaise foi.

Le livre de Moïse, tout à la fois poëme épique et Code de lois, se compose de cinq parties appelées la *Genèse*, l'*Exode*, le *Lévitique*, les *Nombres* et le *Deutéronome*. Les Hébreux l'appellent *Torah* (loi) : les modernes, *Pentateuque*. Ce livre jouit parmi les Israélites, d'une profonde vénération ; le serment *more judaico* se fait encore aujourd'hui sur le Torah. Est-ce Moïse lui-même qui l'a écrit ? Les chroniques ne nous fournissent pas à cet égard des documents bien certains; aussi la question est-elle controversée. Ce qu'on sait d'une manière positive, c'est qu'après la captivité de Babylone, cinq cents ans avant Jésus-Christ, un savant scribe, appelé Esdras, rassembla, épura et mit en ordre, sous les auspices du sénat hébreu de l'époque, la plupart des livres fondamentaux qui composent, avec le Pentateuque, la loi que l'on appelle mosaïque. C'est ce même Esdras qui substitua, dit-on, à l'écriture phénicienne ou samaritaine le caractère chaldéen ou hébraïque actuel [1].

Outre les lois écrites dans le livre de Moïse, ce législateur disait avoir reçu de la bouche de Dieu même, sur le mont Sinaï, différents préceptes qui se perpétuèrent, à travers les générations, au moyen d'une tradition orale. Soit pour éviter que la dispersion du peuple juif ne rompît la chaîne de cette tradition, soit pour constater les additions ou modifications que la pratique des rabbins avait déjà faites au texte mosaïque, soit enfin pour raffermir le culte israélite ébranlé par les progrès du christianisme, le rabbin Juda Hakadosch, qui vivait à Tibériade au troisième siècle, recueillit ses propres souvenirs et ceux de ses coreligionnaires, fit des extraits des commentaires écrits par les docteurs hébreux, et com-

---

(1) De l'hébreu, la Bible fut d'abord traduite en grec par le sénat juif, d'où lui vient le nom de *Bible des septante*. Cette traduction grecque fut traduite en latin et servit aux chrétiens jusqu'à ce que saint Jérôme eût fait, sur le texte hébreu même, la version latine reçue dans toute la chrétienté sous le nom de *vulgate*. Une des meilleures traductions françaises de la vulgate est celle de LE-MAISTRE DE SACY. Depuis 1831, M. CAHEN a donné une traduction nouvelle de la Bible avec l'hébreu en regard et les variantes des septante et du texte samaritain.

posa, en langue hébraïque, un recueil connu sous le nom de *Mischnah* (loi redite) (1). Ce recueil devint lui-même un texte sur lequel les rabbins écrivirent des gloses que les Hébreux appellent *Gemarah*, et qui furent l'objet de deux compilations faites, l'une à Jérusalem en 230, par le rabbin Jochanan, l'autre à Babylone en 500, par le rabbin Ascé. La réunion de la Mischnah à l'une ou l'autre des Gemarah forme le *Thalmud,* que l'on appelle Thalmud de Jérusalem ou Thalmud de Babylone, selon que la Mischnah est accompagnée de la Gemarah de Jochanan ou de celle d'Ascé.

Le Thalmud obtint parmi les juifs ignorants et dégénérés une autorité égale à celle du Pentateuque. Cependant la secte des Sadducéens et celle des Caraïtes l'ont toujours repoussé; Justinien, par sa novelle 146, chapitre Ier, en prohiba l'usage dans les synagogues, et de tout temps les Israélites éclairés ont décliné l'autorité canonique du Thalmud. Ce livre est, en effet un amas indigeste d'observations puériles, de questions ridicules et de superstitions absurdes. Quelques bonnes pensées sont noyées dans d'incroyables divagations; les préceptes obligatoires sont entremêlés de paraboles et de légendes quelquefois merveilleuses, souvent de mauvais goût; le mosaïsme y est complétement défiguré et avili. Au

(1) SURENHUSIUS en a donné une traduction latine à Amsterdam, in-fol., 1698, sous le titre de : *Mischna, sive totius Hebræorum juris, rituum, antiquit., ac legum oralium systema,* etc. La Mischnah a été traduite en allemand par RABE. 3 vol. in-4, 1760-1763. Je n'en connais pas de traduction française.

20.

douzième siècle, un rabbin espagnol, appelé Moïse Maimonide et surnommé l'Aigle de la synagogue, fit un abrégé du Thalmud sous le titre de *Jad Chazaka*. Le but de cet homme, d'une intelligence vraiment supérieure, était de diriger les Juifs vers une interprétation moins étroite et moins servile du Torah, et de ramener la doctrine judaïque au mosaïsme primitif. Cet essai fut alors infructueux, et malheureusement il est encore aujourd'hui à réaliser. Car si le sanhédrin convoqué à Paris en 1807, par Napoléon, s'est montré animé des inspirations de l'Aigle de la synagogue, il s'en faut de beaucoup que ce même esprit circule parmi tous les rabbins, et surtout dans les populations israélites. C'est ce qui fait que chez différents peuples de l'Europe les Juifs sont encore sous le coup d'une excommunication civile et politique, partielle ou complète. Les États-Unis de l'Amérique et les Pays-Bas ont accordé aux Juifs l'égalité devant la loi; mais il n'en est pas de même de l'Angleterre, de la Russie et de plusieurs États de l'Allemagne [1]. La France, après les avoir longtemps traités d'une manière indigne d'elle [2], les a émancipés et élevés à la dignité de citoyens. Comme tels, ils sont, depuis la révolution de 1789, régis par les lois françaises civiles et politiques, qui n'établissent aucune différence entre eux et les autres Français. (Cela n'est absolument vrai que depuis 1818, époque à laquelle a cessé l'effet obligatoire du décret du 17 mars 1808, qui soumettait les Juifs de certaines parties

---

[1] Voy. *Revue étrangère*, II, p. 623 et 701.
[2] Depping, *Les Juifs dans le moyen âge*, Paris, 1834, in-8.

de la France à des dispositions exceptionnelles). La loi mosaïque n'étant plus pour eux qu'une règle religieuse, l'étude de cette loi ne peut plus offrir d'intérêt pratique pour le jurisconsulte. L'art. 26 de l'ordonnance royale du 10 août 1834 avait, il est vrai, maintenu dans nos possessions d'Afrique des tribunaux israélites, composés de rabbins et jugeant conformément à la loi judaïque; mais l'art. 32 de l'ordonnance du 28 février 1841 vient de les supprimer. Cependant quand on envisage l'influence que la Bible a exercée sur certaines parties de la législation des peuples de l'Europe, quand on considère le caractère original et fortement trempé de la loi mosaïque, on est amené à reconnaître que l'étude de l'histoire et de la philosophie du Droit doit nécessairement puiser à une source aussi riche et aussi intéressante. Dans plusieurs pays septentrionaux, par exemple, en Danemarck, on place encore expressément la loi mosaïque parmi les sources du Droit. En Allemagne, on observe les chapitres 18 et 20 du Lévitique en ce qui concerne les empêchements de mariage, etc. Ce sont les vestiges et les restes d'une vieille théorie du moyen âge suivant laquelle la loi de Moïse, étant la loi de Dieu même, était réputée former un Droit obligatoire pour tous les peuples. Cette idée d'un Droit divin universel, basé sur la Bible, a soulevé jadis d'ardentes discussions. Mais c'était une dispute de théologie plutôt que de jurisprudence, et qui n'était possible que parce que l'on fermait les yeux à la judicieuse distinction faite, dès le treizième siècle, par saint Thomas d'Aquin. Ce père de l'Eglise avait dit avec raison qu'il n'y avait d'universellement obligatoires, parmi les préceptes de Moïse, que ceux qui concernaient la morale, mais qu'il fallait restreindre aux Israélites l'effet des lois relatives au culte et à l'administration politique du peuple hébreu. Ramenée sur le terrain du Droit, cette controverse n'est pas sérieusement soutenable, et Grotius a fermé pour toujours la discussion (¹).

2° Législation grecque.

— 147 —

Les lois qui ont régi la Grèce antique portent l'empreinte du caractère vivement tranché des peuplades qui l'habitaient : aussi cette étude, pleine d'attraits pour chacun, présente surtout de l'utilité au jurisconsulte et au publiciste (²). Sous la période byzantine,

---

(¹) Cependant les Allemands traitent encore la question : Voyez NITZSCH, *Neuer Versuch über die Ungültigkeit des mosaischen Gesetzes*, etc. Wittenberg, 1800. — BIALLOBLOTZKY, *De mosaicarum legum vi et auctoritate.* Gœttingue, 1824.

(²) Sur les lois que Minos donna aux Crétois environ vers le quinzième siècle avant Jésus-Christ, voyez l'*Histoire de la législation*, par M. DE PASTORET, V, p. 63-196.

Sur celles que Lycurgue donna aux Lacédémoniens vers le milieu du neuvième siècle, voyez *ibid.*, V, p. 197-516, et VI, p. 1-102.

Sur celles que donnèrent aux Athéniens Dracon en 624 et Solon en 594 avant Jésus-Christ, voy. *ibid.*, VI, p. 103-528, VII, et, en général, sur le droit attique, Cf. MEURSIUS, *Themis attica.* Trèves, 1685. — SAMUEL PETIT, *Leges atticæ et commentarius.* Paris, 1634.—HERALDUS, *Observ. ad jus atticum*, etc. Paris, 1650. — HEFFTER, *Die athenaische Gerichtsverfassung.* Cologne, 1822. —MEYER et SCHOEMANN, *Der attische Process.* Halle, 1824.—PLATNER, *Der Process. und die Klagen bei den Attikern.* Darmstadt, 1824.

Sur les lois que Zaleucus donna aux Locriens et Charondas aux

cette vieille législation, qui avait suivi les métamorphoses politiques et sociales de la Grèce elle-même, était complétement et depuis longtemps remplacée par le Droit romain. Mais la langue latine, dans laquelle Justinien avait fait rédiger et publier ses compilations, n'était pas celle de Constantinople : déjà avant cet empereur, le grec était la langue officielle dont on se servait dans la rédaction des constitutions impériales et même dans l'enseignement public du Droit [1]. Aussi les recueils du Droit romain furent-ils de bonne heure, et malgré la défense de Justinien, traduits et commentés en idiome grec. Outre les altérations de texte, provenant de ces traductions, il avait été apporté des modifications à la législation de Justinien par ses successeurs byzantins, de sorte qu'il y avait urgence de la refondre et de la publier dans la langue usuelle du Bas-Empire. Vers l'an-

Thuriens et Cataniens, voyez l'*Histoire de la législation*, par M. DE PASTORET, X, p. 303-402.

[1] Témoin la Paraphrase de Théophile, c'est-à-dire le manuel des leçons grecques que ce professeur fit à Constantinople sur les Institutes de Justinien, dont il fut un des rédacteurs. Ce commentaire est du plus haut intérêt pour l'étude du Droit romain, puisque Théophile a été à même de compulser les livres originaux que nous ne possédons plus. C'est VIGLIUS DE ZUICHEM qui le premier, à Bâle en 1534, mit au jour ce précieux ouvrage, avec une traduction latine de JACQUES CURTIUS. FABROT en fit une réédition à Paris, d'abord en 1638, puis en 1657 ; il épura le texte et améliora la traduction de CURTIUS. La meilleure édition est celle qu'en 1751 OTTON REITZ a donnée en 2 vol. in-4°, avec traduction latine, variantes, notes et additions. En 1836, M. RHALLIS, président de la cour d'appel d'Athènes, a donné une nouvelle édition de la Paraphrase de Théophile. Voy., sur Théophile et sa paraphrase, la *Notice sur Fabrot*, par M. GIRAUD, p. 63.

née 740, Léon l'Isaurien et Constantin Copronyme avaient, dans ce but, donné force de loi à un petit recueil de lois désigné sous le nom d'Ἐκλογὴ [1]. En 876, Basile le Macédonien fit rédiger en langue grecque et diviser en quarante titres, des institutes de Droit gréco-romain (ὁ πρόχειρος νόμος), et les promulgua en attendant qu'une commission qu'il avait nommée pour la refonte générale de la législation eût achevé son travail [2]. Cet empereur étant mort avant l'achèvement de ce travail, son fils Léon le Philosophe, le continua et le publia vers l'an 890. Ce monument de législation fut appelé τὰ βασιλικὰ, soit du nom de Basile qui l'avait entrepris, soit parce qu'il était surtout composé de constitutions impériales (βασιλικὰς διατάξεις). Vers l'an 945, Constantin Porphyrogénète ordonna une nouvelle révision du Code de Léon. C'est ce travail, connu sous le titre de ἀνακάθαρσις τῶν βασιλικῶν (*Basilica repetitæ prælectionis*), qui nous est parvenu en partie et qui circule dans le monde scientifique sous le nom de Basiliques [3]. Il

[1] Voy. la préface de l'ouvrage cité à la note suivante. L'Ἐκλογὴ n'a pas encore été imprimé, pas plus que l'Ἐπαναγωγὴ de Basile, Léon et Alexandre. Voy., sur d'autres petits recueils de lois grecques faits par des empereurs byzantins et restés en manuscrits, les recherches de M. Witte, dans les t. II et III du *Rheinisches Museum*. Voy. aussi l'histoire du Droit bysantin de M. Mortreuil. 1844, 2 vol. in-8.

[2] Zachariæ, *Impp. Basilii, Constantini et Leonis prochiron*. Heidelb. 1837. Les conjectures de cet auteur renversent les idées généralement reçues sur les travaux de codification qui, dans le Bas-Empire, ont précédé la collection actuelle des Basiliques.

[3] Fabrot en a donné une édition à Paris en 1647, 7 vol. in-fol., avec une traduction latine en regard. Reitz y ajouta quatre

est divisé en six parties et en soixantes livres, d'où vient que les auteurs grecs l'appellent indifféremment, Ἑξάϐιϐλος ou Ἑξηκοντάϐιϐλος. Mais nous n'en possédons que trente-six livres complets, sept incomplets, et des dix-sept autres nous n'avons qu'un abrégé, que l'opinion commune attribue à Romanus Lecapène le jeune. M. Witte, de Breslau, a édité complétement pour la première fois en 1826, le titre *De diversis regulis juris.*

Le texte des Basiliques est accompagné d'une espèce de gloses que l'on appelle *scholies* et que l'on attribue à des jurisconsultes byzantins, à partir du douzième siècle (¹). Les Basiliques sont, sous le rapport de la forme, supérieures aux compilations de Justinien, dont elles ne sont, pour le fond, qu'une reproduction modifiée et quelquefois augmentée par des extraits des jurisconsultes grecs, des livres éparchiques et des constitutions des successeurs de Justinien. Aussi sont-elles, pour l'étude du Droit ro-

livres, qu'il publia sous le titre de *Operis Basilici Fabrotiani supplementum.* Liége, 1765. On les trouve dans le 5ᵉ vol. du *Trésor de* MEERMANN.

Depuis 1833, MM. HEIMBACH publient à Leipsic la traduction latine des Basiliques avec le texte grec collationné sur de nouveaux manuscrits. Voy., sur les Basiliques, SUAREZ, *Notitia Basilicorum,* édit. de POHL. Leips. 1804. — HEIMBACH, *De Basilicorum origine, fontibus, scholiis atque nova editione adornanda.* Leips. 1825. — Les articles de MM. BIENER, BERRIAT SAINT-PRIX et LONGUEVILLE dans la *Thémis,* VII, p. 165; IX, p. 321; X, p. 161 et 172, et celui de M. GIRAUD dans la *Revue de législation,* III, p. 48 et 137.

(¹) Sur ces scholies, voy. l'excursus XX de REITZ, dans son *Théophile,* et le cap. IV de HEIMBACH, *loc. cit.*

main, d'une importance majeure, et c'est avec leur secours que Cujas, Leconte et d'autres jurisconsultes ont rendu des services signalés à la critique du Droit romain (¹).

Ce recueil des Basiliques, dont l'autorité remplaça dans le Bas-Empire celle des compilations de Justinien, fut suivi d'un grand nombre de constitutions des empereurs byzantins, parmi lesquelles sont parvenues jusqu'à nous celles que Léon promulgua de 887 à 893. C'est Scrimger qui le premier en édita le texte grec à Paris, en 1558, et c'est Agylœus qui, en 1560, les traduisit en latin. Elles ont été recueillies dans le *Jus orientale* de Bonnefoi (*Bonefidius*), Paris, 1573, et dans le *Jus grœco-romanum* de Lœwenklau, Francfort, 1596. On les trouve aussi dans les additions du *Corpus juris civilis*, dans certaines éditions.

Au quatorzième siècle, le jurisconsulte Constantin Harménopule († 1382), rédigea à Constantinople, sous le titre de πρόχειρον τῶν νόμων, un abrégé ou manuel de Droit gréco-romain, qui, à cette époque de décadence, obtint une immense faveur et devint la base de la jurisprudence byzantine. On l'appelle

---

(¹) Pour comparer plus commodément les textes de la compilation de Justinien avec ceux des Basiliques, servez-vous du *Manuale Basilicorum* que HAUBOLD a publié à Leipsic en 1819, ou des éditions du *Corpus juris civilis* de BECK et des frères KRIEGEL, dans lesquelles on trouve une conférence des textes de Justinien avec ceux des Basiliques. En 1575, LOEWENKLAU (*Leunclavius*) a publié, et plus tard, en 1606, LABBÉ a revu et augmenté la *Synopsis* ou *Ecloga Basilicorum*, qui date du dixième siècle et qui n'est qu'une table développée des matières contenues dans les Basiliques.

aussi *Promptuarium Harmenopuli*. Adamæus en a donné la première édition à Paris, en 1540. La meilleure, accompagnée d'une traduction latine et de savantes remarques, est due à Otton Reitz (1780). On la trouve dans le *Trésor* de Meermann. Lorsqu'en 1453 Constantinople tomba sous le joug ottoman, les conquérants, par une adroite politique, permirent aux Grecs de conserver leur ancienne législation (¹). Après des siècles d'esclavage, la Grèce s'est enfin redressée et forme actuellement, sous le gouvernement du roi Othon, un pays libre et indépendant, dont l'organisation administrative et judiciaire repose sur des bases modernes (²). L'ancien Droit byzantin forme le fond de la législation; mais celle-ci a été revue et améliorée: outre un grand nombre d'ordonnances spéciales, le pays a été doté en 1834 d'un Code de procédure civile et d'instruction criminelle; en 1835, d'un Code pénal, et, en 1837, d'un Code de commerce copié, avec quelques variantes, sur le nôtre (³). Quant au Droit civil, l'article 1ᵉʳ d'une ordonnance du 23 février 1835 porte : « Les lois civiles des empereurs byzan-- « tins contenues dans le Manuel d'Harménopule « conserveront leur vigueur jusqu'à la promulga-

---

(¹) Voyez, dans la *Thémis*, I, p. 201, un article de M. CLONARÈS.

(²) Voy., sur cette organisation, l'article de M. FŒLIX dans la *Revue étrangère*, I, p. 415, et une lettre de M. CRÉMIEUX, dans le *Moniteur* du mois de novembre 1840.

(³) Voy. l'article de M. ZACHARIÆ dans la *Revue étrangère*, VII, p. 288.

« tion du Code civil dont nous avons ordonné la
« rédaction (¹). »

3° Législation russe (²).

— 148 —

Le premier recueil de lois russes que nous connaissions est celui qu'au onzième siècle le grand-duc
Jaroslaf donna aux Novgorodiens, sous le titre de
Rousskaïa Pravda ou *Pravda Slavian*, c'est-à-dire
Droit russe ou slavon. En 1497, Ivan III Vasilievitsch
publia un Code plus étendu, l'*Oulojénié Zakonnoff*,
qu'en 1554 Ivan IV Vasilievitsch augmenta et promulgua sous le titre de *Soudebnick*. Mais ces différentes lois, presque toutes tombées en désuétude, n'appartiennent plus qu'au domaine de l'histoire, et la
législation actuelle de la Russie ne remonte qu'au
Code *Sbornoïe Oulojénié Zakonnoff*, publié en 1649
par Alexis Mikhalovitsch, père de Pierre le Grand.
L'édifice de la législation russe a été construit avec
des matériaux complétement indigènes; elle n'a
rien emprunté au Droit romain, ce type universel
des législations européennes : aussi le Droit russe
offre une physionomie spéciale. Arrivé à un assez
large développement, il ne reposait cependant que
sur des lois fortuites, partielles, sans liaison et sans

(¹) Sur la loi hypothécaire de la Grèce du 11 août 1836, voyez la
Revue étrangère, IV, p. 139 et 264.

(²) Voy. *Précis sur la formation des lois russes*. Saint-Pétersbourg, 1833.— *Coup d'œil sur la législation russe*, par M. Tolstoy. Paris, 1840, et l'introduction historique en tête de la traduction du Code civil russe, par M. Foucher.

harmonie entre elles. C'était un grave inconvénient auquel Pierre le Grand avait déjà voulu remédier. C'est lui qui le premier institua cette fameuse *Commission des lois*, réorganisée dix fois par ses successeurs, tous préoccupés du désir de doter la Russie d'un corps de lois claires et uniformes. Catherine II (1762-1796) avait imprimé une nouvelle énergie au travail de la codification; tout le monde connaît la célèbre instruction qu'elle donna à cette commission des lois. Il était réservé à l'empereur actuel de terminer cet important travail, qui a paru sous le titre de: *Digeste de l'empire russe, rédigé par ordre de l'empereur Nicolas Pavlovitsch*, et qui consiste:

1° En une collection chronologique de tous les actes, en vigueur ou abrogés, émanés du pouvoir législatif depuis le Code de 1649. Elle s'appelle *Sobranie* et a été publiée officiellement en 1830, en 56 vol. in-4°. Tous les ans on y ajoute un supplément; cette collection ressemble beaucoup à notre Bulletin des lois.

2° En une coordination méthodique et éclectique appelée *Svod*, composée de huit Codes, rédigés sous la direction de M. de Spéransky, et qui sont entrés en vigueur le 1er janvier 1835 [1]. Une *repetita præ-*

---

[1] Voy. l'article de M. Tuis, dans la *Revue étrangère*, II, p. 385 et 513, et VIII, p. 499 et 583. — Sur le Code militaire russe exécutoire depuis le 1er janvier 1840, voy. l'article de M. Tuis, *ibid.*, V, p. 126 et 191, et un article du même, p. 1, sur la coordination des lois provinciales de l'empire de Russie.

Sur la législation polonaise, voy. l'article de M. Wolowsky, dans la *Revue de législation*, VIII, p. 81, et IX, p. 161. Voy. aussi : *Essai historique sur la législation polonaise, etc.*, par Lelewel, Paris, 1830.

lectio de ce *Svod*, due aux soins de M. le comte Bludow, a été promulguée par un ukase impérial du 4 (16) mars 1843. Elle contient 60,000 articles et remplit 15 volumes in-4° (¹).

4° Législation danoise (²).

— 149 —

En remontant dans les antiquités de cette législation, on rencontre des monuments de haute importance, surtout en ce qui concerne le Droit maritime, tels que les recez hanséatiques, la Compilation de Wisby, le Code maritime de Frédéric II en 1561, etc. La législation actuellement en vigueur dans le Danemark se compose du Code promulgué en 1683 par le roi Chrétien V, sous le titre de *Danske-Lov* (³), et des ordonnances supplémentaires, formant déjà au delà de 50 vol. in-4", et publiées depuis cette époque pour compléter et perfectionner la législation. Depuis 1832, le système représentatif a été introduit en Danemark (⁴).

Quant à l'Islande, qui fait partie intégrante du royaume de Danemark, le Code danois n'y a obtenu force obligatoire que sur certains points et d'une ma-

(¹) Voyez l'article de M. Foelix dans la *Revue étrangère*, t. X, p. 927.

(²) Voyez l'exposé de la législation et de l'organisation judiciaire du Danemark, par M. Paulsen, *Revue étrangère*, III, page 2.

(³) Hoyelsin en a donné une traduction latine en 1710.

(⁴) Voy., sur la charte de ce pays, l'article de M. Foelix, dan la *Revue étrangère*, I, p. 549.

nière exceptionnelle. Cette contrée continue à être régie par le vieux Code que le roi Éric II a promulgué en 1281 et que l'on appelle *Jons-Bog*, du nom de son rédacteur *Jon*. Pour interpréter le Jons-Bog, on remonte quelquefois à un recueil de lois plus ancien encore et connu sous le nom de *Gragas*. Il en a été publié une édition complète en 1828, 2 vol. in-4° (¹).

5° Législation suédoise et norwégienne.

— **150** —

Les anciens monuments de la première de ces législations sont de deux espèces : les Codes gothiques et les Codes suédois. Parmi les premiers, le plus ancien est le *Wäst-Götha-Lagh-Book*, rédigé antérieurement au dixième siècle, à une époque d'idolâtrie. Les manuscrits que l'on possède ne remontent qu'au treizième siècle. Loccenius en a donné une traduction latine à Upsal, en 1692. Le second Code gothique est le *Ost-Götha-Laghen*, rédigé aux douzième et treizième siècles. Il en a été publié des éditions à Stockholm en 1607 et 1655. Le troisième est le *Guta-Lagh*, dont Schildener a donné une traduction allemande en 1717, avec de savantes notes.

Parmi les Codes suédois, le plus ancien est l'*Up-landz-Laghen*, ou Lois d'Upland, rédigé au neuvième siècle, sous le règne d'Ingewald, par le grand

(¹) Voy. le compte rendu par **M. Pardessus**, dans le *Journal des savants*. 1831, p. 193.

justicier Viger, d'où vient que ce recueil prend quelquefois le titre de *Chapitres de Viger* (¹).

Les provinces gothiques et les provinces suédoises ayant été réunies sous la domination du même monarque, on s'occupa de donner aux unes et aux autres une législation uniforme. Ce projet conçu sous le règne de Magnus II, en 1347, ne fut exécuté qu'en 1442, sous le roi Christophe. On fondit les diverses lois de ces différentes provinces en un seul Code connu sous le titre de *Jus Christophorianum*. Il est divisé en deux parties : les lois provinciales, *Landz-Laghen*, et les lois des villes, *Stadtz-Laghen*. Ce Code fut revisé en 1608, par Charles IX, et en 1618, par Gustave-Adolphe.

Tel était l'état de la législation suédoise à l'avénement de Charles XI. Ce monarque, dans le but de la perfectionner, publia en 1667 un Code maritime encore en vigueur aujourd'hui, et institua une commission chargée de composer de nouveaux Codes civil et criminel. Achevé sous Charles XII, par les soins et sous la direction du comte Chronhielm, ces Codes furent publiés le 23 janvier 1736, par le roi Frédéric Ier, sous le titre de *Sweriges-Rikes Lag* (²). Aux Codes de Charles XI et de Frédéric, il faut joindre le Code de l'Eglise de 1686 et l'ordonnance sur la guerre de 1798 (³).

(¹) Loccenius en a fait une traduction latine, dont l'édition, enrichie de notes par le professeur Lund, a été publiée par Rudbeck en 1700.

(² Koenig en a donné une traduction latine. 1736, in-4°.

(³ Voy. l'exposé de l'administration publique, de la législation et de l'organisation judiciaire en Suède, par M. West, dans la *Re-*

Quant à la Norwège, elle eut aussi de très-anciennes lois, parmi lesquelles on remarque les *leges hœidcivenses*, le Code de Gulé, celui de Frosté, le Code Gragas, celui de Suénon et d'autres encore, tous revisés et corrigés par Magnus VII, surnommé *Lagabœter* (correcteur des lois.) Le Code qu'il publia en 1274 reçut le nom de *Gulaping* (¹), et acquit une telle réputation de sagesse, que Guillaume le Conquérant en emprunta plusieurs dispositions pour l'Angleterre. Les manuscrits de ce Code ayant été altérés à la longue, Chrétien III prit en 1557 des mesures pour y remédier. Ce travail fut achevé en 1604, sous le règne de Chrétien IV, et resta en vigueur jusqu'en 1687, époque à laquelle le Code danois de Chrétien V fut étendu à la Norwège sous le nom de *Norske-Lov*. C'est ce Code qui régit encore aujourd'hui cette province, car il a été expressément stipulé par l'art. 49 de la Constitution norwégienne du 4 novembre 1814, que la Suède, à laquelle la Norwège a été réunie en 1814 par le traité de Kiel, n'imposerait point ses lois à celle-ci, et que la Norwège continuerait à se gouverner par les lois existantes au moment de la réunion.

Un Code pénal a été promulgué en Norwège le 20 août 1842 (²).

rue étrangère, II, p. 330.—Sur l'ancienne et la nouvelle constitution politique de la Suède, voy. l'article de M. LINDBLAD, *ibid.*, III, p. 54. — Depuis que cet article a été écrit, la constitution suédoise a subi des modifications. *Revue étrangère*, VII, p. 1022.

(¹) En 1817, l'université de Copenhague a fait imprimer le *Gulaping* en trois textes : scandinave, danois et latin.

(²) Voyez l'article de M. MITTERMAÏER dans le *Kritische Zeitschrift*, t. XVI, p. 89.

6° Législation hollandaise.

— 151 —

Elle a subi des vicissitudes aussi nombreuses que les phases politiques par lesquelles la Hollande a passé pour arriver à son état actuel (¹). A la fin du siècle dernier, des tentatives furent faites pour remplacer par une législation uniforme les nombreux statuts locaux, édits, coutumes, lois municipales, etc., qui régissaient les Provinces-Unies. Vains efforts ! Mais cette unité législative que n'avaient pu créer ni la puissance de Charles-Quint, ni le despotisme de Philippe II, l'invasion française sut l'accomplir. Louis-Napoléon, ayant été fait roi de Hollande par son frère, reprit les travaux de codification. Il commença par approprier aux mœurs du peuple hollandais le Code civil français, qu'il promulgua le 24 février 1809, et qui, enlevant au Droit romain toute force obligatoire, abrogea en même temps les statuts et coutumes contraires au nouveau Code.

Déjà le 31 décembre 1808, ce même Louis-Napoléon avait promulgué un Code pénal (²), et il donnait une vive impulsion à ses travaux législatifs, lorsqu'en 1810 l'empereur réunit la Hollande à la France et en fit des départements français. Tous nos Codes y furent alors introduits, et, malgré la blessure faite à

(¹) Voyez, dans la *Revue étrangère*, VII, p. 981, un article de M. BERGSON, contenant une esquisse historique de la législation civile des provinces unies des Pays-Bas durant l'époque de la république.

(²) Voy., sur ce Code pénal, l'article inséré par un jurisconsulte hollandais dans la *Thémis*, IX, p. 201.

l'amour-propre national, ils y conservèrent force de loi même après qu'en 1814 cette contrée eut été détachée de la France. Cet état de choses a duré, sauf quelques modifications, jusqu'en 1838 (¹). Dans l'intervalle, de nombreux et infructueux essais furent tentés pour remplacer, par de nouveaux Codes nationaux, ceux que la France avait imposés à la Hollande (²). C'est le roi Guillaume qui vient d'accomplir cette œuvre et de réaliser le vœu national émis dans les lois fondamentales de 1814 et de 1815. Depuis le 1ᵉʳ octobre 1838, il a substitué à nos Codes ceux qui régissent aujourd'hui la Hollande et qui se composent :

1° D'un Code civil, calqué sur le Code civil français, mais avec de notables modifications et quelques améliorations (³) ;

2° D'un Code de procédure civile (⁴) ;

3° D'un Code de commerce, mis en harmonie avec le développement de l'industrie actuelle et le négoce d'un peuple essentiellement commerçant (⁵) ;

4° D'un Code d'instruction criminelle (⁶) ;

(¹) Voy., sur ces modifications, l'article de M. Donker-Curtius, dans la *Revue étrangère*, II, p. 366.

(²) Voy. l'article de M. Den-Tex, dans la *Revue étrangère*, I, p. 102.

(³) Voy. l'article de M. Blondeau, dans la *Thémis*, VI, p. 53 et 288, celui de M. Godefroi, dans la *Revue étrangère*, V, p. 905, et celui de M. Koenigswarter, *ibid.*, VI, p. 368.

(⁴) Voy. *Revue étrangère*, p. 430, l'article de M. Koenigswarter, et p. 641 et 902, celui de M. Godefroi.

(⁵) Voy. *Revue étrangère*, p. 498, l'article de M. Koenigswarter.

(⁶) Voy. *Revue étrangère*, V, p. 728 et 809, l'article de M. Godefroi.

Les Codes français ont ainsi perdu la force obligatoire dont ils jouissaient en Hollande, à l'exception
de notre Code pénal, qui, modifié en quelques points
par des lois spéciales [1], continue à être en vigueur,
en attendant celui que prépare le gouvernement hollandais, et dont le premier livre a été adopté par les
Etats-généraux dans leur session 1839-1840 [2]. Les
matières qui ne sont pas régies par les nouveaux Codes
le sont encore par les diverses lois rendues pendant
la domination française.

7° Législation allemande [3].

— 152 —

On appelle Droit germanique privé (*Deutsches Pri-
vatrecht*), l'ensemble des lois et coutumes d'origine
purement allemande, ainsi que les règles introduites
et développées par la nature propre des institutions
nationales. Ce Droit s'appelle endémique ou indigène
(*einheimisches*), et on l'oppose au Droit exotique (*re-
cipirtes Recht*), c'est-à-dire aux lois émanées d'un législateur étranger à l'Allemagne et qui y ont cependant été reçues et rendues obligatoires, comme, par

---

[1] Voy., sur ces modifications, l'article de M. KOENIGSWARTER,
Revue étrangère, IV, p. 340. Voy. aussi : *Exposé des changements opérés dans la législation pénale en Belgique depuis* 1814
jusqu'à ce jour, par D'HENRY. Gand, 1824.

[2] Voy. l'article de M. GODEFROI, dans la *Revue étrangère*, IX,
p. 953.

[3] Voy. l'article de M. FOELIX, dans la *Revue étrangère*, V,
p. 695. — Voy. surtout la traduction, par M. PELLAT, de l'*Encyclopédie de* FALCK, p. 287-378.

exemple, le Droit romain et le Droit canonique [1].

Les sources et monuments du Droit germanique sont : pour les temps primitifs, les lois des Barbares, les capitulaires et les formulaires ; pour le moyen âge, la jurisprudence des échevins (*Schöffenrecht*), le Miroir de Saxe (*Sachsenspiegel*), rédigé au treizième siècle par Eike de Repgow, le Miroir de Souabe (*Schwabenspiegel*), les constitutions impériales (*Kaiserrecht*), les lois provinciales (*Landrechte*), les statuts des villes (*Stadtrechte*), les monuments appelés *Weisthümer* et quelques autres de moindre importance ; pour les temps modernes, les lois de l'empire (*Reichsgesetze*), les ordonnances provinciales (*Landesordnungen*), les statuts des villes et les coutumes locales.

Malgré la chute de l'ancien empire germanique et la nouvelle organisation des États de l'Allemagne, le Droit germanique, qui a quelques traits de ressemblance avec le *common-law* de l'Angleterre, est resté en vigueur dans un grand nombre de ces États, et notamment dans les royaumes et duché de Saxe, dans les royaumes de Wurtemberg et de Hanovre, dans l'électorat de Hesse, dans le grand-duché du même nom, dans les duchés de Brunswick et de Nassau et dans les quatre villes libres. Mais plusieurs des États d'Allemagne ont progressé dans leur législation, et en la codifiant, ils ont plus ou moins modifié le Droit germanique. Ainsi :

En Bavière, un Code civil, œuvre du juriscon-

[1] Le Droit féodal des Lombards, en vigueur en Allemagne, rentre en grande partie dans le Droit endémique.

suite Kreitmaïer, a été promulgué le 2 janvier 1756; on le désigne ordinairement sous le nom de *Codex Maximilianeus;* il régit ce royaume à l'exception de la Bavière rhénane, où l'on suit les Codes français, introduits par la conquête française et restés en vigueur, mais avec des modifications qui augmentent de jour en jour. Les États viennent de prendre une résolution en vertu de laquelle Sa Majesté est suppliée de leur présenter des projets d'un Code civil, d'un Code pénal et d'un Code de commerce, et de faire prendre en considération, dans la rédaction de ces Codes, le système du débat oral et d'une publicité limitée [1].

En Prusse, le roi Frédéric-Guillaume II a publié, le 5 février 1794, sous le titre de . *Allgemeines Landrecht für die preussischen Staaten,* un Code général rédigé par Samuel Cocceji [2]. Il est à remarquer cependant que ce Code, au lieu d'abroger toutes les lois et coutumes générales ou locales sur les objets prévus et réglés par le Code même, a maintenu, au contraire, les lois, coutumes et statuts qui régissaient chaque province, et ne forme qu'un droit subsidiaire applicable dans le silence des coutumes et statuts. D'un autre côté, la force obligatoire de ce Code n'a pas été étendue à la Prusse rhénane, c'est-à-dire aux possessions prussiennes sur la rive gauche du Rhin et au duché de Berg, où sont encore en vigueur,

---

[1] *Revue étrangère,* t. X, p. 420.

[2] Ce Code a été traduit en français par ordre du gouvernement consulaire. Paris, an XI, 5 vol. in-8.

avec quelques modifications ([1]), les lois françaises introduites dans ces contrées pendant qu'elles étaient réunies à la France. Ce Code est également resté étranger à certaines possessions prussiennes sur la rive droite du Rhin, lesquelles sont régies par des coutumes locales différentes, qu'on s'occupe en ce moment de refondre en un seul Code applicable à ces territoires ([2]). M. de Savigny a été récemment nommé au ministère de la justice pour diriger les travaux législatifs. Quant à la principauté de Neufchâtel et au comté de Valengin, ils continuent d'être régis par leurs anciennes lois et coutumes.

En Autriche : Un Code pénal et d'instruction criminelle a été publié en 1803, et en 1815, il a été rendu exécutoire dans le royaume Lombardo-Vénitien ([3]). En 1811, un Code civil, œuvre de M. de Zeiller, jurisconsulte autrichien très-estimé, a été promulgué sous le titre de : *Allgemeines bürgerliches Gesetzbuch für die gesammten deutschen Erbländer der österreichischen Monarchie.* Ces deux Codes avaient été précédés du Code de procédure de l'empereur Joseph II, de 1781 (*Josephinische Gerichtsordnung*).

Grand-duché de Bade : En 1807, un édit constituant a rendu applicables dans toutes les parties du

____

([1]) Voyez-en quelques-unes dans la *Revue étrangère*, II, page 488.

([2]) Voy. l'article de M. FOELIX, *Revue étrangère*, IV, p. 421 et 850, et dans la *Revue de Droit français et étranger*, I, p. 43. — Voy. aussi *ibid.*, p. 81, un article de M. NYPPELS.

([3]) La traduction française se trouve dans la collection de M. FOUCHER.

duché *la Caroline* (C. C. C.) ou ordonnance criminelle de Charles-Quint, rédigée par le baron de
Schwarzenberg et publiée à la diète de Ratisbonne
en 1532. L'instruction criminelle a été régularisée
par des ordonnances spéciales. La première chambre
des États est saisie en ce moment de l'examen d'un
projet de Code pénal. En 1810, le Code Napoléon,
augmenté d'un certain nombre d'articles et suivi d'un
extrait du Code de commerce français, y a été introduit
comme Droit commun et continue d'y faire loi. Depuis 1818, le régime constitutionnel a été introduit
dans le grand-duché de Bade (¹), et le pouvoir législatif a fait un assez grand nombre de lois importantes.

8° Législation belge (²).

— 153 —

Les antiquités de cette législation offrent un sujet
d'étude fort intéressant, même pour les jurisconsultes français, car les origines de notre Droit sont en
grande partie les mêmes ³). La Belgique, après une
existence politique fort agitée, fut réunie à la Hollande en 1815, par suite du congrès de Vienne ; cette
réunion fut violemment rompue en 1830 par la ré-

(¹) Voy. l'histoire du régime constitutionnel dans le grand-duché de Bade, par M. WARNKOENIG, *Revue étrangère*, V, p. 401 et
418.

(²) Voy. l'article de M. BIRNBAUM, dans le *Kritische Zeitschrift*,
I, p. 138 et 199.

³) WARNKOENIG, *Recherches sur la législation belge au moyen
âge*. Gand, 1834. Et surtout le chap. 5 de sa *Flandrische Staats-
und Rechtsgeschichte*. Tubingue, 1835. Cette histoire a été traduite en français par M. GHELDOLF.

volution belge, c'est-à-dire quelques années avant que le roi Guillaume n'ait promulgué les Codes qui régissent aujourd'hui la Hollande. Aussi ces Codes n'ont-ils jamais été rendus exécutoires en Belgique; tous les Codes français qui y avaient été introduits durant la réunion de ce pays à la France, y sont encore en vigueur, sauf les modifications apportées, soit par le roi Guillaume, pendant la domination hollandaise, soit depuis par le roi Léopold [1]. Le gouvernement s'occupe de remplacer notre Code pénal : en 1834, un projet a été présenté aux chambres belges [2].

9° Législation anglaise [3].

— 151 —

Elle se divise en deux parties principales bien distinctes : la loi non écrite (*commun-law*) et la loi écrite (*statute-law*). La loi non écrite est ainsi appelée, non pas qu'elle soit purement orale, mais parce que, dans le principe, elle n'a pas été rédigée par écrit, comme le sont les statuts du parlement, et qu'elle tire sa force obligatoire d'un usage universel et immémorial. La *commun-law* a trois sources différentes :

1° Les coutumes générales, ou *commun-law* pro-

[1] Sur les modifications apportées en Belgique au Code civil français, voy. l'article de M. OULIF, dans la *Revue étrangère*, VII, p. 272 : et sur celles qu'a subies notre législation criminelle, voy. celui de M. BRITZ, *ibid.*, p. 728.

[2] Voy. l'examen de ce projet, par M. NIGON DE BERTY, *Revue étrangère*, II, p. 573.

[3] Cf. BLACKSTONE, *Commentary on the laws of England*, tra-

prement dite, qui règlent et dirigent les procédures
et les décisions dans les cours ordinaires de justice du
roi. Parmi les recueils de ces anciennes coutumes se
placent les travaux de Littleton, de Bracton, de Brit-
ton, etc. (¹), dont la connaissance ne laisse pas que
d'aider à l'intelligence de notre vieux Droit coutumier français (²). L'existence et la validité actuelles
de ces coutumes sont laissées à l'appréciation des juges dans les diverses cours de justice. Ceux-ci doivent
consulter l'opinion commune des jurisconsultes et
se régler sur les décisions précédentes des cours, à
moins que ces décisions ne soient tout à fait absurdes
ou injustes. On comprend combien est défectueuse
une législation qui a pour base principale la jurisprudence des arrêts et l'équité, qui joue un si grand
rôle dans l'administration de la justice anglaise par
l'existence des cours dites d'équité (³). Les sentences
judiciaires sont religieusement recueillies (*Books of
Report*) et deviennent les monuments les plus authentiques de la *commun-law.*

2° Les coutumes particulières, c'est-à-dire celles
qui régissent les habitants de districts particuliers ou

duction française par Chompré, avec des notes de Christian. Paris, 1822, 6 vol. in-8°, et M. Laya, *Droit anglais,* 2 vol. in-8°,
1845.

(¹) On trouve ces vieux monuments du Droit anglais dans le
Traité de Houard *sur les coutumes anglo-normandes.* Paris, 1776,
4 vol. in-4.

(²) Voy. l'ouvrage de Houard, intitulé : *Anciennes lois des
Français conservées dans les coutumes anglaises,* recueillies par
Littleton. Rouen, 1766, 2 vol. in-4°.

(³) Voy., sur la juridiction en Angleterre et aux États-Unis,
l'article de M. Foelix, *Revue étrangère,* IX, p. 199.

une classe particulière d'individus, tels que le fameux *Gavelkind* du comté de Kent, les bourgs anglais, la *lex mercatoria*, etc. Des villes, des bourgs, des manoirs, des seigneuries ont joui très-anciennement du privilége, confirmé par des actes du parlement, de conserver les coutumes qui leur étaient propres et de ne pas les laisser s'absorber dans la loi générale du royaume. Le plaideur qui allègue une coutume dont il invoque l'application, doit en prouver l'existence et l'étendue. On voit que l'Angleterre en est encore à ce système inextricable du Droit coutumier dont la France a eu le bonheur de se débarrasser.

3° Les lois particulières que l'usage a fait adopter, c'est-à-dire le Droit romain et le Droit canonique, dont l'application est permise sous diverses restrictions, dans les cours ecclésiastiques, dans les cours militaires, dans les cours d'amirauté et dans celles des deux universités.

Quant à la loi écrite du royaume, elle se compose des statuts, actes et édits émanés du roi, avec l'avis et le consentement des lords spirituels et temporels et des communes assemblés en parlement. Ces statuts sont généraux ou spéciaux, c'est-à-dire ils posent une règle universelle qui concerne la nation entière et que les cours de justice doivent appliquer d'office, ou bien ils n'ont en vue que des individus et des intérêts particuliers [1]. Depuis quelque temps, les Anglais, aussi obstinément attachés à leurs vieilles lois

---

[1] Sur les lois en vigueur dans les colonies et autres possessions anglaises, voy. l'article de M. Foelix, *Revue étrangère*, VI, p. 721.

que les Romains jadis et les Chinois, de nos jours,
sont entrés dans la voie des nombreuses et urgentes
réformes qu'exigent leur législation et surtout leur
organisation judiciaire.

10° Législation des États-Unis de l'Amérique du Nord [1].

— 155 —

Il n'y a pas de Code de lois civiles ou pénales obligatoire pour tous les États particuliers qui composent
l'Union américaine : chacun de ces États est indépendant et souverain quant à sa législation intérieure, sauf l'effet des lois fédérales. Cette législation
se compose des quatre éléments suivants :

1° La loi non écrite ou coutumière (*unwritten-
law*, *customary-law*), qui se compose de certaines
parties de la loi commune d'Angleterre introduites
pendant la domination anglaise;

2° Les statuts (*statute-laws*), par lesquels chacun
des États, en vertu de la puissance législative qui lui
appartient, modifie ou complète la loi non écrite.
Dans la Louisiane, qui a appartenu successivement
à l'Espagne et à la France, on observe, comme Droit
subsidiaire, le Droit romain et la Coutume de Paris [2];

3° Les actes émanés du congrès en vertu du pou-

[1] Sur l'organisation et la juridiction des cours de justice dans
ce pays, voy. la *Revue étrangère*, III, p. 65, et le Commentaire
sur la constitution des États-Unis traduit du Commentaire de
Story, traduit et augmenté de notes sur la jurisprudence et l'organisation judiciaire, par M. Paul Odent, 2 vol. in-8. 1845.

[2] C'est pour cet État de la Louisiane que feu Livingston a

voir législatif qui lui est attribué par la constitution de 1787 (¹).

4° Les collections des arrêts des cours d'Angleterre (*Books of Report*) et les traités de jurisprudence anglaise qui forment une espèce de Droit subsidiaire, sans force obligatoire, mais que les jurisconsultes américains sont autorisés à citer et à consulter comme raison écrite (*written reason*).

11° Législation espagnole (²).

— 156 —

Sous le rapport de sa législation, l'Espagne actuelle ressemble beaucoup à la France antérieure à 1789. C'est une agrégation de provinces réunies successivement au royaume de Castille, qui les a politiquement absorbées, mais en les laissant se gouverner d'après les lois et coutumes qui leur étaient propres. Ici règne la loi d'Aragon, là celle de Navarre, ailleurs celle de Biscaye, plus loin celle de Catalogne, et ainsi dans tout le royaume. Le plus ancien monument de la législation espagnole est le Code visigoth *Fuero Juzgo* ou *Forum Judicum*, dont il a été question au § 71. L'autorité de cette loi générale fut dé-

préparé son projet d'un système complet de Droit pénal. Voy. l'article de M. FAUSTIN HÉLIE, *Revue étrangère*, II, p. 208 et 687.

(¹) Une collection de ces actes, depuis 1789 jusqu'en 1815 a été publiée à Washington, en vertu d'un acte spécial du congrès, par COLVIN, 5 vol. in-8. On continue ce recueil.

(²) Sur l'origine et les progrès de cette législation, voy. l'article de M. TÉJADA, *Revue étrangère*, V, p. 502. — Voy. aussi un article de M. LABOULAYE, dans la *Revue de législation et de jurisprudence*, XVII, p. 1.

truite en partie durant la lutte de sept cents ans que l'Espagne soutint contre les Sarrazins. C'est de là que datent cette multitude de statuts locaux (*fueros*), d'institutions spéciales et de priviléges provinciaux qui subsistent encore aujourd'hui et qui altèrent si profondément les rapports civils de la société espagnole. L'autorité du *Fuero Juzgo* fut expressément abrogée par le fameux Code qu'Alphonse le Sage fit rédiger au treizième siècle, et qu'Alphonse XI promulgua au quatorzième, sous le titre de *Las Siete Partidas*. Ce monument, le plus complet de la législation espagnole, est, dit-on, remarquable autant par la précision et l'élégance du style que par l'ordre méthodique qui règne dans la disposition des matières. En 1348, ce même roi Alphonse XI fit, avec le concours des cortès assemblées dans la ville d'Alcala, *l'Ordenamiento de Alcala*, dont le but et le résultat étaient de favoriser les lois et les coutumes locales, le *Siete Partidas* ne forma plus qu'un Droit commun qu'il ne fallait appliquer que dans le silence de l'*Ordenamiento*. A son tour, Charles-Quint publia, en 1567, un recueil législatif sous le titre de *Recopilacion de las leyes de Espana*. Par un décret du 14 juillet 1805, le roi Charles y substitua, sous le titre de *Novissima recopilacion de las leyes de Espana*, un recueil qui est encore aujourd'hui en vigueur dans toute la monarchie (¹). Cependant il contient une multitude de lois inconciliables et inapplicables dans l'état actuel de la société. Les unes sont

______

(¹) Il en a été donné une édition à Paris en 1832, 4 vol. in-4°.

devenues entièrement inutiles, parce que les institutions civiles, politiques et religieuses auxquelles elles répondaient ont disparu ; les autres ont été expressément abrogées par des dispositions postérieures, qui sont extrêmement nombreuses (¹). Aussi la législation espagnole est-elle un chaos plein de difficultés pour le jurisconsulte, d'embarras pour le juge et de dangers pour le justiciable ; et le gouvernement songe à une révision complète des lois civiles et pénales. Déjà, le 30 mai 1829, on a publié un Code de commerce calqué sur le nôtre, mais introductif de nombreuses améliorations (²), et le 24 juillet 1830, a paru la loi de procédure commerciale (³). Quant au Droit public, la tourmente révolutionnaire qui agite ce pays depuis quelques années a déjà produit de notables modifications, et en amènera sans doute de plus grandes encore.

Le fond de la législation portugaise est le même que celui de la législation espagnole. Le Portugal s'occupe aussi d'améliorer ses lois : le 18 septembre 1833, il a été promulgué un excellent Code de commerce, rédigé en dix-huit cent soixante articles par José Ferreira Borges.

(¹) Les décrets de Ferdinand VII, depuis sa restauration en 1814 jusqu'à son décès en 1833, remplissent à eux seuls plus de 24 vol. in-4°.

(²) Voy. l'article de M. PARDESSUS, *Revue étrangère*, I, p. 281.

(³) Voy. la traduction de ces deux lois commerciales dans la collection de M. FOUCHER.

12° Législation italienne.

— 157 —

Royaume des Deux-Siciles (¹). Les événements de 1815 ont fait de la Sicile et du pays de Naples un seul et même royaume. Antérieurement, ces territoires étaient régis, l'île de Sicile, par ses anciennes lois nationales (²), et le royaume de Naples, par les Codes français que le roi Joachim Murat y avait introduits en 1809. Cet état de choses dura jusqu'en 1819 : à cette époque, Ferdinand, souverain du nouvel État créé sous le nom de royaume des Deux-Siciles, enleva à la Sicile proprement dite son antique nationalité, et soumit cette île, comme le pays napolitain, à l'autorité du Code général qu'il promulgua sous le titre de *Codice per lo regno delle due Sicilie*. Ce Code, actuellement en vigueur, est divisé en cinq parties, comprenant :

1° Les lois civiles, calquées, avec de légères variantes, sur le Code Napoléon (³). Le Droit canonique forme un droit subsidiaire.

2° Les lois pénales, qui se rapprochent du Code

(¹) Voy. l'article de M. Jérémie Mazza, dans la *Revue étrangère*, III, p. 355, et celui de M. Foucher, *ibid.*, I, p. 705. — Sur les institutions et l'organisation politique du royaume des Deux-Siciles, voyez l'article de M. Angelot, *Revue étrangère*, III, p. 903.

(²) Sur la législation de l'ancienne Sicile avant et pendant la domination romaine, voy. l'*Histoire de la législation*, par M. Pastoret, XI, p. 1-253.

(³) Voy. un article incomplet de M. Romanazzi, dans la *Thémis*, II, p. 5.

pénal français en plusieurs points, mais qui s'en éloignent beaucoup en plusieurs autres. Il y règne une plus grande douceur que dans notre législation criminelle, et déjà le Code napolitain contient les améliorations que l'on n'a réalisées en France que par la loi du 28 avril 1832 (¹).

3° Les lois de procédure civile, qui ont été copiées presque littéralement dans le Code de procédure français.

4° Les lois d'instruction criminelle, qui, de même que les lois pénales, ont subi de graves modifications.

5° Les lois d'exception pour les affaires commerciales, empruntées en très-grande partie à notre Code de commerce français (²).

Toscane. La législation qui régit le grand-duché de ce nom est complétement à refondre. Plusieurs tentatives ont été faites dans ce but: des commissions ont été nommées à diverses époques, mais leurs travaux n'ont abouti qu'à des résultats fort incomplets (³). L'état actuel de cette législation est le suivant:

On y suit toutes les vieilles lois émanées des Médicis et des ducs de Lorraine, et qui n'ont pas été abrogées par une loi nouvelle. Le Droit romain régit les

---

(¹) Voy., sur les lois pénales du royaume des Deux-Siciles, l'article de M. ANCELOT, *Revue étrangère*, III, p. 796 et 835. — Les Italiens cultivent avec succès la science du Droit criminel. V. l'article de M. MITTERMAIER, *ibid.*, V, p. 881, et VI, p. 346.

(²) Voy. l'article de M. CAPÉI, *Revue étrangère*, I, p. 87 et 215.

(³) Voy. un précis historique de la réforme de la législation ci-

cas non prévus par une loi expresse ; on suit le Droit canonique dans les matières religieuses et matrimoniales. De tout le Code Napoléon, qui avait été promulgué dans ce duché en 1808, il ne reste plus en vigueur que le titre XVIII, relatif aux priviléges et hypothèques. On a provisoirement adopté le Code de commerce français pour régir les affaires commerciales.

Quant à l'organisation judiciaire et à l'instruction criminelle, elles viennent d'être réglées, ainsi que la compétence et les attributions des tribunaux, par un *motu proprio* du grand-duc, en date du 11 novembre 1838 (¹).

Royaume de Sardaigne. Les États continentaux du royaume actuel de Sardaigne formaient, sous la domination française, dix départements, dans lesquels on avait introduit nos institutions, notre organisation administrative et nos Codes. Tout cela y fut, en 1814, radicalement renversé, et Victor Emmanuel, pour effacer les traces de la conquête française, restaura complétement et brusquement tout le système antérieur. Il remit en vigueur dans ses États de terre ferme le Code de constitutions (*Codice Vittoriano*), publié en 1723 par Victor-Amédée II, et modifié en 1770 par son fils Charles-Emmanuel III. Le duché de Gênes, rattaché au royaume de Sardaigne par le congrès de Vienne, fut réorganisé et régi par une nouvelle législation contenue

vile en Toscane, par M. NANNINI, *Revue étrangère*, III, p. 204.

(¹) Voy., sur cette organisation, l'article de M. ANGELOT, *Revue étrangère*, VI, p. 481 et 605.

dans un règlement donné à Turin le 13 mai 1815 : *Il regolamento di S. M. per le materie civili e criminali nel ducato di Genova.* La Savoie revint à ses *statuta Sabaudiæ,* qui dataient du quatorzième siècle, et l'île de Sardaigne, que les armes françaises avaient négligée, continua à se régir par son antique législation, mélange de Droit romain et de lois enfantées par la domination espagnole.

Ce retour de la Sardaigne à son ancien état de choses pouvait être bon comme manifestation politique, mais c'était un pas rétrograde dans la civilisation. Le gouvernement sarde l'a compris, et l'on travaille à la révision de la législation. Le 1er janvier 1838, un nouveau Code civil a été promulgué dans tous les États sardes (¹); un Code pénal a été rendu exécutoire le 26 octobre 1839 (²), et un Code de commerce, promulgué par ordonnance royale du 30 décembre 1842, sera exécutoire à partir du 1er juillet 1843 (³).

République de Saint-Marin. Elle est régie par ses propres statuts et forme comme le type de l'autonomie communale du moyen âge.

États pontificaux (⁴). Le Droit canonique a dû né-

____

(¹) Voy. l'appréciation de ce Code faite par M. le premier président PORTALIS, dans le Code civil de Sardaigne, 2 vol. in-8, 1844.

(²) Voy. l'article de M. ORTOLAN, dans la *Revue étrangère,* VII, p. 380 et 476.

(³) Voy. l'article de M. BERGSON, dans la *Revue étrangère,* t. X, p. 371, et sur la législation sarde en général, voy. l'article de M. MANNS, dans la *Revue de Droit français et étranger,* I, p. 365.

(⁴) Sur l'organisation administrative et judiciaire des États pontificaux, voy. *Revue étrangère,* I, p. 586 et 679.

cessairement y prévaloir sur le Droit civil. En outre, on y rencontre un grand nombre de statuts particuliers, spéciaux à des villes et même à de simples villages des Etats du saint-siége. Une grande réforme de la législation avait été entreprise en 1816 par le pape Pie VII et par son ministre, le cardinal Gonsalvi, homme d'un esprit éminent. Mais la mort de l'un et de l'autre a laissé inachevée cette œuvre, dont le but principal était d'arriver à l'unité et à l'uniformité. Depuis, quelques changements ont été introduits; mais il est douteux, dit-on, qu'ils constituent des améliorations. Le 1ᵉʳ juillet 1821 a été promulgué le *Regolamento provisorio di commercio*, contenant six cent huit articles; en 1823, un Code pénal: *Regolamento sui delitti et sulle pene* (¹), et en 1834, un Code de procédure civile (²). Le gouvernement a fait préparer un projet de Code militaire, qui a été publié le 1ᵉʳ avril 1842, sous le titre de *Regolamento di giustizia criminale e disciplina militare* (³).

13° Législation suisse.

— 158 —

Chacun des petits Etats dont la confédération forme la république helvétique étant souverain chez lui, les lois varient non-seulement de canton à canton, mais,

(¹) Voyez-en l'exposé par M. Mittermaier, dans le *Kritische Zeitschrift*, VI, p. 80.

(²) Voyez-en le compte-rendu, par M. Arndts, *Kritische Zeitschrift*, IX, p. 77.

(³) Voyez-en le compte-rendu par M. Giuliani dans le *Kritische Zeitschrift*, XV, p. 274.

même en certains cantons, de district à district. Il y a des cantons dans lesquels les lois ne sont que ma-- nuscrites et modifiées par des coutumes qui n'ont jamais été rédigées par écrit. Le Droit pénal y est généralement déplorable (1); mais on travaille à l'amélioration de la législation de ces cantons, et l'on élabore en ce moment, dans la plupart d'entre eux, des projets de Codes civil, de procédure, de commerce, etc. (2). Il n'y a lieu d'arrêter son attention jusqu'ici que sur le Code d'instruction criminelle décrété en 1836 pour le canton de Vaud (3); le Code de procédure civile du canton de Genève, et auquel a beaucoup contribué feu le professeur Bellot (4), et enfin le Code d'instruction criminelle du même canton (5).

14° Législation ottomane (6).

— 159 —

Elle se partage en deux grandes divisions : la loi théocratique, nommée *Schéry*, et la loi politique appelée *Kanoun*. Le *Schéry* résulte des quatre sources suivantes, consacrées par la religion :

(1) Voy. un article de M. VAN MUYDEN, dans la *Revue étrangère*, II, p. 78.

(2) Voy. *ibid.*, V, p. 238 et *passim*.

(3) Article de M. VAN MUYDEN, *ibid.*, III, p. 817.

(4) Article de M. WEST, *ibid.*, IV, p. 551.

(5) Article de M. TAILLANDIER, *ibid.*, V, p. 571.

(6) Cf. DE HAMMER, *Des osmanischen Reichs Staatsverfassung und Staatsverwaltung*, etc., 2 vol. in-8. Vienne 1815. Il y a une traduction française. — MOURADGEA D'OHSSON, *Tableau général de l'empire ottoman*, 7 vol. Le premier a paru en 1787, le dernier en 1824.

1° Le *Koran* , ou recueil des préceptes dictés par Dieu même à son prophète Mahomet. Les sectateurs de cet homme plein d'adresse et de génie croient que ce livre est extrait du grand livre des décrets divins, et qu'il est descendu du ciel feuillet par feuillet. Mahomet prétendit en effet que l'ange Gabriel, pendant vingt-trois ans, les lui avait apportés les uns après les autres. Ce fut après la mort du prophète (✝ 633) que son successeur, le khalife Ebu-Békir, fit rassembler les feuillets épars du Koran, et en forma un livre qui fut solennellement déposé chez Hafza , la veuve de Mahomet. Les copies de copies se multiplièrent rapidement ; mais en même temps les altérations et les falsifications du texte devinrent si nombreuses, qu'en 652, le khalife Osman condamna au feu les copies apocryphes, ordonna de ne tenir pour authentiques que celles qui seraient tirées par lui sur l'original, et défendit de faire à l'avenir des commentaires dans un dialecte autre que le *koureïsch,* qui est celui du Koran (¹). Ce livre est pour les musulmans l'objet de la plus profonde vénération : ils ne doivent jamais le toucher sans être en état de pureté légale, sans le baiser et le porter au front avec respect. Le Koran contient des lois religieuses et des lois civiles : Mahomet a beaucoup emprunté à Moïse (*Journal des savants,* 1835, p. 162). A côté d'importantes lacunes, on trouve des dispositions plus ou moins précises, quelquefois complètes, sur la puissance paternelle, les tu-

(¹) SAVARY en a donné une traduction française. Paris 1783. M. GARCIN DE TASSY l'a rééditée avec des additions. Paris 1829, 3 vol. in-8.

telles, les successions, les testaments, les substitutions, les contrats, etc. (¹).

2° Le *Hadiss*, appelé aussi **Sunneth** ou recueil des lois émanées de Mahomet lui-même et non plus du Très-Haut qui l'avait envoyé. Ce recueil se compose des lois orales et des préceptes traditionnels du prophète, de ses faits et gestes, et enfin du silence qu'il a gardé sur certaines actions devenues par là même légitimes ou au moins indifférentes.

3° L'*Idschma-y-ummeth*, qui est l'ensemble des lois apostoliques, c'est-à-dire des explications, gloses et décisions des apôtres et des principaux disciples du prophète sur différentes matières théologiques, morales, civiles, criminelles, etc. Ces gloses jouissent d'une autorité égale à celle du Koran et du Hadiss.

4° Le *Kiass*, c'est-à-dire le recueil des décisions rendues par les interprètes sacrés depuis la mort de Mahomet jusqu'aux collections de *fetwa*. Les *fetwa* sont des avis et consultations donnés aux plaideurs par les *moufti* ou docteurs de la loi, qui jouent un rôle égal à celui des prudents à Rome. Ils forment un corps de deux cent dix jurisconsultes, dont les fonctions consistent à délivrer des *fetwa* à qui leur en demande. Ces avis sont écrits en idiome turc et rédigés par demandes et par réponses. Plusieurs moufti ont fait de ces décisions des recueils très-estimés, qui facilitent l'application de la loi.

(¹) Voy. l'ouvrage de PASTORET : *Zoroastre, Confucius et Mahomet.* — Adde : *Thémis*, III, p. 293 et 389.

Le *Kanounn* est la loi qui émane directement du souverain, investi du pouvoir absolu de régler, comme bon lui semble, ce qui ne l'a pas été par le *Schéry*. On appelle spécialement *Kanounn* les constitutions que publient les princes relativement à l'organisation judiciaire, à la discipline et au service des troupes, aux finances, etc. La collection de ces constitutions, toutes rédigées en idiome turc, portent le nom de *Kanounnaméh*. Le recueil le plus complet est celui qui fut fait sous le règne de Mahomet IV (1649-1687). Les Kanounn les plus remarquables ont été rendus par Soliman Ier, auquel l'histoire a décerné le titre d'*Al-Kanounni* (le législateur.) Ces constitutions impériales ont force de loi dans toutes les provinces de l'empire, excepté en Égypte, où il y a un Kanounn spécial, portant le nom de *Kanounn-missr* [1].

Ce pouvoir législatif de l'empereur s'appelle *ourf* (bon plaisir); il peut en user comme bon lui semble, pourvu qu'il ne le substitue pas à l'autorité du *Schéry*. Il peut maintenir ou abroger les dispositions du Kanounn et celles de l'*Aadeth*, c'est-à-dire du droit coutumier, que l'on applique dans tous les cas où le Schéry et le Kanounn sont muets. On croit retrouver dans cet Aadeth de nombreuses réminiscences de l'ancien Droit gréco-romain.

Tel est l'ensemble des sources de la législation ottomane. En 1824, le gouvernement de la Porte a

---

[1] Sur la législation de l'ancienne Égypte, voy. l'*Histoire de la législation*, de Pastoret, II.

publié une sorte de pandectes en deux volumes in-folio, sous le titre de *Multeka* (¹).

Il est bon de prendre une connaissance générale de cette législation, non-seulement parce qu'elle mérite de trouver place dans l'étude comparative des législations, mais encore parce que notre établissement en Afrique nous met en contact immédiat et journalier avec des population régies par la loi de Mahomet. Quelques changements ont été opérés par la conquête française dans la législation et l'administration de la justice en Afrique; mais nous avons, et avec raison, laissé debout les tribunaux indigènes (²), et nous n'obtiendrons la soumission de ces peuplades qu'à charge de respecter et de leur appliquer la loi fondée sur le Koran. Il nous importe donc de la connaître.

VIII. — Sciences politiques.

— **160** —

On paraît aujourd'hui généralement comprendre la nécessité ou, du moins, la haute utilité d'introduire les sciences politiques et administratives dans le cadre de l'enseignement supérieur de notre pays. Bien plus, cette branche d'instruction paraît devoir prendre place dans les écoles mêmes de Droit : car si le publiciste et l'administrateur doivent étudier la jurisprudence, il n'est pas moins nécessaire, dans l'état actuel des choses, que le jurisconsulte se familiarise

(¹) Sur le nouveau Code pénal turc, voy. la *Revue de législation*, XII, p. 65.

(²) Art. 31 et 37 de l'ordonnance royale du 26 septembre 1842 sur l'organisation de la justice en Algérie.

avec les sciences politiques ([1]). Sans doute le simple
légiste peut s'en passer : des connaissances d'un ordre aussi élevé n'ont rien à faire dans les questions de
gouttière ou de mur mitoyen. Le véritable jurisconsulte a une mission plus vaste : en France, plus que
partout ailleurs, il est appelé soit à discuter, soit à
diriger les affaires publiques. Il ne peut donc pas,
sous peine de faillir à sa vocation, rester étranger à la
connaissance des intérêts politiques et administratifs.
Dès lors il faut qu'outre les branches de la science
politique, dont l'étude a déjà été recommandée plus
haut, telles que le Droit constitutionnel, le Droit des
gens , l'histoire et la diplomatie , le jurisconsulte
prenne une notion exacte des deux branches suivantes :

1° *La statistique.* On appelle ainsi la connaissance raisonnée et coordonnée des faits, et qui a pour
objet d'apprécier la force , la richesse et la civilisation d'un État par le calcul des moyens de conservation, de prospérité et de grandeur que lui
offrent ses ressources territoriales, industrielles, agri-
coles, commerciales, militaires, etc. C'est méconnaître la statistique et ne la comprendre qu'à demi, que
de la réduire à la connaissance des faits relatifs aux
seuls intérêts matériels d'une nation : elle doit également recueillir ceux qui s'accomplissent dans la

---

([1]) Voy. l'excellent mémoire de **M. Hepp** sur la réorganisation
de l'enseignement du Droit en France et sur l'introduction des
études politiques et administratives. *Revue de législation*, XIII,
p. 433-449. — Voy. aussi les *Lettres sur la profession d'avocat,*
I, p. 359.

sphère de l'intelligence. La statistique est une des principales applications des mathématiques : elle groupe des chiffres derrière lesquels il y a, pour celui qui sait les combiner, des enseignements d'une certaine importance. Malgré les déclamations de certains esprits prévenus, la statistique est une science utile [1]; et s'il y a tendance, de la part des statisticiens, à se jeter dans l'exagération, ce n'est que l'abus d'une chose bonne en elle-même. La statistique est la base et le point de départ des études politiques et administratives : sans statistique, peu ou point de science économique, puisque c'est elle qui fournit aux économistes les faits sans lesquels ils se perdraient dans de vaines théories. Il est difficile à un statisticien exactement instruit, et raisonnant de bonne foi, d'échouer en affaires publiques.

La statistique est essentiellement une science appliquée. On peut l'étudier pour comparer entre elles les ressources des principaux États de l'Europe, ou pour apprécier les ressources spéciales de la France. Le gouvernement a, depuis quelque temps, beaucoup facilité l'étude de notre statistique nationale, en publiant, soit pour les besoins parlementaires, soit pour l'instruction du pays, de riches et nombreux documents, que les publicistes ont encore augmentés par leurs travaux privés.

Outre les tableaux statistiques officiels sur le commerce et l'industrie, le gouvernement français publie

[1] De l'utilité des statistiques, par J. B. SAY, dans la *Revue encyclopédique*, vol. 35.

annuellement, à l'imitation du gouvernement anglais, des tableaux de *statistique judiciaire*, concernant l'administration de la justice civile et criminelle. Sans doute ces chiffres ne mènent pas toujours à des résultats précis et décisifs ; néanmoins ils peuvent, dans certains cas, fournir à ceux qui les interrogent, des données lumineuses (¹). Inutile de dire que la statistique ne doit pas entrer dans le cercle des études auxquelles se livre l'étudiant en Droit, et qu'il ne doit s'en occuper qu'au sortir de la Faculté, comme complément de son éducation juridique.

2° L'*économie sociale* (²). On appelle ainsi, ou bien encore *économie politique*, la science qui enseigne

---

(¹) En voici un ex. : Dans la séance de la ch. des députés du 26 avril 1845, M. Taillandier ayant proposé un projet de loi contre le duel, M. le ministre de la justice l'a combattu en soutenant que la nouvelle jurisprudence de la cour de cassation était suffisante, vu qu'elle agissait préventivement, et, à ce sujet, M. Martin (du Nord) a allégué la statistique suivante :

Durant la première période de la jurisprudence, le nombre des homicides commis en duel a été : en 1827, de 19 ; en 1828, de 29 ; en 1829, de 13 ; en 1830, de 20 ; en 1831, de 25 ; en 1832, de 28 ; en 1833, de 32 ; en 1834, de 23. — Dans la seconde période c'est-à-dire, depuis que la nouvelle jurisprudence a commandé des poursuites, voici les chiffres : 1838, 19 ; 1839, 6 ; 1840, 3 ; 1841, 6 ; 1842, 7 ; 1843, 6. — De tels résultats pourront paraître décisifs.

(²) En France, ont écrit entr'autres : J. B. SAY, *Traité d'économie politique*. 6e édit. Paris 1841, in-8. — Le même, *Cours complet d'économie politique pratique*. 1840, 2 vol. in-8. — M. ROSSI, *Cours d'économie politique*. Paris 1843, 2 vol. in-8. — DE SISMONDI, *Nouveaux principes d'économie politique*, etc. Paris 1827, 2 vol. in-8. — M. MICHEL CHEVALIER, *Cours d'économie politique fait au Collége de France*, 1842.

En Angleterre, les écrits les plus saillants sont ceux de ADAM

comment se forment, se distribuent et se consomment les richesses qui satisfont aux besoins des sociétés. Quoique les économistes ne soient pas d'accord sur un grand nombre de points, quoiqu'ils aient émis les systèmes les plus divergents (prohibitif, physiocratique, industriel, etc.), et quelquefois des hypothèses extravagantes, l'économie sociale n'est point solidaire de ces écarts inséparables de la culture de toute branche des connaissances humaines; elle n'en est pas moins une science dans laquelle il y a des vérités incontestables. Elle est d'origine moderne : les anciens n'en avaient que des idées rétrécies; cependant Aristote, dans sa *Politique*, a quelques lueurs, dont la clarté nous éclaire encore aujourd'hui. C'est l'Italie qui, au seizième siècle, a donné la première impulsion : les Anglais y ont mis toute leur ardeur, et aujourd'hui l'économie politique ou sociale est l'objet d'une étude approfondie dans tous les pays civilisés du globe [1].

Cette science est très-utile à ceux qui sont chargés de constituer l'administration des finances d'un pays, et de régler les clauses des traités internationaux de commerce; enfin il y a quelques matières, dans le Droit civil, qui ont un contact assez intime avec l'é-

SMITH, RICARDO, MACCULLOCH, STEWART, etc.; en Allemagne, ceux de RAU, de JACOB, de BÜLAU, de MALCHUS, etc.; en Russie, ceux de STORCH; en Italie, ceux de ALGAROTTI, du comte DE VERRY, du comte PECCHIO, de ROMAGNOSI, etc.

[1] M. BLANQUI, *Histoire de l'économie politique en Europe*. Paris 1845, 2 vol. — M. ALBAN DE VILLENEUVE-BARGEMONT, *Histoire de l'économie politique*. Paris 1842, 2 vol. in-8.

conomie politique (p. ex. le prêt à intérêt, le régime hypothécaire, etc.). Cette science est donc utile, même au simple juriste.

FIN.

PLAN ET TABLE DES MATIÈRES.

FIN DE LA TABLE DES MATIÈRES.